獨立與自由

―陳寅恪論學―

王震邦◎著

王震邦著《獨立與自由——陳寅恪論學》序

　　19世紀以前，中國史學領先西方史學，為彰明較著之事實。中國自遠古時代起，設立及時記載天下事之史官，數千年不絕，世界萬國，無此制度；中國史官記事，至魏晉以後，兼及修史，浩瀚史料，編纂成籍，中國翔實之正史，遂破世界史學之紀錄；中國史學，特色為精細、詳瞻、博大，與西方史學比較之後，益見突顯；人類之文明史，亦待中國史學理論之發揮而創寫。凡此，皆中國史學之世界價值，極值珍視。

　　19世紀以後，西方史學進入黃金時期(the golden age of historiography)。歷史所涉及之範圍，已擴展至社會、經濟、心理與文化。史學家已不再只寫王朝、戰爭、條約與宗教。出色之大史學家如蘭克(Leopold von Ranke, 1795-1886)、麥考萊(Lord Macaulay, 1800-1859)、米其勒(Jules Michelet, 1798-1874)、柏克曼(Francis Parkman, 1823-1893)、孟蓀(Theodor von Mommsen, 1817-1903)等，不再是記錄者(chroniclers)、編年者(genealogists)與說故事者(story-tellers)。所寫成之新史，觸及人類經驗之多樣性與複雜性。環顧寰宇，未

有類此嶄新之歷史。加以競新鬥奇之史學方法，亦於此時出現。尼博兒（Barthold George Niebuhr, 1776-1831）、蘭克所創以語言文字批評史料之方法，掀起史學革命、量化方法、心理分析方法以及社會科學方法，隨之群書並作，如飆風驟起，西方史學，於是風靡天下，舉世史學，皆俯首於其下，未有能與相頡頏者。

19世紀以後，西方史學極盛，中國史學則趨於衰微，博洽精醇之歷史巨著不再現。浸假至西方史學東來，攻擊與貶抑中國史學之聲浪四起。兩千餘年之中國史學，於是遭遇空前未有之大變局。史學存亡，決於旦夕，有識之士，如梁啟超、張蔭麟、陳寅恪之議論，遂為中國新史學之指南，有待發揮而評論焉。

梁啟超為晚清言論界之驕子，學術界與政治界最活躍之人物。深愛中國史學，亦猛烈攻擊中國史學。「知有朝廷而不知有國家」，「知有個人而不知有群體」，「知有陳跡而不知有今務」，「知有事實而不知有理想」，為其對中國史學之無情攻擊。所著《中國歷史研究法》，輾轉接受德、法班漢穆（Ernest Bernheim, 1854-1937）、朗格諾瓦（Charles V. Langlois, 1863-1929）與瑟諾博司（Charles Seignobos, 1854-1942）之史學方法，而以優美明快之文筆暢述。謂史料為「過去人類思想行事所留之痕跡」，「為史之組織細胞，史料不具或不確，則無復史之可言」；分史料為「直接的史料與間接的史料」，「文字的史料」與「在文字記錄以外」之史料；論及史跡之論次，畫出「史跡集團」，以為研究範圍。此皆石破天驚之史學見解，梁氏果能如此自創耶？稽之班漢穆、朗格諾瓦與瑟諾博司三氏之說，梁氏之新說，泰半非出之於個人。惟梁氏以寬潤之胸襟，於所熱愛之中國史學之外，廣納異趣之西方史學，此為大史家之風範，亦輸入西方史學之第一功臣也。

張蔭麟幼承父教，熟讀經史古文辭。1929年以公費赴美留學，攻讀哲學與社會學。回國後任教清華大學，專治史學，著手撰寫《中國史綱》一書。以哲學與社會學為基礎，以寫中國五千年歷史者，張氏似為第一人。彼於《中國史綱·初版自序》提出其所懸鵠的云：

(1) 融會前人研究成果和作者玩索所得，以說故事的方式出之，不參入考證，不引用或採用前人敘述的成文，即原始文獻的載錄，亦力求節省；

(2) 選擇少數的節目為主題，給每一所選的節目以相當透徹的敘述，這些節目以外的大事，概略地涉及以為背景；

(3) 社會的變遷，思想的貢獻，和若干重大人物的性格，兼容並詳。

自此可見張氏史學之精湛，及其所受西方史學寫史方式之影響。以致其書最為近人所盛讚者，為其融化原始史料，以近代新文體寫出，而優美委婉。此為新中國通史成功之條件之一。惜張氏多病，英年早逝，其書僅寫至東漢初年，令人扼腕！

以《中國史綱》與其所引用之原文相比較，其新寫者，文字與意境，皆不能企及於原文。此為此類新史之致命創傷。英年史學家之成就，古今中外，皆有限制，此為莫可如何者也。

陳寅恪出身名門，家學淵源，國學基礎深厚。1909年至1925年十餘年間，游學歐美，側身美國哈佛大學、法國巴黎大學與德國柏林大學，研究不輟。其研究以語言文字為重點，藉以研究歷

史。據云彼能運用十餘種以上之外國語言文字，此為前無古人者。如此治史，顯係受當時德國極為盛行之蘭克語文考證學派（即為以語言文字批評史料之學派）之影響。陳氏歸國後，講學清華大學，將所吸收之西方史學，與中國乾嘉時代之歷史考證學相融合，於是其新史學出。所著《隋唐制度淵源略論稿》、《唐代政治史述論稿》，為代表性之作品。其論及政治制度與社會習俗，明顯受西方之影響。然不露模仿痕跡，自然呈現，此為真能貫通中西史學者。「寅恪生平好為不古不今之學，思想囿於咸豐同治之世，議論近乎湘鄉南皮之間。」蓋為陳氏真切之自述。兼重中學與西學，中學為體，西學為用，陳氏治學之基本態度如此。

　　陳氏中年以後，雙目失明，仍繼續著述。又身處驚濤駭浪之中，而卓然獨立，不失操守。較之馮友蘭之輩，寧能同日而語耶？

　　維運治史半世紀以上，醉心比較中西史學而思求會通之道。於梁啟超、張蔭麟之史學，皆作論述，獨於陳寅恪之史學未著筆墨，遺憾孰大焉。今王震邦教授寫成《獨立與自由——陳寅恪論學》一書，得窺陳氏一生之全貌，萬里外聞之，歡欣鼓舞。揭出陳氏所強調之學術獨立與自由思想，尤為其書之最大特色。震邦教授胸襟開朗，思想縱橫，又長期出任類似史官之工作，牛馬走天下，時代心聲，得其傳達，故樂為之序。

　　　　　　　　　　　　　　　　　　杜維運 序於溫哥華
　　　　　　　　　　　　　　　　　　2011年3月

目次

第一章

序論

第一節　陳寅恪熱

　　以史家陳寅恪(1890-1969)為主題的討論和話題自1990年代以來，在中國大陸和港臺蔚為一股「陳寅恪熱」[1]。就近現代史學史乃至思想史發展而言，如何看待此一現象，以及如何為陳寅恪定位，皆屬不可迴避的課題。從正面看，「陳寅恪熱」的出現，既有大環境變遷的外部因素，也反映出學術研究轉向的具體關懷。特別是在知識分子圈，自擺脫意識形態的教條和思維上的制式反應後，若能找出一位既能承接傳統而又具備新學且能取法的對象，非僅是一種期待；最重要的或更在經歷文化大革命的老一

---

[1]　「陳寅恪熱」一詞，初見於余英時的文章，意在傳達大陸知識分子藉由陳寅恪重新思考對傳統文化的再定位，詳見頁3至頁4。至於論述臺灣和香港兩地同受「陳寅恪熱」影響的，則有臺灣歷史學者宋德熹。略謂：「隨著史學大師陳寅恪先生(1890-1969)百年誕辰紀念的來臨，大陸地區吹起一股『陳寅恪熱』的風潮，也迅速地擴及台港兩地。」見宋德熹，《陳寅恪中古史學探研──以《隋唐制度淵源略論稿》為例》(板橋：稻香出版社，1999)，頁1。

輩知識分子，已遭極左思潮和鬥爭摧殘殆盡，人文社群缺乏一個可以共享並形成共識話語的典範，陳寅恪強調學術獨立和自由思想，正符合了此一期待。

　　一個可以理解的視角是學者從意識形態領域轉向後的抉擇。雖然在政治改革方面未見根本性的調整，且不時因路線之爭，上層權力結構出現向後轉的傾向；但轉向市場經濟，則已從社會各個層面湧現巨大變化和動力，莫之能禦；各個領域的知識分子或從事意識形態除魅，或通過學術批判重建學術倫理及規範，且社會所能供給的力道逐漸增強，人文學術和研究同步出現了上層理論替代和典型轉移的需求，應是往下數十年大陸知識分子長期奮鬥的目標。史學界尋求史家典型的重塑，正是此上層理論崩潰後典範轉移(paradigm shift)的一個顯例。

　　陳寅恪長期和現實政治的疏離，以及堅持不接受意識形態以及理論先行的研究取向，對文革後崛起的知識分子自然具有強烈的吸引力和對照意義，這不僅是因為陳寅恪的史學成就，更在陳寅恪的思想、人格和學者風範。以史家周一良(1913-2001)為例，在其生前最後一段歲月，不論寫回憶文章或參加追念陳寅恪的學術聚會，由淺而深，一再公開作出反省，最後和盤托出當初批判老師的情況，以為請罪[2]。這就是學術社群轉型之際具有正面意

2　案，周一良在1989年「紀念陳寅恪教授國際學術討論會」上說，「來廣州紀念陳先生，深感有負先生的厚望，心中無限慚愧。」〈紀念陳寅恪先生〉，《紀念陳寅恪教授國際學術討論會文集》，頁19。會後周一良訪美，在紐約完稿的〈我的《我的前半生》〉說：「一九四二年陳先生撰〈魏書司馬睿傳江東民族條釋證及推論〉，在文章開端……頗富感情說：『今則巨浸稽天，莫知所屆。周君又遠適北美，書郵阻隔，商榷無從，搁管和墨，不禁涕淚之泫然。』……，我深受感動。蔣天樞(1903-1988)

義的具體寫照，轉型正義的自我實踐。不僅是除魅和尋求典範，
也更是傳統正面價值觀念的再確認和再肯定。

就當代史學史而言，身為史家的陳寅恪，自屬不能忽視，且
當給予高度重視，本書即係從此一大背景及思想面探索陳寅恪的
內在思想的運作思維。由於典範匱乏，陳寅恪難免被形塑成高不
可攀的巨大形象，這是一種放大和扭曲，有必要「以陳還陳」，
面對「陳寅恪熱」，這或許會是一個漫長的過程，也應是學術獨
立和思想自由的一個基本的堅持。本書作此嘗試，追索陳寅恪的
思維運作，不過是其中一小步而已。

史家余英時(1930-)於上個世紀末為陸鍵東(1960-)《陳寅恪
的最後二十年》(1995)一書出版後造成的全面性轟動說：「最近
三四年來，中國大陸忽然掀起了一股『陳寅恪熱』。《吳宓與陳
寅恪》(吳學昭著，1992)、《陳寅恪詩集》(陳流求、陳美延合編，
1993)都是北京清華大學出版社印行的。這兩部書提供了不少新的
資料。大陸學術界自1989年以來常有大、小規模的討論會，探究
陳寅恪的文化觀念和史學成就。報刊雜誌有關陳寅恪的文章更是
不計其數。通過陳寅恪的研究，大陸學者似乎在認真地重新思考中
國傳統文化在現代世界的定位問題，其意義是深遠而重大的。」[3]三

(續)————
先生編陳先生全集，所收江東民族條釋證文中，刪去了此節。這當然不
可能是蔣先生自作主張，定是本陳先生的意旨。……正是目我為『曲學
阿世』。」《周一良集》，第5卷，頁427。1999年11月27日更直接以「向
陳先生請罪」為題，於「陳寅恪與二十世紀中國學術」的學術討論會上
作出「自我批判」，交代1958年對陳寅恪的批判，完全應受「破門之罰」
的。周一良，〈向陳先生請罪〉，胡守為(1929-)編，《陳寅恪與二十
世紀中國學術》(杭州：浙江人民出版社，2000)，頁8-11。
3 余英時，〈「後世相知或有緣」——從《陳寅恪的最後廿年》談起〉，
《陳寅恪晚年詩文釋證》(臺北：東大圖書公司，1998)，頁279。案，

聯書店版由陳寅恪女兒陳美延(1937-)主編的《陳寅恪集》,其中最早推出,也是最難閱讀的《柳如是別傳》,初版一萬冊,甫出版即再加印一萬冊,在非小說書類中實屬罕見。再以汪榮祖(1940-)的《史家陳寅恪傳》為例,2005年3月發行的北京大學出版社新版已售出一萬冊以上,這是另一例[4]。

對「陳寅恪熱」現象帶有評述語氣的羅志田(1952-),指稱所謂「陳寅恪熱」,怕「熱」的實非其學術,而陳在民間擁有大名,多半像以前民間藝術中一個常見的人物鍾馗,被他人借以打鬼而已[5]。這個「打鬼」的背景,應與知識分子期待學術的獨立和自由的思想有關,甚至可以推演到對政治現實的不滿。藉著對陳寅恪的肯定,以澆胸中塊壘。陳寅恪的學生,中山大學教授蔡鴻生(1933-)則認為此熱來得有如「空穴來風」,來得不知不覺。反問陳寅恪真的有那麼多「後世相知」嗎?蔡鴻生引程千帆(1913-2000)《閑堂書簡》致舒蕪(1922-2009)函:「陳學熱實體現對傳統文化關注之心態,非徒重其學術創見也(多數人恐亦不懂他說些什麼,但隱約感到他說的一定很重要而已)。」[6]就是這種隱約的感覺,讓不少人對「陳寅恪熱」帶有更多好奇和想像。

(續)──────────

　　以陳寅恪為名的學術討論會或印行論文集至少出了五本,依序是:《紀念陳寅恪教授國際學術討論會文集》、《紀念陳寅恪先生誕辰百年學術論文集》、《紀念陳寅恪先生百年誕辰學術論文集》、《《柳如是別傳》與國學研究:紀念陳寅恪教授學術討論會論文集》、《陳寅恪與二十世紀中國學術》論文集。

4　中正大學臺灣人文研究中心網站〈中心主任汪榮祖講座教授簡介〉:「《史家陳寅恪傳》一書曾在港臺大陸出版五次,最近一次由北京大學出版社出版,已經售出一萬冊。」http://www.ccu.edu.tw/tih/tih/index.htm.

5　羅志田,〈陳寅恪的文字意趣札記〉,《中國文化》22:175。

6　蔡鴻生,《仰望陳寅恪》(北京:中華書局,2004),頁2。

　　就文化面分析，郭亞珮在其〈歷史的陳寅恪：「自由思想、獨立精神」與中國政治現代性〉一文中認為，「陳寅恪熱」可以分成兩個版本，一是強調陳寅恪的文化懷抱，以及對傳統文化的留戀，作為解釋陳寅恪言行的中心主軸；另一個版本著重陳寅恪的思想理論，從陳的著作裡，多方勾勒出陳寅恪對市民社會的活動能量的期待。前者將陳描述為「遺少」，而後者則將陳視為在中國情境下尋找自由民主種子的先驅。只是這兩種版本都將陳寅恪抽離了他所處的歷史當下[7]。此時讓「陳寅恪熱」回歸學術討論，應是學術界的責任，也是本書的關懷。

　　因為「陳寅恪熱」，相關史料及研究是否相對受到重視和提升，或是另一個問題。但有一個現象是：知識分子頗以認同陳寅恪相標榜，既刺激了史學及人文社會科學界對近現代以來史學研究重返學術規範的重視，也直接、間接助益了史學觀念、方法和思想的闡明。圍繞著陳寅恪的研究和論述，也因此出現熱效應[8]。而此，又與大陸近20年來的「文化熱」、「國學熱」有一連動，

7　郭亞珮，〈歷史的陳寅恪：「自由思想、獨立精神」與中國政治現代性〉，《自由主義與人文傳統：林毓生先生七秩壽慶論文集》（臺北：允晨文化公司，2005），頁397-398。

8　王學典(1956-)說，「國學熱」當中的「陳寅恪熱」有三點特別值得注意：首先應該看到在頌揚陳寅恪的現象中包含的意識形態內容，1990年代走紅的，更多的是意識形態化的陳寅恪；陳寅恪已成為1990年代最大的政治與學術的雙料「神話」。其次，也是最值得注意的是這一現象可能標誌著學界從重思想到重學術、從重義理到重考據這一重要變遷進程的完成。高度尊崇陳寅恪，不單是對逝去先人的緬懷，而是「回到純學術」，走陳寅恪治學之路。其三是陳寅恪熱的出現，使得改寫近百年學術史變成不可避免，變成「陳寅恪」取代「郭沫若」(1892-1978)。王學典，《20世紀中國史學評論》（濟南：山東人民出版社，2002），頁259-260。

互為影響，都可置諸改革開放重經濟、輕文化的情境下觀察。整
個社會因政治壓力仍在，出現非正常轉型，「陳寅恪熱」應可視
為整個大環境逼出來的議題，惟此已逸出本書處理範疇。在陳寅
恪成為「典範」的過程裡，特別是中古以降的歷史、文化研究，
及具備現代或後現代意義的女性研究，不論史料的採擇、考證以
及方法的運用，或觀點的呈現，都很難繞過陳寅恪生前處理過的
論題。正如毛漢光（1937- ）所言，「對於寅恪一生之學術成就，
讚揚者極多，補充修正者亦不少，批判者亦有。」[9]或是繼承，
或是發展，或是修正和攻錯。最近幾年有關陳寅恪的家世、留學
情況以及從晚清以降的政治發展、甚至跨文化的比較研究，在選
題上都受「陳寅恪熱」直接、間接的影響。這些現象值得後學對
陳寅恪有一學術上的好奇，探討「陳寅恪熱」的內在意涵，而非
外在的熱鬧而已。

第二節　顯隱之間

　　陳寅恪既成為熱效應的典範史家，相關研究、論述亦夥，其
中又多集中於正面肯定其學術成就，或同情其遭遇，或持陳寅恪
的相關論述，據以評論學術話題，或為月旦人物之資。似有但憑
陳寅恪為準，或以之為思考前提的傾向，在有意無意之間，疏忽
了陳的思想發展背景以及和學術社群之間，或還有未經處理的互
動和影響。顯隱之間，過去有關陳寅恪的研究和選題，即多傾向

---

9 毛漢光，〈陳寅恪傳〉，《國史擬傳》（臺北：國史館，1995），第五輯，
　　頁157。

就有關陳寅恪的文獻探索，或就陳寅恪的學術成就正反面立論，而少有就陳寅恪的學思觀點，特別是思維運作部分作深入研究者。

本人在檢讀相關史料過程中，即發現陳寅恪引發的國文試卷應否以對對子入題的爭議，其實與陳寅恪的學思觀點大有關聯，但過去皆著重其話題，而未探究其間如中文文法發展之於學術史的意義；再如陳寅恪的自我認同和成長背景，兩者之間原有密切關聯，過去亦未見深入鑽研的論著，而此應屬研究陳寅恪必要從事的基礎工作。欲深度理解陳寅恪史學成就，且從思想發展及其運作入手者固夥，惟迄今未見以其「思維模式」為主題，探索其間是否存在內在關聯的學者及論著。

陳寅恪何以會認同晚清以來「中學為體，西學為用」這一命題，論者多矣，然多從陳寅恪和晚清思想或張之洞(1837-1909)之間究竟有何異同著眼；然而陳寅恪運用「體用論」的情況，以及如何處理「體用」之間的互動，則未之多見。陳寅恪在中共建政之初，又何以會就韓愈(768-824)申論其於外來文化佛教的態度，論者或以為這是陳寅恪的「中國文化宣言」，但何以均疏忽陳寅恪提出的石破天驚之論，即「天竺為體，華夏為用」的命題，這不是明明和其過去所持「中學為體，西學為用」恰恰相反嗎？但陳寅恪不是一再強調「江東舊義雪盈頭」，即至老不變者嗎？至如陳寅恪留學海外多年，論其學術淵源者，多停留在陳寅恪的漢學或史學成就上，少有探索其思想淵源特別是思維運作所借重者為何。

以陳寅恪最在意的「獨立之精神，自由之思想」而言，此一命題和觀念，固難求之於中土，然其思想淵源又當從何處追問，

此亦為前賢所忽略，但視其為理所當然，而未詳其所以然。這又涉及另一個側面，即學術論證所使用的方法和選擇，本書即試圖說明，並藉由論證過程，以期嘗試逼近陳寅恪何以堅持其基本價值觀念之所由來，即若無思想自由又如何可能自如地運用「辯證法」。陳寅恪對於「辯證法」的運用，以及如何辯證地提出「假設」，亦為論述陳寅恪學術或思想者所未及。而這正是本書所欲從事、且以為尚有可以論述及發展的空間。

尋思上述的疑問，既無現成令人滿意的答案，自有必要通過爬梳其學術論證的路徑，以期能推求其思維運作之所以然。黃萱(1910-2001)引陳寅恪的說法：「詩若不是有兩個意思，便不是好詩。」而有：「他的詩自然是有兩個意思的，所以難於通解。我相信將來必然會有史家用他的『以詩證史』的方法，把他全部的詩，拿來與近代史相印證。」[10]本書則是企圖拿陳寅恪的學術論著以為其思維運作的印證。可以相信陳寅恪於其學術論證的路徑和運用，非僅有其自信，且胸中另有丘壑，但期後人能為其「發皇心曲」。然則本書所注重者，不在為其古典和今典之間求其達詁，而在試探陳寅恪的「心法」[11]，即其思維的運作，探究其「辯證法」和「體用論」的表述和論證。將看似不相干，把得之西學傳統的「辯證法」和歷史語言學，以及得自傳統中學的「體用論」依序論述，且輔以少年認同的心理，探尋陳寅恪的學思發展。

10　黃萱，〈懷念陳寅恪教授──在十四年工作中的點滴回憶〉，紀念陳寅恪教授國際學術討論會祕書組編，《紀念陳寅恪教授國際學術討論會文集》(廣州：中山大學出版社，1989)，頁71。

11　此處所用「心法」係取義於朱子(1130-1200)《中庸章句》卷首：「此篇乃孔門傳授心法……其書始言一理，中散為萬事，末後復為一理，放之則彌六合，卷之則退藏於密。」

　　本書期待能就此於陳寅恪有一新的觀點，得一新的認識和視野；於史料的運用亦力求與陳寅恪的原意相符。本陳寅恪的「假設」和「辯證法」以及「體用論」所言，得一「相反相成」之妙，從而形成一內在聯繫。本書亦期待藉此得一比較接近「陳氏心法」，即從陳寅恪的思維概念及其運作且見諸實踐的結論。

第三節　史料及論述

　　本書最重要的史料就是陳寅恪本人的作品《陳寅恪集》13種14冊。這套接近全集的史料於2001-2002年由北京三聯書店出齊。這是迄今收錄陳寅恪作品最齊全的版本。舊版上海古籍書店出版的《陳寅恪文集》收有《寒柳堂集》、《金明館叢稿初編》、《金明館叢稿二編》、《隋唐政治淵源略論稿》、《唐代政治史述論稿》、《元白詩箋證稿》、《柳如是別傳》。蔣天樞（秉南，1903-1988）編，《陳寅恪先生編年事輯》原列入《文集》附錄。其後《編年事輯》有上海古籍書店單行的增訂本，將過去因政治考量刊落的部分恢復，蔣天樞本人也續有增補[12]。繼《編年事輯》，有卞僧慧（本名卞伯耕，1912-　）編，《陳寅恪先生年譜長編（初稿）》。此編係卞受蔣天樞生前所託，並提供蔣個人蒐集的相關資料。

　　新版《陳寅恪集》以《陳寅恪文集》為基礎，原第一冊《寒柳堂集》，新版收錄〈寒柳堂記夢未定稿〉。原收在《寒柳堂集》內的《詩集附唐篔（1901-1969）詩存》另行抽出，加上新發現的十

12　章培恆（1934-　），〈《陳寅恪先生編年事輯》後記〉，蔣天樞，《陳寅恪先生編年事輯（增訂本）》（上海：上海古籍出版社，1997），頁259。

三首詩單獨另出《詩集》。

　　《讀書札記一集》原為《陳寅恪讀書箚記——舊唐書・新唐書之部》。新增《讀書札記二集》，收錄《史記》、《漢書》、《後漢書》、《晉書》、《後漢紀》、《資治通鑑考異》、《唐律疏議》、《人物志》、《雲谿友議》、《酉陽雜俎》、《弘明集》、《廣弘明集》、《沖虛至德真經》、《陸宣公奏議》、《劉賓客集》、《韓翰林集》、《唐人小說》、《沙州文錄補遺附錄》、《敦煌零拾》等書的史文與批文。《讀書札記三集》收錄《高僧傳》、《高僧傳二集》、《高僧傳三集》的史文與批文，並附《高僧傳箋證》稿本。

　　《書信集》係從各方徵集而來，特別是中央研究院歷史語言研究所傅斯年(1896-1950)檔案，藏有75通陳寅恪致傅斯年信件。為《書信集》數量最大的來源。若對照《傅斯年全集》第七卷所收傅斯年信函有關陳寅恪者，或可進一步了解陳、傅兩人關係。

　　《講義及雜稿》，收入1953年12月1日，陳寅恪口述，由汪籛(1916-1966)筆記〈對科學院的答覆〉[13]，這是陳寅恪堅持個人理念，闡揚「獨立之精神，自由之思想」的重要文獻。

　　另，除《柳如是別傳》中、下兩冊外，各本均附載多幀陳寅恪本人、家人或與家人、親友合照，或陳寅恪的筆記、書信、以及書畫收藏，共計145幀照片或圖片。

　　《陳寅恪集》主編工作由陳寅恪的女兒陳流求(1929-　)和陳美延(1937-　)承擔，另動員了許多專家學者代為校勘、訂誤、增

13　陳寅恪口述，汪籛筆錄，〈對科學院的答覆〉。陸鍵東，《陳寅恪的最後二十年》(北京：三聯書店，1995)，頁110。又，香港天地圖書版(1996)，頁118。臺北聯經版(1997)，頁112。

補。這是本書使用最多也是最基本的史料。

　　陳寅恪的三位女兒陳流求、陳小彭(1931-)、陳美延合撰《也同歡樂也同愁：憶父親陳寅恪母親唐篔》，以深刻的兒時記憶和多幅從未發表的照片，重繪當年在清華校園裡的平居生活，對照逃難時的艱困、無奈，有若天壤之別。陳寅恪為女兒取名流求和小彭都和臺灣有關，書中述及1949年春節剛過，陳寅恪和俞大維(1897-1993)深談，決定了往下懸隔兩岸的不同命運，也為陳寅恪一家何以未赴臺灣，提供了一個重要線索。至於陳寅恪自述治學抱負的重要文獻〈與妹書〉，通過此書也可確認就是寫給陳新午(1894-1981)的。正如同此書後記所言，「有點彌補和佐證的作用。」

　　其次是陳寅恪的老友吳宓(1894-1978)所寫，由吳宓女兒吳學昭(1929-)提供、整理的《吳宓日記》及《吳宓日記續編》，各十冊。錢鍾書在序言中譽為「不特一代文獻之資而已」。

　　《吳宓日記》有關陳寅恪的記載始於1919年3月26日，至1973年6月3日，猶於夢中出現陳寅恪。時陳寅恪已辭世四年，因文革消息阻隔，而吳不知。從《吳宓日記》中可窺吳宓與陳寅恪的交往，特別是在哈佛大學這一時期，吳宓用心錄下不少陳寅恪的談資，如中西文化及社會情狀之比較，或為月旦人物之品評，兼及人之情欲和心理作用。若無吳宓為之記錄，陳寅恪早年若干想法，勢將湮沒而無聞。

　　作為史料，《吳宓日記》是迄今有關陳寅恪事跡記載量最大，則數最多的。陳寅恪多首詩作即係從《吳宓日記》中輯出。吳宓的《自編年譜》有關陳寅恪的記載和吳宓女兒吳學昭編寫的《吳宓與陳寅恪》都是依據《吳宓日記》為底本。本書即多次引用《吳宓日記》。

《胡適日記》中則有若干條有關陳三立(1853-1937)和陳寅恪父子的記載。比較新的版本是由曹伯言(1933-　)整理，新校排的《胡適日記全集》。胡適(1891-1962)和陳三立、陳寅恪父子交往的記載，分見二、四、六、七、九冊。《日記》附有索引，便於檢索[14]。

其他還有夏承燾(1900-1986)《天風閣學詞日記》、《顧頡剛日記》、《楊樹達日記》、《陳君葆日記全集》、浦江清(1904-1957)的《清華園日記》等，對陳寅恪的言行有少量記載。

例如《顧頡剛日記》1953年10月10日條：「(胡)厚宣來言，暑假中蔣天樞君往粵訪寅恪先生，問其應北京聘否(北大聘之於先)，渠因身體衰弱，表示不願。」說明當時除中國科學院擬聘陳寅恪任中古史所長外，北京大學也曾擬議聘請陳寅恪，而為前所未見[15]。相關記載還可見《楊樹達日記》1953年11月6日和1954年3月28日條[16]。

14　曹伯言整理，《胡適日記全集》(臺北：聯經出版公司，2004)，全套共十冊，第十冊為索引。聯經版《胡適日記全集》較前此出版的遠流版《胡適的日記》(手稿本)整全，例如吳大猷(1907-2000)為遠流版《胡適的日記》寫的序言提及胡適日記1917年8月至1920年這一段不知下落，目前已由聯經版補全，收入第二冊。原來胡適此段日記寫在「日程」(即今之行事曆)上。吳大猷，〈《胡適的日記》序〉，《胡適的日記》手稿本(臺北：遠流出版公司，1989)，第1冊，正文前不分頁。

15　《顧頡剛日記》(臺北：聯經出版公司，2007)，第7卷，頁454。

16　楊樹達，《楊樹達日記》，第50冊。案《楊樹達日記》係未刊稿。原稿藏北京中國科學院文獻中心。楊樹達生前曾以日記為底本自編《積微翁回憶錄》，但僅至1953年6月底，後由其孫楊秉偉依日記補至1956年2月初，摘錄日記時稍有刪節。上海古籍出版社於1988年出版正體字直排本，2007年，北京大學出版社出正體字橫排本。有關陳寅恪的記載不盡周全。惟橫排版附有楊逢彬(楊樹達嫡孫)所撰〈重版後記〉，比對上引日記第50冊有關陳寅恪事，引述甚周延。

　　陳君葆(1898-1982)在日記中提到郭沫若和陳寅恪就中古史研究所所長人事安排，相互往來的電報和日期，可與陳寅恪晚年最重要的〈對科學院的答覆〉文作一比對。另，《陳君葆書信集》附有1949年5月10日陳寅恪致馬鑒(1883-1959)和陳君葆的一封信，略謂萬不得已時，或有赴港一避之舉。

　　《夏承燾日記》有陳寅恪託買柳如是史料、拒見蘇聯科學院中國學研究所教授艾德林(Eydlin, Lev Zalmanovich, 1909-1985)往訪，以及陳寅恪心理不正常的記載，都是前所未知[17]。浦江清的《日記》，則有陳寅恪對官費留美學生的批評，以及1949年前後，知識分子在北京圍城中走與不走的心理分析。

　　相關期刊及雜誌有《學衡》、《新青年》、《新潮》、《青鶴》、《中央研究院歷史語言研究所集刊》、《清華學報》、《自由中國》、天津《大公報》、北平《世界日報》。其中北平《世界日報》報導清華大學入學考國文科以「對對子」入題引發的爭論後，身為出題者，陳寅恪一再為之辯駁，而為前賢相關研究未見採用者。缺了北平《世界日報》的報導及評論，和陳寅恪的駁論，處理「對對子」爭論造成的社會反響，自不盡周延。筆者自臺北世新大學(《世界日報》創辦人成舍我〔1898-1991〕創辦)圖書館得見這批珍貴舊藏，應可視同「新出土」的史料[18]。

17　夏承燾，《天風閣學詞日記》(杭州：浙江古籍、浙江教育出版社，1988)，第3冊，頁603，607，723。

18　案，羅志田在〈斯文關天意：1932年清華大學入學考試的對對子風波〉、〈無名之輩改寫歷史：1932年清華大學入學考試的作文題爭議〉均提起這批新出土史料。兩文也參考了此一新史料。見羅志田，《近代讀書人的思想世界與治學取向》(北京：北京大學出版社，2009)，頁176，注2；頁200，注1。

　　回憶文章方面，臺灣傳記文學社出版的《談陳寅恪》（1970）
收錄俞大維、趙元任（1892-1982）和楊步偉（1889-1981）夫婦、楊聯
陞（1914-1990）、勞榦（1907-2003）、毛子水（1893-1988）、牟潤孫
（1908-1988）、今聖嘆（程靖宇）、費海璣（1924- ）、梁嘉彬（1910-1995）
等人在臺北《中央日報》副刊、香港《香港時報》、臺北《清華
校友通訊》、《傳記文學》、《新夏》、《醒獅》等報刊雜誌已
刊的追憶文章，為兩岸最早出版的紀念集。其中又以俞大維的〈懷
念陳寅恪先生〉介紹陳寅恪的治學方法和經過，平生志在寫出一
部「中國通史」，為他文所不及。

　　仿《談陳寅恪》體例，大陸陸續出版有《陳寅恪印象》（1997）、
《追憶陳寅恪》（1999）、《解析陳寅恪》（1999）等。收入季羨林
（1911-2009）、周一良、蔣天樞、王永興（1914-2008）、石泉（原名劉
适，1918-2005）、陳守寔等人的回憶文章或當年日記。其中《解析
陳寅恪》另收入了陳寅恪家人和親屬的文章，這包括夫人唐篔、
女兒陳流求、陳美延及姪女陳小從（1923- ）、姪兒陳封雄（1917-
1999）等。此於陳寅恪的認識及推廣當有助瀾之功。

　　最近幾年新「出土」的資料有：劉隆凱整理《陳寅恪「元白
詩證史」講席側記》（2005），這是劉隆凱取當年在中山大學聽課
的筆記整理而成，類似萬繩楠（1923- ）整理的《陳寅恪魏晉南北
朝史講演錄》。不同的是，萬繩楠整理的《演講錄》乃依陳寅恪
所編的《兩晉南北朝史引文資料》為底本，另外參考了《金明館
叢稿初編》、《金明館叢稿二編》和《寒柳堂集》而成[19]。劉本

19　萬繩楠，《陳寅恪魏晉南北朝史講演錄》（臺北：雲龍出版社，1996），
　　序頁3。

則以聽課筆記為主。劉隆凱在本文前〈整理者言〉提到1958年6月29日聽完《天可度》第一講後，全校停課下鄉參加大躍進，陳寅恪從此再也沒有開課，這一堂課也成了陳寅恪教授生涯的「最後一課」[20]。

陳美延編《陳寅恪先生遺墨》，主要收錄陳寅恪抗戰前任教清華時期的一批手跡、手錄資料等。從〈高鴻中明清議和條陳殘本跋〉原稿底本中可以看到陳寅恪刪稿痕跡，芟除的文句中有：「蓋不知古者，固不足以言今，知今者尤能以通古」等語[21]。為陳寅恪談「不古不今之學」[22]提供了一條最直接的材料。

1988至2000年之間出版的五套以陳寅恪為名的「文集」或「論文集」。既有回憶陳寅恪的文章，又有研究陳寅恪的學術論文，體例不齊。依序是：

一、1988年5月在廣州中山大學舉辦的討論會，並於次年出版的《紀念陳寅恪教授國際學術討論會文集》。

二、1989年，北京大學中古史研究中心主編並出版的《紀念陳寅恪先生誕辰百年學術論文集》。

三、1994年，陳寅恪學生王永興主編，《紀念陳寅恪先生百年誕辰學術論文集》出版。

20　劉隆凱，《陳寅恪「元白詩證史」講席側記》（武漢：湖北教育出版社，2006），頁3。

21　陳美延編，《陳寅恪先生遺墨》，頁7。另，胡文輝(1967-)指出，提供陳寅恪這批遺墨的收藏家陳俊明手上還有初版《唐代政治史》，上有陳寅恪親筆改寫的文字，和後來版本有異文。胡文輝，〈新發現陳寅恪遺物印象記〉，廣州《收藏・拍賣》創刊號(2004年1月)：25。

22　參見本書附錄〈陳寅恪「不古不今之學」新探〉。

四、1994年9月初，廣州中山大學以陳寅恪《柳如是別傳》
　　成書三十周年，召開學術討論會，會後出版《《柳如是
　　別傳》與國學研究：紀念陳寅恪教授學術討論會論文
　　集》。

五、1999年11月，由香港嶺南大學贊助的《陳寅恪與二十世
　　紀中國學術》在廣州中山大學召開，2000年底出版論文
　　集。

　　這五本文集，扣除序言或編後記，約有172篇回憶、紀念或有
關陳寅恪的學術論文以及其他文章。其中回憶及紀念文章23篇，有
關陳寅恪的學術論文108篇，本書多有取用。例如王鍾翰（1913-
2007）、石泉、陳守寔、陳小從的紀念文章，季羨林的〈紀念陳寅
恪先生百年誕辰學術論文集序〉，鄧小軍（1951- ）〈陳寶箴之死考〉
等屬之。還有李玉梅的兩篇論文，也值得參考，詳見下文。

　　與本書直接相關的研究，且具有代表性者，擇要介紹其內容
及論述，茲依專書及相關論文為序，簡述如下：專書中有關傳記，
最具全面性及深度並有評述者首推汪榮祖《史家陳寅恪傳》。陸
鍵東的《陳寅恪的最後二十年》披露了外界前所未聞的重要史料，
次則有吳定宇（1944- ）《學人魂──陳寅恪傳》、劉以煥（1938- ）
《一代宗師陳寅恪兼及陳氏一門》等。

　　汪榮祖的《史家陳寅恪傳》是最早全面研究陳寅恪者，一再
改寫另出新版[23]。大陸學界老一輩學者如周一良即予高度肯定，

23　汪榮祖1982年11月就《史家陳寅恪傳》的新寫本說，「八年前得悉陳寅
　　恪先生在廣州逝世後，曾寫就七萬言的《史家陳寅恪傳》。」《史家陳
　　寅恪傳・新寫本前言》（臺北：聯經出版公司，1984），頁（一）。大陸版

公開讚揚汪榮祖的論斷,「堪稱史家卓識。」又說該書具「不凡的史識」[24]。汪著是陳寅恪傳記中第一部有系統兼具全面評價,且於平實之中迭見文采,可以深刻感受並理解陳寅恪生平的傳記,也為史家陳寅恪賦予一個「難以超越」的歷史地位[25]。書末附錄〈胡適與陳寅恪〉,開傳主與當時學人間互動研究方向,且拉高到思想和學術史層次,指出陳寅恪主多元思維,胡適偏於一元思考。〈關於陳寅恪在美治療眼疾醫學報告書〉則是有關陳寅恪失明,且具權威的第一手史料。〈賸有文章供笑罵——敬答余英時先生〉,觀題意即知內容為何,這是學界矚目的學術論辯,也為「陳寅恪熱」帶來若干話題效應。論辯大要詳見下文。

　　陸鍵東的《陳寅恪的最後二十年》,是第一部完整且帶有感情描述傳主晚年的傳記。出版後多次重印,是「陳寅恪熱」當中,最成為話題媒介的重要作品。作者利用廣東省檔案館、中山大學檔案館、北京大學和復旦大學有關傳主的檔案,加上實地採訪調查,重新描繪出陳寅恪最後二十年的生活遭遇和處境,以及與生活周遭人物的互動。其中最重要的是提供從事陳寅恪研究者,不少可資依據的第一手檔案資料,也相對準確地掌握了傳主個人信念和堅持。例如汪籛親筆錄下陳寅恪〈答科學院書〉,作者將原件局部影印附在書中,陳寅恪堅持學術自由和拒絕馬列主義的精

（續）————————————————

　　　的《史家陳寅恪傳》最初由江西百花洲文藝出版社收入《國學大師叢書》
　　　並改名為《陳寅恪評傳》。《史家陳寅恪傳（增訂本）‧自敘》（臺北:
　　　聯經出版公司,1997）。

24　周一良,〈紀念陳寅恪先生〉,《紀念陳寅恪教授國際學術討論會文集》,
　　　頁11-14。

25　石茗（林亞杰,1943-),〈紀念陳寅恪教授國際學術討論會綜述〉,《紀
　　　念陳寅恪教授國際學術討論會文集》,頁659。

神隨之躍然紙上。

　　吳定宇的《學人魂──陳寅恪傳》較偏重傳主晚年，由於吳
定宇任教中山大學中文系，得以就近取得中山大學檔案館藏傳主
於1956年5月21日委託夫人唐篔代填的「幹部經歷表」。親訪中
山大學副校長馮乃超(1901-1983)的祕書饒鴻競，得知曾經留學德
國且識陳寅恪的朱德(1886-1976)，1958年赴中大還曾面詢饒鴻競
有關陳寅恪的情況，除周恩來(1898-1976)、陳毅(1901-1972)、陶
鑄(1908-1969)對陳寅恪起過保護作用外，朱德也是一位。另一則
史料是，馮乃超語饒鴻競，周恩來看過陳寅恪〈對科學院的答覆〉
並交代：「可以答應陳寅恪的要求，只要他到北京來。」[26]可與
其他資料交互補充，掌握陳寅恪晚年的生活背景。劉以煥在出版
《一代宗師陳寅恪兼及陳氏一門》之前，先有《國學大師──陳
寅恪》。這本先出之書，引用了章品鎮(原名張懷智，1921-)文章，
暗示毛澤東(1893-1976)曾交代照應陳寅恪的弟弟陳方恪(1891-
1966)，更何況陳寅恪本人。新版的《一代宗師》刪掉這一段[27]，
但未交代何以新版不取毛澤東有關陳家兄弟的談話。

　　有關陳寅恪史學的專著有三，依出版序分別為：王永興的
《陳寅恪先生史學述略稿》、李玉梅的《陳寅恪之史學》、德國
漢學家施耐德(Axel Schneider, 1961-)的《真理與歷史：傅斯年、

26　吳定宇，《學人魂──陳寅恪傳》(臺北：業強出版社，1996)，頁205。
27　劉以煥，《國學大師陳寅恪》(重慶：重慶出版社，1996)，頁255-256。
　　案，章品鎮，〈徜徉在新社會的舊貴族──記陳方恪〉，原刊《人物》
　　雙月刊(1988年3期)，原題為〈陳方恪先生的前半生和後半生〉，後收
　　入氏著《花木叢中人常在》(北京：三聯書店，1997)。又，潘益民，《陳
　　方恪先生編年輯事》(北京：中國工人出版社，2005)，又將章品鎮的文
　　章列為附錄。

陳寅恪的史學思想與民族認同》。從單篇文章聚集成書者有余英時的《陳寅恪晚年詩文釋證》、宋德熹的《陳寅恪中古史學探研——以《隋唐制度淵源略論稿》為例》、具有導讀功能的則有唐振常(1922-2002)的《承傳立新——陳寅恪先生之學》。可以單行成冊的如李錦繡(1965-　)的〈陳寅恪學案〉，許冠三的〈陳寅恪：喜聚異同寧繁勿簡〉。此外，涉及陳寅恪史學傳承的有：侯宏堂(1971-　)的《「新宋學」之建構——從陳寅恪、錢穆到余英時》、盧建榮(1949-　)的《陳寅恪學術遺產再評價》。

　　王永興的《陳寅恪先生史學述略稿》，應是由《略談陳寅恪先生的治史方法》發展而來。肯定陳寅恪的史學在方法上係承繼及發展了宋賢長編史學。此外，作者偏重疏證陳寅恪的唐史研究成就，大量引用唐史相關史料以期證成陳寅恪的學術判斷。例如唐末龐勛(?-869)之亂，王永興指《通鑑》於時間、地區及戰鬥的情況和了解，記載詳實，但陳寅恪進而指出如無沙陀騎兵，唐未必能在短期內平之。推許陳寅恪此一判斷誠為卓識。王永興舉其妻李錦繡初學治史的經驗為例，認為只要用心讀先生《札記》，即可理解先生的結論，皆屬卓識[28]。王永興以尊崇師說為主，推許其師卓識之處不一而足，雖內容平實，但勤於上下求索，為師說補充了許多史料。

　　李玉梅的《陳寅恪的史學》原是她的博士論文。李玉梅的指導老師就是陳寅恪在中山大學收的學生金應熙(1919-1991)，具有師門淵源。周一良指此書最大優點也是特色為窮盡材料，其表現則在繁

28　王永興，《陳寅恪先生史學述略稿》，頁249，204-214。又，《新唐書》指睿宗(李旦，662-716)誠心傳位玄宗(李隆基，685-762)，作者即指出陳寅恪認為：歐陽(歐陽修，1007-1072)實為舊史所欺。

富之腳注。其論史學兩章,則中外學人中贊成或反對寅恪先生論點者,悉皆搜羅排比,以供參證,惟作者廣搜博採而矜慎有餘,於諸家爭論不加按語,咨加論斷[29]。結論部分以陳寅恪服膺人文主義為結,並析論其治學基礎有二:一曰箋證,一曰詮釋[30]。其附錄陳寅恪作品目錄,除有少數後出之遺文未能搜羅,應為最詳備者[31]。

　　施耐德的《真理與歷史:傅斯年、陳寅恪的史學思想與民族認同》,取傅斯年和陳寅恪作比較研究,但也沒有忽視自梁啟超(1876-1929)提出「新史學」概念以來的重要史家,包括章炳麟(1869-1936)、劉師培(1884-1919)、王國維(1877-1927)、胡適、顧頡剛(1893-1980)、郭沫若、陶希聖(1899-1988)和錢穆(1895-1990)等人。作者自言:「本書以陳寅恪和傅斯年兩人的史學為例,說明了世界觀、史學和政治三者之間有著什麼程度的系統關聯。」作者認為漢學就是比較文化學,中國史家如何面對西方文化的衝擊,對現代化的反應和思維模式為何,文化認同又是如何,即值得注意。陳寅恪的史學有無德國史家蘭克(Leopold von Ranke, 1795-1886)歷史主義的成分,經作者梳理,指出大有關聯且頗類似,即陳寅恪多少是一位歷史主義者。作者另有論文〈道史之間:為中國尋找現代認同的兩位中國史家〉即節錄出本書而略有改寫和數據上的補充。

　　余英時的《陳寅恪晚年詩文釋證》,著重於為陳寅恪的晚年

29　周一良,〈《陳寅恪之史學》序〉,李玉梅,《陳寅恪之史學》,頁1。

30　李玉梅,《陳寅恪之史學》,頁427-429。

31　馬幼垣(1940-)指稱:「李目審慎準確,窮搜遠索,成就出於以前諸目者不可以道里計。惟疏漏之處仍有不少,如出版與寫作先後混合排次,所用體制亦嫌疊床架屋,不夠簡明,尚可試代改良。」馬幼垣,〈陳寅恪已刊學術論文全目初稿〉,《陳寅恪與二十世紀中國學術》,頁592。

詩作「解碼」。書中所收文章，最早的一篇〈陳寅恪論再生緣書後〉發表於1958年，此後於1982年有〈陳寅恪的學術精神和晚年心境〉及〈陳寅恪晚年詩文釋證〉。以上三篇文章都引起小大不等的反響。第一篇為身在廣州的陳寅恪帶來了一些小麻煩，後兩篇引發的爭議則在如何詮釋陳寅恪詩作，頗涉及陳寅恪對中共政權的態度。文章批評了汪榮祖及來自廣州的「馮衣北」相關文章，且持論尖銳。余英時解詩固有其長處，雖不無鑿之過深處，尚頗能進入陳的心境；但若放大歷史格局看，詩之達詁否，未必就能概括當時全貌。例如陳寅恪和夫人唐篔於「己丑之變」前後，兩人究竟是不是為赴臺灣事曾起爭執，並演出唐篔出走香港一幕；陳拒赴臺，其後是否中悔，又牽連及於陳寅恪對國共政爭的基本態度和心情轉變。然以詩解史，貴要能區隔態度和心情的不同層次。相關不同情況請見本書第五章第六節。若說這整個論辯有什麼盲點，應是忽視了陳寅恪作為知識分子的自主性，讀者或可據此作出判斷，如前舉《也同歡樂也同愁：憶父親陳寅恪母親唐篔》述及俞大維和陳寅恪的長談，即值得推敲。不論國共政權，陳寅恪對政治現實不可能不持批判態度，不能以陳寅恪批評國府而逕論將會如何，因批評中共或持疏離乃至持排拒的態度而視其又會如何，這會很容易地跌入非此即彼的陷阱而不自覺。無論如何，作為理解陳寅恪晚年思想發展的參考，這場論辯應受重視。

再者，余英時依據「馮衣北」之名，斷定「馮衣北」是受北京中共指派，不得不發的「弦箭文章」[32]。「馮衣北」的文章於

---

32 「馮衣北」為劉斯奮（1944-　）筆名，著有以錢謙益（1582-1664）和河東君為背景的長篇歷史小說《白門柳》，是作家兼書畫家，曾長期擔任中共宣傳文化官員。

1986年於廣州結集成專書《陳寅恪晚年詩文及其他──與余英時先生商榷》出版，除了兩篇反駁余英時的正文外，附錄了五篇余英時的文章。反適可借以傳播有關陳寅恪的文章於大陸內地。也是助成「陳寅恪熱」的另一邊際效應。

余英時後在增訂本中收入〈陳寅恪與儒學實踐〉、〈試述陳寅恪的史學三變〉，始比較全面地處理了陳寅恪史學在不同階段的發展和個人價值觀的堅持，就理解陳寅恪而言，當更值得參考。

宋德熹的《陳寅恪中古史學探研──以《隋唐制度淵源略論稿》為例》集中於評述陳寅恪的《略論稿》，曾就書稿內容發表過兩篇論文，再結集成書。宋德熹認為陳寅恪注重史料和檔案，若史料不足，往往透過旁證推論，提出一些「假設」、「假說」，而這正是陳寅恪史學創見之所出，但爭議也隨之而來。宋德熹未就陳寅恪的「假設」進一步探究其論學思想，而是就結果面認為陳寅恪的史學論證既具典範意義但也存在盲點，可用「史學得知論」來形容。

唐振常的《承傳立新──陳寅恪先生之學》，主要在闡揚師說，強調陳寅恪既是傳統學術的殿軍，也是新史學之開山。書中多次提到「體用論」，但於「天竺為體，華夏為用」僅標記「原文如此」，餘則存而不論。書末〈君子可欺之以方　難罔以非其道──論張紫葛《心香淚酒祭吳宓》之誣〉一文，有力地為吳宓感情及晚年生活作出有力辯白，兼為陳寅恪和吳宓晚年對話作出澄清。

侯宏堂的《「新宋學」之建構──從陳寅恪、錢穆到余英時》，係脫胎自他的博士論文：〈從陳寅恪、錢穆到余英時〉。以「新宋學」為立論主軸，從陳寅恪、錢穆兩位學者對宋代學術的高度

評價和現代詮釋，聯繫余英時之於陳、錢的學術因緣和薪火相傳。從而認定宋代學術文化的復興即在「新宋學」的建立，且可由陳、錢、余三位的學術成就得之。由於述學大於論證，有如以「新宋學」為標榜的學案。

盧建榮(1949-　)的《陳寅恪學術遺產再評價》，與其說是討論陳寅恪的學術，不如說是針對臺灣近六十年來中古史學的發展，提出總體檢。體檢的標準有二，一是能否挑戰陳寅恪的學術成就；一是能否解構及再結構陳寅恪的學術資源，開拓新文化史的論述。能通過體檢者，前者有孫同勛、許倬雲、毛漢光，其中又以毛漢光的成就最大；後者則由作者本人領軍。由於此書體例接近書評，下斷語時出手甚重，學界為之側目。

李錦繡的〈陳寅恪學案〉，指宋人長編考異之法是陳寅恪治史方法的核心，此後陳寅恪研治範圍有變，但其史學思想、治史方法仍一以貫之。並以新的長編考異之法，在中國史學與西洋東方學之間，在傳統學術與現代科學之間架起了津梁，從而促進了以世界為範圍的獨立的中國現代史學的建立。

許冠三的〈陳寅恪：喜聚異同寧繁勿簡〉，是作者《新史學九十年》其中一章，專論陳寅恪史學特色以及所用史學方法。許冠三將陳寅恪歸於史料學派顯有簡化之嫌，作者於文中取汪榮祖《史家陳寅恪傳》轉引蕭公權(1897-1981)語，又謂陳寅恪論學時呈「尺幅千里」的勝境。惟結語中指陳寅恪的史論係「影射史學」似有過當。

劉克敵(1956-　)的《陳寅恪與中國文化》，原是作者的博士論文。論文涵蓋面極廣，分從陳寅恪的文化觀、語言、歷史、文學研究，詩歌創作評析及治學原則與方法入手。在治學原則和方

法上，作者主張：絕不可以孤立地就方法談方法。方法中固然有
見解、有思想，反之亦然。倘若硬要對陳寅恪的學術思想與方法
進行剝離，然後抽取所謂的具體方法進行研究，作者認為這是不
能正確理解其學術體系真髓的。作者另指陳寅恪治學，有一條原
則是堅持少批評他人；不過若用心分析陳寅恪的論學、論治，此
一原則甚難成立。應指陳寅恪的批評很少提名道姓，用心的讀者
與受者，望之即能了然者反倒不少。

　　金應熙的〈陳寅恪〉，收入陳清泉(1927-)、蘇雙碧(1934-)
主編的《中國史學家評傳》。金應熙是陳寅恪在香港大學任教時
的學生，後又同在中山大學。是陳寅恪晚年學生中少數能傳陳寅
恪學術者。在〈陳寅恪〉中，金特別提及陳寅恪學術論證具有辯
證法的因素，也提到陳寅恪運用「假設」（見本書第三章），但未
作出進一步論證。

　　毛漢光的〈陳寅恪傳〉是受臺北國史館《國史擬傳》委託撰
寫的，以期備為國史。從傅斯年始，即以陳寅恪擬於清代史家錢
大昕(1728-1804)，表揚陳寅恪〈吐蕃彝泰贊普名號年代考〉（即〈蒙
古源流研究之一〉），於「千年舊史之誤書，異國譯音之訛讀，皆
賴以訂(正)。」在漢學上的素養不下錢曉徵（錢大昕）。毛漢光引
錢大昕語，「史家所當討論者有三端：曰輿地、曰官制、曰氏族。」
進而引申「寅恪致力於官制、氏族、文化三端，其成果卓著，而
文化因素之研究，更為寅恪文史造詣之精華所在。」[33] 在當代學
者心目中，這是陳寅恪上接乾嘉史學且能更上層樓的例證。

　　方朝暉(1965-)的《「中學」與「西學」：重新解讀現代中

33　毛漢光，〈陳寅恪傳〉，頁157。

國學術史》，作者指出中國儒家的學術分類和西方傳統原本不
同，西方學統關懷知識和儒家入世的關懷更是大異其趣。西方學
術傳統裡最重要的哲學本意為「愛知識」，作者警示，若以「愛
智」或「愛智慧」來形容，以致誤解西方倫理學和中國的倫理觀
原無不同，而未計及其方法論的差異，則失之太泛而難有所歸。
方書與本書的關聯在第三章的論述重點，即陳寅恪「獨立之精
神，自由之思想」和希臘古典學統的關聯。方書第六章指「辯證
法」和「辯證法」當中的「假設法」即是自希臘古典而來。而這
些又都是本書論述史家陳寅恪學思的核心概念，兼可濟筆者在這
方面的不足。

　　臺灣地區有關陳寅恪的博士論文有中央大學文學研究所李
栩鈺撰〈河東君與《柳如是別傳》──「接受觀點」的考察〉，
這是運用西方接受美學，並以陳寅恪的作品《柳如是別傳》作為
對象的分析。重在以讀者觀點看陳寅恪的《柳如是別傳》，原書
作者陳寅恪反居次要地位。全篇著重探求《柳如是別傳》的背景，
即明清之際對此一「本事」的接受情況，以及《柳傳》成書後可
得而見的「案頭小說」和「演出劇本」，兼及河東君的文物流傳
的追索。據作者考察，有關河東君的「案頭小說」有11本，「演
出劇本」中影視劇有6種，傳統戲曲劇本有5種，可以看出「陳寅
恪熱」的另一側面。

　　大陸地區博士論文有南京大學殷祝勝撰〈陳寅恪的學術淵源
及其演變〉，目次列有五章，但提出答辯者僅有導言，及一、二、
四章。就提出答辯的部分觀察，僅述及陳寅恪與西洋東方學以及
乾嘉和宋人史學與陳寅恪的背景及其關聯，以及治學重點的轉
變。作者認為陳寅恪所以捨西洋東方學，以史料不足故也。陳寅

恪所以對乾嘉史學評價偏低，作者認為乃清代史家但能各別解釋，卻乏系統論述。至於晚清公羊學雖有系統，惟其附會過甚，更不足取。

相關的單篇論文簡介如下：

王爾敏(1927-)的〈陳寅恪著「元白詩箋證稿」讀後〉，作者指在「方法和理論」部分，以對比法運用較多、較顯，亦最有貢獻。據以建立之通識可以概括為：建立社會變動之通識；音樂通時政之理論；托古改制思想之本質。至論物產景觀之變化，對此，王爾敏特意著重介紹此為關係民族生存國家盛衰至大之命題，而為過去史家所輕忽者；最後是中國民族擴大形成要素。並指陳寅恪於書中深露其史筆法義，而不時有褒貶之辭。此文雖完成於1972年，但至今仍具參考意義。

陳弱水(1956-)的〈現代中國史學史上的陳寅恪〉，應是從其〈一九四九年前的陳寅恪：學術淵源與治學大要〉一文發展而來。陳弱水注意到陳寅恪在論著中經常出現的「假設」或「假說」的觀念，並舉了五個例證。然而陳弱水認為：「（假設）這個詞語不是指作為論證出發點的假設，而是指研究提出的某種解釋。」因為有些尚有未能實證的部分，即用「假設」以為區別可以確定的事實及依據此事實的相關研討。但若陳寅恪的「假設」僅止於此，則作者於陳寅恪的「假設」的理解，尚有未盡之意。且與作者「提出經過論證的假定是必要的，這些假定，也常常就是陳氏著作的主要目標」自相矛盾。有關陳寅恪的「假設」，詳情可見本書第三章。

李玉梅的〈《柳如是別傳》與詮釋學〉，這是首先以詮釋學，專題處理陳寅恪作品者。李玉梅指《柳如是別傳》，特別是〈復

明運動〉這一章,「假設」滿紙。且不時可見「久蓄此疑」、「姑記疑疑」、「以俟更考」等字眼,既見當日陳寅恪求證之苦,亦可資說明詮釋學之理論。本書則以陳寅恪實指之「假設」,處理其於「辯證法」的運用,以及其學思觀點之所從出。作者結論指陳寅恪「歷史為體,學術為用」,惜無詳細推證,但可視為高論。又,余英時的〈明明直照吾家路〉,即《陳寅恪晚年詩文釋證》1986年版的自序,於陳寅恪作品和詮釋學的關聯曾有論及,認為兩者之間頗有異同。

　　李玉梅的〈研究陳寅恪先生之英文著作兩種節譯並跋〉,除節譯兩篇英文有關陳寅恪的學術文章外,注釋所附新見書目及文章篇目,足資參考。

　　李清良(1970-　)的《熊十力陳寅恪錢鍾書闡釋思想研究》,列有〈作為現代「通人」之學的歷史闡釋學──陳寅恪闡釋思想研究〉、〈熊十力陳寅恪闡釋思想之比較〉、〈陳寅恪錢鍾書思想之比較〉三章,均可單獨成篇。這是就陳寅恪學術作品和詩文所寓涵的闡釋思想作出全面闡釋並作出相關比較者。作者認為中國學術原有源遠流長的闡釋傳統與豐富多彩的闡釋思想,進入20世紀的中國學術思想史,熊十力、陳寅恪、錢鍾書三位學者分別在哲學、史學和文學獨領風騷,作為個案,應具闡釋學的典型意義。作者除分就三人闡釋思想各立專章外,並兩兩互為比較。從而發現進入20世紀後,中西闡釋學就主體觀念言,其基本特徵在西方是笛卡兒式主體性概念的消亡;若就熊、陳、錢三人闡釋思想言,主體性的自覺與弘揚則屬核心主題,並出現由強調道德主體性到知識主體性的轉變。三人之間,陳寅恪的「通識」闡釋思想居於過渡地位。作者指出,陳寅恪主張一種「通人」之學,陳

寅恪期待的讀者即「理想讀者」就是「通識君子」，即主體性高度自覺之人。強調「科學方法」、「獨立精神」和「自由思想」。主張「中體西用」、「古體今用」，期待「新宋學」的復興。或出於要和錢鍾書的「辯證法」有所區隔，作者於陳寅恪的「辯證法」不置一詞；於陳寅恪「天竺為體，華夏為用」的「西體中用」論也視而不見。

劉後濱(1966-)、張耐冬(1977-)合撰的〈陳寅恪的士大夫情結與學術取向〉，作者從介紹《陳寅恪集》出版始，指稱研究陳寅恪的材料不可謂不齊備，已經完全有可能復原陳寅恪開創學術論域的過程，但也警告不宜僅就陳寅恪論陳寅恪，並指出陳寅恪堅持「獨立之精神，自由之思想」，作為自由主義思想家的形象一步一步地強化，以此作為自由主義的精神形象有其深度。對於此一相關論述，請見本書第三章。

袁荻涌(1955-)的〈陳寅恪與比較文學〉，作者是極少數從方法論的觀點，對陳寅恪提出批判者。袁荻涌舉陳寅恪〈與劉叔雅論國文試題書〉中論比較方法的限制為例，即「以今日中國文學系之中外文學比較一類之課程言，亦只能就白樂天(772-846)等在中國及日本之文學上，或佛教故事在印度及中國文學上之影響及演變等問題，互相比較研究，方符合比較研究之真諦。……否則古今中外，人天龍鬼，無一不可取予相與比較，……更無所謂研究之可言矣。」作為比較研究的選擇，作者認為陳寅恪僅認可有事實聯繫的影響，對無事實聯繫的平行研究不以為然。今天看來，此一論點未免失之偏頗。本書第四章處理陳寅恪的歷史語言學的比較，著重漢語文法這一面的發展，介入點以及觀點和意趣皆大不同。

　　錢文忠(1966-　)的〈略論寅恪先生之比較觀及其在文學研究中之運用〉指出，陳寅恪留德前後，正是歐洲東方學界呈現出一派前所未有新氣象之際。而比較方法的導入，更引起了研究方法重大的變革。和袁荻涌前引文所舉證的文章一樣，錢舉〈與劉叔雅論國文試題書〉內陳寅恪所舉的比較方法為例，僅指出這是陳寅恪的比較理論，但無更多的分析或論證。

　　桑兵(1956-　)的〈近代中外比較研究史管窺——陳寅恪〈與劉叔雅論國文試題書〉解析〉，此文從「對對子」引發的爭議談比較研究在文史哲方面的發展，兼及陳寅恪在比較研究這方面的重要位置，但作者未處理當時學術主流的態度以及陳寅恪批評的《馬氏文通》往下的發展情況。此文後有改寫，結論部分也增加了比較研究的三階段論，改題為〈近代中國比較研究史管窺——陳寅恪〈與劉叔雅論國文試題書〉解析〉，收入氏著《晚清民國的學人與學術》[34]。

　　劉克敵的〈對對子與中國文化精神〉，文章前段主要在作〈與劉叔雅論國文試題書〉的解題工作，次則引用陳寅恪其他談及語言的論述以為支撐，強調陳寅恪看到中國語文具有詩的特性，但無更進一步的分析。

　　劉夢溪(1941-　)的〈「一代文化所托命之人」——論陳寅恪先生的學術創獲和研究方法〉，作者注意到陳寅恪的「中體西用」論述，認為這是陳寅恪不可移易的文化態度。至於「天竺為體，華夏為用」，作者則認為係陳寅恪的「涉筆成趣」。無視陳寅恪在《元白詩箋證稿》所言：「元、白諸公之所謂華夷之分，實不

34　桑兵，《晚清民國的學人與學術》(北京：中華書局，2008)，頁304-336。

過今古之別，但認輸入較早之舶來品，或以外來材料之改裝品，為真正之國產土貨耳。」[35] 若要認識陳寅恪「體用論」的古今和中外之別，其實在此即有一重要分際，惜作者未察。

吳麗娛(1949-　)的〈試論陳寅恪先生的文化繼承與維新史觀〉，明白指出陳寅恪在〈論韓愈〉一文中提出「天竺為體，華夏為用」，是以外來的佛教思想來改造本民族傳統的儒家觀念，以適應時代需要。可見即使傳統儒學本身也在吸收外來影響而不斷變化。其精神有類「古為今用」或「洋為中用」[36]。並聯結陳寅恪在〈馮友蘭中國哲學史下冊審查報告〉文中所言：「至道教對輸入之思想，無不盡量吸收，然仍不忘其本來民族之地位。」惜未能進一步探索陳寅恪處理體用論的用心，以及和時勢變化的關聯。

相關研究中值得一提的是龔鵬程(1956-　)以論述為主的〈清華國學院傳奇〉。龔文從根本面質疑清華國學院名為研究「國學」，其所使用的或盛行的一套，卻是西方人看東方中國的「漢學」方法，落入東方主義而不自知。雖然陳寅恪的研究並不局限於此[37]，但在清華國學院時期，陳寅恪的研究偏重考證，嚴格推敲，在方法上和實際上往往站不住腳，但時人驚其語文知識和記問之博，於此大抵均未識破。龔所舉的例證，如〈西游記玄奘弟子故事之演變〉，當時人們讀此類文章之感受，不免嘆為河漢遙

35　陳寅恪，《元白詩箋證稿》(北京：三聯書店，2001)，頁167。

36　吳麗娛，〈試論陳寅恪先生的文化繼承與維新史觀〉，收入王永興編，《紀念陳寅恪先生百年誕辰學術論文集》(南昌：江西教育出版社，1994)，頁516。

37　龔鵬程，〈清華國學院傳奇〉，《中國文化》22(2006)：152-153。

不可及。這當然來自於國人對印度史事、文獻及語文缺乏相應之知識，根本無從判斷。但是穿過語文障礙後，這些考證的價值其實頗為可疑。孫悟空和豬八戒的史事，與印度故事只是相似而已。像明明是豬八戒招親，偏說是「牛臥苾芻」之變貌。這不是考證，只是一肚皮印度知識無處張皇，故於史冊小說中去捕風捉影罷了[38]。龔文另就陳寅恪的生命內在矛盾和大學的學術意義作出批判，惟其與本書主旨無關，故從略。龔文的最大價值或不在推倒陳寅恪，其實也很難推倒，但若從一個相對冷靜的角度，重新審視「陳寅恪熱」，應是符應陳寅恪一生最堅持的信念：「獨立之精神，自由之思想」，足備一說。本書於陳寅恪的史學思想於中西傳統思維之所由來即有所申論。其餘未及介紹之論文，請詳見本書內文及徵引書目。

第四節　以陳還陳

陳寅恪在《柳如是別傳》有言：「詳其所應詳，略其所當略，斯為寅恪箋證錢柳因緣詩之範圍與義例也。」[39] 本此原則，本書範圍僅限於陳寅恪所以成為史家以及身為史家的「自我認同」(自我別識)；就其家世及游學歐美背景，擴及論學思想，以及對學術理念的堅持。著重處理前賢所未及之少年和世家子認同傾向，並就陳寅恪得諸傳統和西方學術所形成的思維運作，分別從「辯證法」、歷史語言學的比較研究以及「體用論」引發的相關論題著

38　龔鵬程，〈清華國學院傳奇〉，頁153。
39　陳寅恪，《柳如是別傳》(北京：三聯書店，2001)，頁13。

手論證，尋覓陳寅恪堅持「獨立之精神，自由之思想」之所從來的可能所在。

時賢多以陳寅恪平生為「不古不今」之學，本書則意圖從西學和中學之間，分別探求其學思運作淵源和實踐，形成一有機聯繫。在敘事方法上，主要依循符合邏輯的論述行文，並運用傳統文類的描述法。人事時地物的考證非有必要，例如處理兩類不同來源的史料時，必要作出判斷之外，不特別標明。此外，兼用心理分析的「假說」及其說明以為引證、推論或作有限度的類比。大範圍的比較，或可謂之背景分析，間或涉及民初的新文學運動，乃至1930年代的全盤西化與中國文化本位論戰，都屬交代時代背景的描述。

是以本書係從陳寅恪之於史家認同之初的基本思維著手，輔以過去所忽視的史料，例如1932年8月間，北平《世界日報》有關對陳寅恪的評論文章，而為過去研究陳寅恪及治近現代學術和思想史家所忽略者，但此一史料的「重新出土」與「再現」（至於其他史料的運用請詳本書內文及徵引書目），可以讓世人更多地了解陳寅恪，以及陳寅恪在研究選題上的態度和堅持。再如陳寅恪對傳統「體用論」的運用和「西體中用」，即「天竺為體，華夏為用」論的提出，特予以重點處理。意欲通過陳寅恪的思維，觀察其在史學不同領域和不同選題上的處理手法以及其間的互動和影響。本書亦嘗試就陳寅恪發表的論文和當時客觀環境作一對照，觀察陳寅恪的處理方式及訴求，以及個人風格與堅持的所在。

茲將各章節主題，略作說明：

第一章　序論。包括「陳寅恪熱」和研究動機、問題意識、相關史料及近人研究之介紹或評述。其次是簡介本書的各章節主

題以及研究目的和預期成果。

第二章 思想認同及淵源。本章分三節,第一節是史家的童年和思想發展。探討陳寅恪童幼時的家世影響和個人特質,發現有向文史發展的傾向。第二節:游學——蘭克史學或東方語言學。筆者認為與其說陳寅恪受到蘭克史學影響,不若說陳寅恪留學德國主要是修習東方語文學。第三節:從西方漢學轉向中國史學。如題目所言,本節論證陳寅恪成為史家的意欲已可從帶有西方漢學風格的文章中窺見,轉向史學是個人抉擇,西方漢學只是工具和「入世之媒」。

第三章 古典辯證法和「假設」的提出。本章分四節,第一節尋求陳寅恪的「假設」和「辯證法」的西學淵源,並以胡適作為對照。第二節探討陳寅恪在中古史研究上如何運用「辯證法」和「假設」。第三節探討陳寅恪在〈論再生緣〉和《柳如是別傳》中,如何實踐「辯證法」和「假設」。第四節檢討陳寅恪運用「辯證法」和「假設」的不足以及牽強之處,是一種「陳氏辯證」,和希臘古典辯證法不盡相同,但因為有此一思維運作,陳寅恪的「獨立之精神,自由之思想」才有一思想淵源。

第四章 失焦的辯論:對對子和文法。本章分七節。第一節談「對對子」爭論之所由起,由於找到新史料,即北平《世界日報》的相關報導和評論,得以掌握陳寅恪當年以「對對子」入題引發的爭論,不僅是試務或學術上,或歷史語言學和比較方法的爭論,也是一社會話題。第二節處理陳寅恪基於對歷史語言學的認識,及何以批判《馬氏文通》不通。第三和第四節處理陳寅恪所拋出來的話題,以及學界無人就此一話題與其對話的情況。第五節論證《馬氏文通》未因陳寅恪評為格義式文法而受影響,反

而是續有發展。第六節處理對對子爭論後面隱藏的不同文化觀，以及陳寅恪和胡適之間一些可能存在的心結。第七節小結指出，這不僅是陳寅恪於比較方法上的挫折，也涉及當時公共論壇對學術爭議的態度。

第五章　中體西用／西體中用。本章分八節。第一節處理傳統體用論並溯源「中體西用」論之由來。第二節處理陳寅恪運用「體用論」於學術論證的不同形式。第三節的重點在處理陳寅恪所撰〈論韓愈〉的史論文章中，以「天竺為體，華夏為用」加諸韓愈，而陳寅恪原本同情「中體西用」，卻有此「石破天驚」之論。第四節處理陳寅恪對於「體用論」和「文化本位」的態度。推論「西體中用」在陳寅恪心中既是過渡階段的權宜，也是面對現實的態度。第五節至第六節，取嚴復(1854-1921)〈闢韓〉文章和〈論韓愈〉作一比較，兼論〈闢韓〉和〈論韓愈〉寫作年代的現實背景。第七節處理陳寅恪於「西體中用」的具體實踐，拒看中醫就是一例。第八節小結，以王國維「學無中西之分」的主張總結。

第六章　結論。為前述各章再作一次簡要整理，指出前述各章中提出的論證既有新史料，也有新觀點和新視野。

總之，本書旨在指出，陳寅恪的研究還有不同的視角可以切入，不宜受「陳寅恪熱」干擾，應循「以陳還陳」的基本途徑，重新掌握史家陳寅恪的學思發展，以期彰顯其在史學史上的意義。陳寅恪所以成就為史家的思維方式和淵源，當然要從陳寅恪的史學實踐中探尋，推求其思維運作。陳寅恪畢生所堅持的「獨立之精神，自由之思想」也由此得以彰顯。

第二章
思想認同及淵源

第一節　史家的童年和思想發展

「每個人在生命周期的青春時期，都用殘存不忘的童年記憶和對未來成年期的希望，為自己構造某種重要的觀點和方向，構造某種行動的協調。」這是馬丁路德（Martin Luther, 1483-1546）傳記《青年路德：對精神分析學與歷史學的研究》作者艾力克森（Erik Erikson, 1902-1994）在研究方法論上的「假定」[1]。《童年憶往——中國孩子的歷史》的作者熊秉真（1952-　）說：「一些孩童對其自身存在的狀態，有其意覺，亦有其一番體會與說明，可視為某種形式的自知之明。首先，兒童習於模倣，故成長環境對其經驗與人格之形成有相當影響力。」[2] 雖然心理史學迄今爭議不斷，但

1　Erik Erikson, *Young Man Luther: A Study in Psychoanalysis and History* (New York, 1962), p. 14. 張廣智、周兵，《心理史學》（臺北：揚智文化公司，2001），頁75。案，在艾力克森《青年路德》之後，心理史學的適用雖然持續有爭議，但迄無定論。此處僅係借用其概念。

2　熊秉真，《童年憶往——中國孩子的歷史》（臺北：麥田出版社，2000），頁313。

也是不斷嘗試的新領域,以上兩家的說法用在陳寅恪身上,或可藉以觀察陳寅恪「志於學」的由來。

陳寅恪晚年有一段感傷的話:「此豈寅恪少時所自待及異日他人所望於寅恪者哉?」[3] 衡諸艾力克森的「假定」,即「每個人在青春時期,都用殘存不忘的童年記憶和對未來成年期的希望,為自己構造某種重要的觀點和方向」。記憶力驚人的陳寅恪直至老年,而有此「少時自待」的回憶,與艾力克森的「假定」可謂若合符節,而陳寅恪另外加上了異日他人的期望。

陳寅恪在文章中屢屢提及和文字結緣的早年記憶,卻少見童趣[4]。1947年2月,陳寅恪有〈丁亥元夕用東坡韻〉詩。在「詞中梅柳泣華年」句下自注:「光緒庚子元夕,先母授以姜白石(1155-1209)詞『柳憨梅小未教知』之句。」[5] 案,這是陳寅恪最早關乎詩文的記憶。來自母親俞明詩(1865-1923)的詩教,或可視為陳寅恪啟蒙階段最深刻的記憶。以儒家教育思想言,所傳者非僅詩學且具溫柔敦厚之旨,也直接影響後來陳寅恪能承繼陳三立的詩學,在史家之外,又是一位詩人。本書第四章論對對子和大學試題爭議,當可溯源於此,即得之於母親的「詩教」。陳寅恪又謂

3　陳寅恪,〈贈蔣秉南序〉,《寒柳堂集》(《陳寅恪集》版,北京:三聯書店,2001),頁182。

4　陳寅恪的侄女陳小從說,陳寅恪從小秉性就好靜深思,流傳晚輩間的童趣僅有一則。「先君言彼少時,頑皮甚,一日,有親戚某從鄉間來,小兄弟喜獲作弄對象。經聚議,在花園內挖一大坑,上鋪以亂草雜枝為掩飾。陷阱成,派寅恪為先鋒,誘敵入圈套。豈料先鋒誘敵未果,自己反中機關。」陳小從,〈庭聞憶述〉,王永興主編,《紀念陳寅恪先生百年誕辰學術論文集》(南昌:江西教育出版社,1994),頁67。

5　陳寅恪,《詩集》(《陳寅恪集》版),頁58。又,蔣天樞,《陳寅恪先生編年事輯(增訂本)》(上海:上海古籍出版社,1997),頁18。

「童時讀庾信(513-581)〈哀江南〉賦序云：『昔桓君山(桓譚，23-50BC)之志事，杜元凱(杜預，222-284)之平生，並有著書，咸能自序。潘岳(247-300)之文采，始述家風，陸機(261-303)之辭賦，先陳世德。信年始二毛，即逢喪亂，藐是流離，至於暮齒。』深有感於其言，後稍長讀宋賢《涑水記聞》及《老學庵筆記》二書，遂欲取為楷模，從事著述。」[6] 這是陳寅恪因家世和家學得識數十年間興廢盛衰之關鍵，而有撰述家史而兼信史即國史之意識，也是自童稚即有感且深藏於內心者。

又曰：「清光緒之季年，寅恪家居白下[7]，一日偶檢架上舊書，見有《易堂九子集》，取而讀之，不甚喜其文，唯深羨其事。」[8] 其事者為何，陳寅恪所推重的楊鍾羲(1865-1940)《雪橋詩話》中有一段話可資參考：「顧景范(顧祖禹，1631-1692)撰《讀史方輿紀要》百三十卷，魏叔子(魏禧，1624-1681)為之敘，稱為數百千年所絕無而僅有之書。其送叔子還寧都詩：天地方沍寒，君行涉江水。問君行何為，抱膝深山裡。易堂好弟兄，事業記文史。」[9] 特別是最後兩句「易堂好弟兄，事業記文史。」1942年底陳寅恪撰寫〈遼史補注序〉中言，「平生讀史四十年」[10]，以此逆推，陳寅恪「讀詩」、「讀史」歲月當始於家居南京之時或稍前。撰〈元微

6　陳寅恪，〈寒柳堂記夢未定稿〉，《寒柳堂集》，頁185。

7　清光緒季年，陳寅恪家居白下(南京)，約為光緒二十七年前後，時年十二歲。光緒二十八年春即東渡日本留學。蔣天樞，《陳寅恪先生編年事輯(增訂本)》，頁19。

8　陳寅恪，〈贈蔣秉南序〉，頁182。

9　楊鍾羲，《雪橋詩話》(北京：北京古籍出版社，1989)，頁37。

10　陳寅恪，〈陳述遼史補注序〉，《金明館叢稿二編》(《陳寅恪集》版)，頁264。

之遣悲懷詩之原題及其次序〉，開篇即言「元微之（元稹，779-831）〈三遣悲懷詩〉童年即已誦習」云云[11]。

陳寅恪又言：「寅恪少喜讀小說，雖至鄙陋者亦取寓目。」[12]在回憶錄中亦言：「光緒二十五年己亥先祖寓南昌，一日諸孫侍側，閒話舊事。……寅恪自是始知有《本草》之書，……取便翻閱。是後，……唯藉作考證古史之資料。」[13]同年在南昌，另有一段回憶夾在《柳如是別傳》中，陳寅恪隨父「夜訪書肆，購得尚存牧齋序文之梅村集。」案，錢牧齋詩文遭乾隆帝禁毀，在當時，這是違禁書[14]。此所以是陳寅恪筆下「早歲偷窺禁錮篇，白頭重讀倍淒然」[15]的「本事」及正解。至「家居江寧頭條巷」時，

---

11 陳寅恪，〈元微之遣悲懷詩之原題及其次序〉，《清華學報》10.3（1935年7月）：545。

12 陳寅恪，〈論再生緣〉，《寒柳堂集》，頁1。

13 陳寅恪，〈寒柳堂記夢未定稿〉，頁190。取《本草》考史，可見《柳如是別傳》，陳寅恪為嘉興「檇李」又名「潘園李」的來歷，引《本草》果部「李條」附錄「徐李」。《柳如是別傳》，頁808。又，陳寅恪在《柳如是別傳》中有言：「寅恪少讀晉書，……少時讀史之疑滯，……」語，這是少時讀史的明證。至於吳梅村（吳偉業，1609-1671）更有「詩史」之稱，陳寅恪撰《柳如是別傳》時說：「習誦圓圓曲已六十餘年。」「童時誦此曲（圓圓曲），……辭旨敦厚，可謂善處人間骨肉矣。」《柳如是別傳》，頁765，496-498。

14 陳寅恪稱：「考乾隆三十四年後，清廷禁燬牧齋著述。」《柳如是別傳》，頁1015。

15 陳寅恪，《柳如是別傳》，頁21。又，陳寅恪還自言少時曾讀錢牧齋詩。其中還頗有不解者。例如錢詩「蘇隄渾倒踏，黟水欲平填。」句中「黟水」，未能通曉，又苦於無從求教於博雅通人，至晚年處理《柳如是別傳》材料，得讀《河東君尺牘》、《一笑堂集》、《春星堂集》等，始恍然大悟係指柳如是的知己，籍貫新安也可以黟水代稱的汪然明。見《柳如是別傳》，中冊，頁391。由此觀之，陳寅恪晚年從事《柳如是別傳》，蓋亦其來有自矣。

雖然「海內尚稱乂安，而識者知其將變。寅恪雖年在童幼，然亦有所感觸，因欲縱觀所未見之書，以釋幽憂之思。」[16]

在這幾段回憶裡，陳寅恪通過和文史結緣的鋪陳，寫出個人對於傳統文史之學的偏好。以意逆志，可謂既表達了對中國傳統文化的關懷和嚮往，也發抒了個人一生之志節。例如為寫家傳而有回憶童時讀庾信文章的感慨，稍長或可謂青年時期發展出以撰史為平生之志。〈論再生緣〉，回溯少時閱讀小說，雖至鄙陋之小說包括七字唱在內的彈詞，也能拿天竺希臘史詩與之比較並帶出聯繫，這當然不屬於直線式的思維，而是委婉曲折表達出內心深處的偏好。〈寒柳堂記夢未定稿〉中提到《本草綱目》則是陳寅恪從事史學研究早期接觸到的材料和源頭。撰寫《柳如是別傳》時，所以會顯現60年前兒時印象，固在強調讀書欲得通解之難，唯其所以會持續縈繞於陳寅恪心中，正是史家少年記憶起了絕大的作用，有意識地表述個人文化認同。而這亦可見於〈王觀堂先生輓詞序〉所言：「吾中國文化之定義，具於《白虎通》三綱六紀之說。」就其求學歷程言，當得諸於家教者為多，值中西文化激盪衝擊之際，正如陳寅恪所形容者，「為此文化所化之人，必感苦痛，其表現此文化之程量愈宏，則所受之苦痛亦愈甚。」[17]

陳寅恪幼時在南昌短暫的生活是帶著陰影的，而且是一家三代整個家庭均深受挫折。戊戌政變的同時，陳寅恪的父祖皆遭革職，祖父陳寶箴(1831-1900)從湖南巡撫任上得以「全身而退」，陳寅恪說：「都中盛傳先祖必受發往新疆之嚴譴，如李端棻(1833-

---

16　陳寅恪，《柳如是別傳》，頁2-3。

17　陳寅恪，〈王觀堂先生輓詞並序〉，《詩集》，頁12。

1907)奏保康有為(1858-1927)及譚嗣同(1865-1898)之例。然止於革職永不敘用之薄懲,實由榮祿(1836-1903)及王元和(王文韶,1830-1908)碰頭乞請所致也。」[18]在「嚴譴」和「薄懲」之間,本具極大的不可測,從8月6日發動政變到21日,短短半個月內,或生或死,每日均有來自北京的消息傳達。這種生死交關懸於一線的焦慮,對早慧的陳寅恪而言,無論如何都會是一種精神和意志上的壓抑。再者,猶有一公案未解者是庚子拳亂之際,陳寶箴有無遭慈禧(1835-1908)賜死之事[19]。不論此事是否得實,但庚子拳亂之際,慈禧心目中的帝黨如許景澄(1845-1900)、袁昶(1846-1900)、徐用儀(1826-1900)、聯元(1838-1900)、立山(1843-1900),乃至已革職且發配新疆的前戶部侍郎張蔭桓(1837-1900)等均遭「即行正法」的命運,且下令嚴查與曾國藩(1811-1872)齊名的晚清重臣左宗棠(1812-1885)子左孝同(1857-1924)有無鑽附陳寶箴等事[20],陳家上上下下,自不可能避開這種大難隨時降臨的氛圍。這和陳寅恪少時即有「獨懷辛有索靖之憂」,以及「余少喜臨川新法之新,晚同涑水迂叟之迂。」[21]且帶有嚴重危機感的思想轉折。不能不

---

18 陳寅恪,〈寒柳堂記夢未定稿〉,頁204。又「嚴譴」和「薄懲」,語出陳寶箴〈瀝陳悚感下忱并交卸湘撫日期摺〉中「乃蒙聖慈寬其嚴懲,僅加臣父子以薄懲。」《陳寶箴集》,卷22,頁861。

19 陳寶箴遭賜死事,出自戴遠傳《文錄》手稿,有「光緒二十六年庚子六月廿六,先嚴千總(名閻炯)率兵弁從巡撫馳往西山靖廬,宣太后密旨,賜陳寶箴自盡。寶箴北面匍伏受詔,即自縊死。巡撫令取喉骨,奏報太后。」對此一記載,鄧小軍有詳細考論,以為大有可能。可參考。鄧小軍,〈陳寶箴之死考〉,《陳寅恪與二十世紀中國學術》,頁531-550。然而,陳寅恪晚年撰家傳〈寒柳堂記夢未定稿〉,於此完全沒有提及,且戴遠傳《文錄》的記載屬於孤證,或仍可存疑。

20 鄧小軍,〈陳寶箴之死考〉,頁548-550。

21 陳寅恪,〈讀吳其昌撰梁啟超傳書後〉,《寒柳堂集》,頁168。

　　說和家世背景，特別是戊戌政變後的政局持續惡化有高度關聯[22]。

　　1927年陳寅恪任教清華國學院的同事也是前輩學人王國維自殺事件，更加重了戊戌以來的陰影，任何小小的不如意，都使他更加沮喪，對前途殊少佳趣[23]。此時固因鼎革已無家國一體、

22　對照艾力克森的一個核心理念，即青春期和青年時期對人格養成的作用。因為在青春期形成的自我同一性(identity)，及可能出現的「自我同一性危機(認同危機)」(identity crisis)，對個人及社會都有極為重要的意義。張廣智認為這個概念，可以簡單地理解為個人在成長過程中個性和社會角色的形成對尋求社會承認與認同，以及伴隨而生的一系列心理危機，這種心理危機往往對人的行為和一生具有巨大的影響，臨床顯示認同危機在青少年成長過程中的普遍存在。張廣智，《心理史學》，頁73-74。又，張廣智另就從事心理史學者彼德‧洛溫柏格(Peter Loewenberg)〈納粹青年追隨者的心理淵源〉的研究指出：兒童由於其自我的脆弱，在災難中所遭受的創傷也最大，而且性格的形成、基本驅力的方向以及家庭和社會價值的內化等，都取決於嬰幼和兒童時期。張廣智，《心理史學》，頁90。譯文參見彼德‧洛溫柏格著，張同濟譯，郝名瑋校，〈納粹青年追隨者的心理歷史淵源〉，《史學理論研究》1996.3：133-145；1996.4：143-156。又，彼德‧洛溫柏格指稱：「在精神分析和臨床工作中，尤其是在精神分析自我心理學，近來往往強調青春期這一年齡段對性格形成和解決「自我同一(認同)」(identity)問題的重要性。在這段年齡中，經過大量痛苦的探索、考驗和懷疑之後，作出了終生的基本選擇和承諾。彼德‧洛溫柏格，〈納粹青年追隨者的心理歷史淵源〉，《史學理論研究》1996.4：146。案，英文identity譯為「認同」，美國學者林霨(Arthur N. Waldron)對此頗有商榷。2008年12月17日在北京大學歷史系講座 "How the West View the Chineseness of China" 中說：這字在英文、西方的語意中所指涉的多是「識別」、「別異」、「認識自己哪裡和人家不同」，中文卻翻成「認同」，自己哪裡和同儕一樣。總之，英文identity在辨認你的「不同」在哪裡，具獨特性。在中文則成了what you are like。即你和誰同。詳見《又天周報》第33號。http://sites.google.com/site/youtien/ytzb。是以自我同一性亦可譯為「自我別識」或「別識」。

23　當時常隨侍陳寅恪的學生陳守寔引述戴幼和(戴家祥, 1906-1998)的信說，為王國維紀念坊事向趙元任募款遭拒，「陳寅恪師因此對前途殊少佳趣。」見陳守寔，〈記梁任公、陳寅恪諸師事〉。案此文係從陳守寔

休戚與共的負擔，然家國通一之旨，一變而為文化托命之感，文
化意識承受的負擔或尤甚於前。從1927至1940年，陳寅恪為王國
維所撰的輓聯、輓詞、紀念碑銘，為《王靜安先生遺書》出版寫
序，前後十餘年間，只要處理到此事，對陳寅恪都是一種提示和
刺激。在〈遺書序〉中，陳寅恪除就王國維的學術貢獻指出「要
皆足以轉移一時之風氣，而示來者以軌則。吾國他日文史考據之
學，範圍縱廣，途徑縱多，恐亦無以遠出(王國維治學內容和方
法)……之外。」至論王國維平生之志事，則曰：

> 寅恪以謂古今中外志士仁人，往往憔悴憂傷，繼之以
> 死。其所傷之事，所死之故，不止局於一時一地域而已。
> 蓋別有超越時間地域之理性存焉。而此超越時間地域之
> 理性，必非其同時間同地域之眾人所能共喻。然則先生
> 之志事，多為世人所不解，因而有是非之論者，又何足
> 怪耶？

此是非之論為何？陳寅恪即舉近三十年來的世變為言，逆推
之，實即戊戌政變迄清帝遜位之事。而曰：

> 嘗綜覽吾國三十年來，人世之劇變至異，等量而齊觀
> 之，誠莊生所謂彼亦一是非，此亦一是非者。若就彼此
> 之是非者言之，則彼此終古末由共喻，以其互局於一時

間一地域故也[24]。

　　陳寅恪認為於王國維之志事鑽味既深，且得以神理相接，當可想見其人，想見其世，或更能心喻王國維之奇哀遺恨。此奇哀遺恨者，蓋出於王國維與不同調者彼此各有一是非也。不論觸發王國維決然自殺的背景或人事糾葛為何，但無論如何均不出兩套是非，即兩套價值標準的衝突，且相互之間缺乏共同語言和共識，緊張和焦慮隨之而來，甚至惶惶不可終日。王國維見引為同調者如「南齋侍從欲自沈」或「北門學士邀同死」[25]者言行不一，則更有「越甲未應公獨恥」的評論[26]，這應是陳寅恪直接得之王

24　以上兩段引文詳見陳寅恪，〈王靜安先生遺書序〉，《金明館叢稿二編》，頁248。

25　南齋指羅振玉(1866-1940)。南齋即南書房，1924年年春，溥儀(1906-1967)召入直南書房，任南書房行走；北門學士指柯紹忞(1850-1933)。柯紹忞為前清進士，曾任京師大學堂總監督，1914年任清史館代館長、總纂，後為溥儀小朝廷翰林院侍講學士。唐高宗時詔文學之士於北門討論，故以北門為翰林院之代稱。羅、柯兩人曾約王國維共投清宮神武門外御河殉國，但羅、柯兩人臨事而怯。陳寅恪，〈王觀堂先生輓詞〉，《詩集》，頁16。

26　陳寅恪，〈輓王靜安先生〉，《詩集》，頁11。案，越甲典出漢劉向(77-6BC)《說苑・立節》：「越甲至齊，雍門子狄請死之。齊王曰：『鼓鐸之聲未聞，矢石未交，長兵未接，子何務死之？為人臣之禮邪？』雍門子狄對曰：『臣聞之，昔者王田于囿，左轂鳴，車右請死之，而王曰：子何為死？車右對曰：為其鳴吾君也。……遂刎頸而死。知有之乎？』齊王曰：『有之。』雍門子狄曰：『今越甲至，其鳴吾君也，豈左轂之下哉？車右可以死左轂，而臣獨不可以死越甲也？』遂刎頸而死。是日，越人引甲而退七十里，曰：『齊王有臣鈞如雍門子狄，擬使越社稷不血食。』遂引甲而歸。」後世用此典指忠君報國。此處「越甲」則指當時馮玉祥(1882-1948)國民軍逼宮在前，北伐軍在後。胡文輝，《陳寅恪詩箋釋》(廣州：廣東人民出版社，2008)，上卷，頁30，〈輓王靜安先生〉條。

國維者。陳寅恪形容和王國維在清華園裡話前清舊事的種種,而有「許我忘年為氣類」和「風義平生師友間」[27],至於「回思寒夜話明昌,相對南冠泣數行」[28]語,自屬神理相接,且能心喻其奇哀遺恨者。尤有甚者,這或許更加重了後死者的心理承受。而有「齊州禍亂何時歇,吾儕今日皆苟活」的感慨[29]。1929年,陳寅恪在留學期間巴利語詞彙筆記本上附識:「回思往事,真如一夢。」[30]就當時情境,與其說這和留學期間的夢境相接,不若說和文化危機感更有關聯。

此一危機感以及焦慮的自我感知有一段記載很值得注意。1928年2月5日,清華大學教授也是陳寅恪的知友和崇拜者吳宓在日記中記錄下和陳寅恪的對話:「晚7-9訪陳寅恪閑談。寅恪謂各人瘋狂之可能性如下:陳達[31] 95%;寅恪50%;宓70%云云。」

在吳宓筆下,未見陳寅恪有無更進一步的自我分析及解決之道,吳宓則謂:「宓種種銳敏之感觸,遠大之悲鬱,實應瘋狂。

27　李商隱(813?-858?)哭劉蕡(?-842)詩云:「平生風義兼師友,不敢同君哭寢門。」陳寅恪,〈王觀堂先生輓詞〉,頁17。

28　陳寅恪曾在清華工字廳與王國維話清朝舊事。元遺山(元好問,1190-1257)〈除夜詩〉:「神功聖德三千牘,大定明昌五十年。甲子兩周今日盡,空將老淚灑吳天。」大定,金世宗完顏雍(1123-1189)年號,跨29年。明昌,金昌宗完顏璟(1168-1208)繼世宗的第一個年號,明昌只有七年,但昌宗在位20年,前後50年為金之盛世。南冠指南方人,王、陳兩人皆長江以南之人。南冠亦指晉南渡後士族在南方者,暗喻遺民心理是以為泣。陳寅恪,〈王觀堂先生輓詞〉,頁17。

29　陳寅恪,〈王觀堂先生輓詞〉,頁12-17。

30　季羨林,〈從學習筆記看陳寅恪先生的治學範圍和途徑〉,收入《紀念陳寅恪教授國際學術討論會文集》(廣州:中山大學出版社,1989),頁81。

31　陳達(1892-1975),時任教清華大學社會系主任兼教授。

而決不至此者，則以有解救及預防瘋狂之策五。如下：（一）感情常使發洩。（二）興趣繁多而時有變換。（三）實事上每退一步想而知足。（四）滑稽之觀感。即自己譏評自己。（五）保持簡單之心性，本來之天真。」[32] 但吳宓的這五種解決之道前四項並非陳寅恪的選擇。陳寅恪對吳宓的解決之道評曰：「言之易而行之難，身當其境，未必能把持也。」[33] 陳寅恪的宣洩多形諸文字，少有實際行動，幾乎不菸不酒[34]；除聽戲和聽說書外，陳寅恪的興趣似乎不廣也少有變換；吳宓「退一步想而知足」者似不一見；「滑稽」更非陳寅恪所樂為；第五項「保持本來之心性」這一部分，以陳寅恪對傳統文化價值的堅持觀察，則頗有接近之處。至於吳宓形容「種種銳敏之感觸，遠大之悲鬱，實應瘋狂」的程度，陳寅恪的自我期待或不在吳宓之下，但吳宓勇於自我宣洩個人感情，包括寫日記，公開個人情史、情詩等，皆非陳寅恪之所願為，有之，則多為感時之詩作或見諸其論著所藏之今典，至於帶有「個性」或「感情」的言行並不多見。一次是在1937年春間清華大學歷史系的師生茶會裡，高聲向同學說，何以目前有人會開「中國上古

32　吳學昭整理注釋，《吳宓日記1928-1929》（北京：三聯書店，1998），IV，頁19。

33　吳學昭，《吳宓日記》，IV，頁19。

34　陳寅恪喝酒暢飲的記錄，僅見留學期間和李璜（1895-1991）、曾慕韓（1895-1951）抵掌談天下事，「酒酣耳熱，頓露激昂。」見李璜，〈憶陳寅恪、登恪兄弟〉，《大成雜誌》49：2-4。收入錢文忠編，《陳寅恪印象》（上海：學林出版社，1997），頁6-7。回國後，和學生輩喝酒僅見陳守寔記載，飲義大利酒一琉璃盞。見陳守寔，〈記梁啟超、陳寅恪諸師事〉（1928年正月初二日），《中國文化研究集刊》1：422。收入張杰、楊燕麗選編，《追憶陳寅恪》，頁41。

史」這門課[35]。另一次，夏承燾1959年2月6日在其日記中言，清華中文系教授余冠英(1906-1995)聞彼中人云：「陳先生近日心理不大正常，不知究為何也。」[36]由於以上兩則訊息皆得諸傳言，不宜認定。至於直接見諸文字者，一在1932年，陳寅恪為「對對子」風波致傅斯年信，語中頗帶情緒[37]。一在1942年，陳寅恪念及學生周一良，在論文序言中有「不禁涕淚之泫然」語[38]。就上述四則記錄，陳寅恪待人接物頗見個性，若有宣洩，似也不排除見諸公開的文字和語言，然皆屬偶一為之。1944年冬季，陳寅恪還對學生說：「我對晚清歷史還是熟習的；不過我自己不能做這方面的研究。認真做，就要動感情。」[39]晚年撰〈論再生緣〉和《柳如是別傳》，情況有了改變，陳寅恪不惜將個人感情之好惡，直接訴諸書中人物，似可反證陳寅恪壓抑個性和感情者多，宣洩者少。

家世與個人之間的關係，就陳寅恪個人言，其所涉及者或可從個人認同上略窺其取捨。1945年冬天，陳寅恪眼盲就醫英國倫敦，聽人讀熊式一(1902-?)英文小說《天橋》，提到光緒戊戌李提摩太(Timothy Richard, 1845-1919)上書事，讓陳寅恪回憶起王寅

---

35 何炳棣(1917-)，《讀史閱世六十年》，頁117。案，此係何炳棣得自同寢室同學黃明信(1917-)言，非現場第一手見聞。案，何炳棣的行文，以高聲發問形容，應指腔調的提高而非聲調而已，不能說沒有情緒。若要指實應係指雷海宗(1902-1962)開的課。

36 夏承燾，《天風閣學詞日記》(杭州：浙江古籍、浙江教育出版社，1998)，冊3，頁723。

37 詳情請見第四章第三節。

38 詳情請見第一章注1。

39 石泉、李涵，〈追憶先師寅恪先生〉，《紀念陳寅恪教授國際學術討論會文集》，頁57。

1902年春天隨已過世的同父異母兄陳衡恪(1876-1923)東遊日本，出發前在上海遇到李提摩太。這位英籍傳教士以華語說：「君等世家子，能東遊，甚善。」[40]

　　「世家子」之說是陳寅恪40年後的回憶，也是陳寅恪首次藉由外人之口，明白以文字表露個人出身「世家子」的認同，此一認同見諸晚年回憶錄，再次提到其父為清末四公子。陳寅恪引黃秋岳(黃濬，1890-1937)《花隨人聖庵摭憶》文，指光緒甲午、乙未間，其父陳三立與丁慧康(1868-1909)、譚嗣同、吳葆初(1869-1913)號稱四公子[41]。公子者，名臣大家之後具見文采風流而為當世所羨稱者。雖然這是通過回憶和外國傳教士之口，但就陳寅恪的性格，這兩件事都屬僅有。而世家子非有門第支撐，以及充分的文化傳承，不足以取得相應的社會地位，這正是陳寅恪處理魏晉南北朝以迄隋唐史實諸如門第的升降等，一個相當重要的切入點。此外，當然也是交友[42]及選擇婚姻對象[43]時的重要考量。

40　陳寅恪，《詩集》，頁55。

41　陳寅恪，〈寒柳堂記夢未定稿〉，頁194-195。

42　陳寅恪的詩友多有世家子，例如張遵騮(1916-1992)，字公逸，係張之洞曾孫。朱少濱(朱師轍，1879-1969)的父親朱孔彰(1842-1919)和陳寅恪的祖父陳寶箴都曾為曾國藩幕賓，朱孔彰並著有《中興將帥別傳》。再如瞿兌之(1894-1973)係晚清重臣瞿鴻禨(1850-1918)之孫，陳寅恪1956年寄瞿兌之詩有「論交三世今餘幾」之嘆。曾國藩的孫女曾昭燏(1909-1956)自殺，陳寅恪輓詩有：「論交三世舊通家」語。

43　陳寅恪妻唐篔為晚清最後一任臺灣巡撫唐景崧(1841-1903)孫女。陳寅恪自述：「(清華)同事中偶語及：見一女教師壁懸一詩幅，末署『南注生』。寅恪驚曰：『此人必灌陽唐公景崧之孫女也。』蓋寅恪曾讀唐公請纓日記。又親友當馬關中日和約割臺灣於日本時，多在臺佐唐公獨立，故其家世，知之尤詳。因冒昧造訪，未幾，遂定諧老之約。」陳寅恪，〈寒柳堂記夢未定稿補〉，《寒柳堂集》，頁236。

　　陳寅恪晚年撰〈寒柳堂記夢未定稿〉，於個人生活少有著墨，
卻多敘個人家世，且集中於晚清士大夫和政局世態的演化，個人
與家世在輕重之間形成一強烈對比。個人認同之於家世和政局演
變在此形成一有機聯繫，實則家國一體，國事決定了家世的興
替[44]。陳寅恪自言：「寅恪本人或以世交之誼，或以姻婭之親，
於此清濁兩黨，皆有關聯，故能通知兩黨之情狀並其所以分合錯
綜之原委。」[45]然而陳寅恪的關懷更在於：「咸同光宣以來之朝
局，與寒家先世直接或間接有關。」且欲有所闡明當時清濁兩黨
人事背景及其間分合，以期彰顯其門風家風和個人進退出處，實
與數十年來家國興廢盛衰密不可分[46]。而這也是陳寅恪悼王國維
詩「元祐黨家慚陸子」[47]的心情，直至晚年，再次以「元祐黨家」
即「戊戌黨人」之後，概括個人身世和晚清的政局演變。並且直
接影響了陳寅恪此生對政治的態度。對於晚清以來「吾家主張變
法」也有一概括性的描述：

44　〈寒柳堂記夢未定稿〉除弁言外，分七個子目：（一）吾家先世中醫之學、
　　（二）清季世大夫清濁流之分野及其興替、（三）孝欽后最惡清流、（四）
　　吾家與豐潤（張佩綸，1848-1903）之關係、（五）自光緒十年三月至二十
　　年十一月間清室中央政治之腐敗、（六）戊戌政變與先祖先君之關係、
　　（七）關於寅恪之婚姻。
45　陳寅恪，〈寒柳堂記夢未定稿〉，頁187。
46　同上，頁186。
47　「元祐黨家慚陸子」見陳寅恪，〈王觀堂先生輓詞〉，頁17。蔣天樞代
　　陳寅恪所下注解：「《渭南集‧書啟》有：『以元祐之黨家，話貞元之
　　朝士。』又云：『哀元祐之黨家，今其餘幾；數紹興之朝士，久矣無多。
　　放翁祖父陸佃（1042-1102），名列元祐黨人碑。陸佃，荊公（王安石，
　　1021-1086）門人，後又為司馬（司馬光，1019-1086）黨。』」而陳寅恪
　　的祖父和父親皆列名戊戌黨人，但實不贊成康有為變法思想和策略，這
　　是取以自況其家世與陸佃、陸游（1125-1210）祖孫情況甚接近。

咸豐之世，先祖亦應進士舉，居京師。親見圓明園干宵
之火，痛哭南歸。其後治軍治民，益知中國舊法之不可
不變。後交湘陰郭筠仙侍郎嵩燾（1818-1981），極相傾
服，許為孤忠閎識。先君亦從郭公論文論學，而郭公者，
亦頌美西法，當時士大夫目為漢奸國賊，群欲得殺之而
甘心者也。至南海康先生治今文公羊之學，附會孔子改
制，以言變法。其與歷驗世務欲借鏡西國以變神州舊法
者，本自不同。故先祖先君見義烏朱鼎甫先生一新（1846-
1894）《無邪堂答問》駁斥南海《公羊春秋》之說，深以
為然。據是可知余家之主變法，其思想源流之所在矣[48]。

陳寅恪上面這一段話的旨意，幾乎全出自其父陳三立所撰陳寶箴
的〈行狀〉：

故府君獨知時變所當為而已，不復較執為新舊，尤無所
謂新黨舊黨之見。康有為之初召對，即疏言其短長所
在，推其疵弊。四章京[49]之初值軍機亦然，曾疏言，變
法事至重，四章京雖有異才，要資望輕而視事易[50]。

48　陳寅恪，〈讀吳其昌撰梁啟超傳書後〉，《寒柳堂集》，頁167。又，
　　關於戊戌政變，陳寅恪指稱：「蓋先祖以為中國之大，非一時悉能改變，
　　故欲先以湘省為全國之模楷，至若全國改革，則必以中央政府為領導。
　　當時中央政權實屬於那拉后，如那拉后不欲變更舊制，光緒帝（愛新覺
　　羅・載湉，1871-1908）既無權力，更激起母子間衝突，大局遂不可收拾
　　矣。」陳寅恪，〈寒柳堂記夢未定稿〉，頁203。
49　四章京為：譚嗣同、楊銳（1857-1898）、劉光第（1859-1898）、林旭
　　（1875-1898）。
50　陳寅恪，〈寒柳堂記夢未定稿〉，頁199。

這說明陳家三代均無新舊門戶之見，但知中國舊法不可不變。

在史論文章和詩文上陳寅恪更不時有所發抒。前舉「元祐黨家慚陸子」等固屬之。在《唐代政治史述論稿》中，陳寅恪論：「趙郡李氏、滎陽鄭氏俱是北朝數百年來顯著之士族，實可以代表唐代士大夫中主要之一派者。而（李）德裕（787-849）及（鄭）覃（?-842）父子又世為宰相，其社會歷史之背景既無不相同，宜其共結一黨，深惡進士之科也。《文選》為李氏所鄙視，石經為鄭覃所建刊，其學術趣向有關家世遺傳，不可僅以個人偶然好惡為解釋。否則李文饒（德裕）固有唐一代不屬於復古派之文雄，何以亦薄《文選》之書？推究其故，豈不以『熟精文選理』乃進士詞科之人，即高宗、武后以後新興階級之所致力，實與山東舊族以經術禮法為其家學門風者迥然殊異，不能相容耶？」[51] 1964年5月5日，陳寅恪為編定《金明館叢稿》，於1935年即已寫定的〈李德裕貶死年月及歸葬傳說辨證〉文末，附一詩：「萬國兵戈一葉舟，故邱歸死不夷猶。袖中縮手嗟空老，紙上刳肝或稍留，此日中原真一髮，當時遺恨已千秋。讀書久識人生苦，未得崩離早白頭。」並附以當日時事和感觸曰：「寅恪昔年於太平洋戰後，由海道自香港至廣州灣途中，曾次韻義山萬里風波無題詩一首，雖辭意鄙陋，然以其足資紀念當日個人身世之感。」[52] 從李德裕貶死及歸葬事聯想及於個人遭遇，正是與古人同入世家子之家國興亡遺恨，至老不能或忘。

---

51 陳寅恪，《唐代政治史述論稿》（《陳寅恪集》版，北京：三聯書店，2001），頁264。

52 陳寅恪，〈李德裕貶死年月及歸葬傳說辨證〉，《金明館叢稿二編》，頁56。

　　陳寅恪論唐代山東舊族和武后以後進士科新興階級迥然殊異者，還有另一現代版本。蔣天樞在《陳寅恪先生編年事輯》民國二十一年三月十三日條，記陳寅恪和同學的談話，針對國難會議表明不參加的態度兼及留學生的集會結社，並謂：

> 近年集會結社之風盛行，尤以留美學生為甚。互相攀援，危害於國家民族者殊烈。間有少數初發起者均甚好，及其發展，分子複雜，君子漸為小人所取代，最後將此社會變壞。結社之首要，在於有共同的高尚理想，有此精神，始能團結鞏固。
>
> 又謂：中國今日舊道德與新道德兩種標準同時並存。有人謂舊的已去，新的未到者，殊非事實。此猶如兩種斗，小人以大斗量入而以小斗量出，君子因此喫虧每有格格不入之處。吾人當準情酌理，行吾心之所安，總以不使傍人喫虧為準繩。至於細微處，則「大德不踰閑，小德可出入」[53]。

　　對此，蔣天樞有一補白：「先生談話，大意如此。（參《元白詩箋證稿》第四章頁78──1955年版。案，三聯新版在頁85。）」[54] 蔣天樞提示這段話的原文如下：

> 縱覽史乘，凡士大夫階級轉移升降，往往與道德及社會

53　蔣天樞，《陳寅恪先生編年事輯（增訂本）》，頁79。
54　同上。

風習之變遷有關，當其新舊蛻嬗之間際，常呈一紛紜綜錯之情態，即新道德標準與舊道德標準，新社會風習與舊社會風習並存雜用。各是其是，而互非其非也。斯誠亦事實之無可奈何者。雖然，值此道德標準社會風習紛亂變易之時，此轉移升降之士大夫階級之人，有賢不肖拙巧之分別，而其賢者拙者，常感受苦痛，終於消滅而後已。其不肖者巧者，則多享受歡樂，往往富貴榮顯，身泰名遂。

陳寅恪說明：

其故何也？由於善利用或不善利用此兩種以上標準及習俗，以應付此環境而已。譬如市肆之中，新舊不同之度量衡並存雜用，則其巧詐不肖之徒，以長大重之度量衡購入，而以短小輕之度量衡售出。其賢者拙者之所為適與之相反，於是兩者之得失成敗，即決定於是矣。

從世家子的自我認同，擴及對家世以及世態的評論，而陳寅恪留學海外十餘年，對留學生誤國卻有嚴厲的批判，於此應可得一解。陳寅恪所謂的留學生集會結社，就是唐代進士科的新興階級結黨。然在此留學生新興階級中亦有所區隔，陳永發（1944-　）論述中共開創初期黨員出身時說，「同樣是知識分子，卻有大知識分子、小知識分子和半知識分子的差別，其中一個差別的因素是教育程度，而出國留學成為社會地位上升的終南捷徑。」可「同樣是出國留學，清末民初，歐美留學生的地位要比留日學生

高，……『同樣是歐美留學生，一般大學畢業的，便遠遠趕不上哈佛、耶魯、牛津、劍橋等名校；同樣是日本留學生，一般大學的也遠遠趕不上帝國大學。』」[55] 準留學生即清華學校同學之間則計較家世和功名[56]。陳寅恪當初所以選擇出洋留學，除追求西方知識外，當與清末民初此一社會心態有關，正如陳寅恪在史論文章中解釋李栖筠、李吉甫(758-814)、李德裕三代，雖貴為唐代山東舊族，但因胡族入侵失去累世的根據地，並同失去地方豪族的身分背景，不能不屈就凡庸仕進之途徑，如李栖筠為明經科之類，但又與新興階級詞科進士在心態上不能並存[57]。若把陳寅恪對留學生的批判放在這一個語境裡，即可感受到世家子和留學生作為新興階級的不同，是以陳寅恪雖從小即放洋留學，對留學生，特別是對留美的有嚴厲批判[58]。

55　陳永發，《中國共產革命七十年》修訂版上冊(臺北：聯經出版公司，2001)，頁149-150。並見陶希聖(1899-1988)，《潮流與點滴》(臺北：傳記文學出版社，1964)，頁74。

56　何炳棣說：「聞(一多，1899-1946)先生曾對我講過清華同班潘光旦(1899-1967)和羅隆基(1898-1965)……未出國前有一次潘光旦批評羅隆基某篇文章不通。羅很生氣地說：『我的文章怎會不通，我父親是舉人。』潘馬上回答：『你父親是舉人算得了什麼，我父親是翰林！』」何炳棣，《讀史閱世六十年》，頁187。

57　陳寅恪，〈論李栖筠自趙徙衛事〉，《金明館叢稿二編》，頁8。

58　案，陳寅恪對留學生的批判，另見吳宓於1919年9月8日和12月14日的日記記載：「陳君寅恪嘗謂『昔賢如諸葛武侯，負經濟匡時之才，而其初隱居隆中，嘯歌自適，決無用世之志。』苟全性命於亂世，不求聞達於諸侯。』及遇先主，為報知己，乃願出山，鞠躬盡瘁。豈若今之插標賣首，盛服自炫，『Advertisement』爭攘權位。本自無才，徒以僨事，甚且假愛國利群、急公好義之美名，以行貪圖傾軋之實，而遂功名利祿之私。舉世風靡，茫茫一概。吾國固然，歐美各國亦不異。且其中為惡者，操術尤工。吾留學生，十之七八，在此所學，蓋惟欺世盜名，縱欲攫財之本領而已。」又曰：「中國之哲學美術，遠不如希臘，不特科學遠遜

　　陳寅恪自小即「『獨』懷辛有索靖[59]之憂」，直到晚年處理《柳如是別傳》時依然如此，有深刻的悲劇意識。此固出於客觀環境，從家世到個人處境，但未嘗不可視為陳寅恪個人獨有的憂患意識和「認同危機」，就算在相對「承平」之時，即九一八事變前任教清華國學院和改制後的清華大學直至抗戰爆發之時，也不免有此「憂患」。1928年春3月撰〈俞曲園先生病中囈語跋〉，

(續)————————————————————————

　　泰西也。但中國古人，素擅長政治及實踐倫理學。與羅馬人最相似。其言道德，惟重實用，不究虛理。其長處短處均在此。長處即修齊治平之旨；短處即實事之利害得失，觀察過明，而乏精深遠大之思。故昔則士子群習八股，以得功名富貴。而學德之士，終屬極少數。今則凡留學生，皆學工程實業，其希慕富貴，不肯用力學問之意則一。而不知實業以科學為根本，不揣其本，而治其末，充其極，只成下等之工匠。境遇學理，略有變遷，則其技不復能用。所謂最實用者，乃適成為最不實用。至若天理人事之學，精深博奧者，互萬古，橫九垓，而不變。凡時凡地，均可用之。而救國經世，尤必以精神之學問（謂形而上之學）為根基。乃吾國留學生不知研究，且鄙棄之。不自傷其愚陋，皆由偏重實用積習未改之故。……今之留學生，動以『耶教救國』為言，實屬謬誤。又皆反客為主，背理逆情之見也。」《吳宓日記》II，頁66-67，100-104。又，浦江清於1928年1月14日的日記記載：「陳寅恪先生嘗云，禍中國最大者有二事，一為袁世凱之北洋練兵，二為派送留美官費生。」浦江清，《清華園日記‧西行日記(增補本)》(北京：三聯書店，1999，2版)，頁4。此外，陳寅恪對留學生的治學態度也有批判，陳的學生卞伯耕回憶其論新學和舊學之失有一段話：以往研究文化史有二失，舊派失之滯。新派失之誣。……新派是留學生，所謂「以科學方法整理國故」者，新派書有解釋，看上去似很有條理，然甚危險。……講歷史重在準確，不嫌瑣細。……就是要看原書，要從原書中的具體史實，經過認真細致、實事求是的研究，得出自己的結論。一定要養成獨立之精神，自由思想，批評態度。」轉引自蔣天樞，《陳寅恪先生編年事輯(增訂本)》，頁222。

59　案，「辛有索靖之憂」指辛有和索靖(239-303)兩人均有以夷變夏的憂懼。辛有事蹟見《左傳》僖公二十二年(637BC)：初，平王之東遷也(770BC)，辛有適伊川，見被髮而祭於野者，曰：「不及百年，此其戎乎！其禮先亡矣。」索靖事蹟見《晉書》卷60〈索靖傳〉：靖有先識遠量，知天下將亂，指洛陽宮門銅駝，歎曰：「會見汝在荊棘中耳！」

即充分流露出此一「來日大難」將無從倖免的憂思。

俞曲園（俞樾，1813-1884），在1900至1901年之間有〈病中囈語〉九首，或說在其臨終前預言身後二百年事。陳寅恪受俞樾曾孫也是陳寅恪清華同事俞平伯(1900-1990)之託題寫跋語：「此詩之作，在舊朝德宗景皇帝庚子辛丑之歲，蓋今日神州之世局，卅年前已成定而不可移易。當中智之士莫不惴惴然睹大禍之將屆，……吾徒今日處身於不夷不惠之間，托命於非驢非馬之國，其所遭遇，在此詩第貳第陸首之間，至第七首則邈不可期，未能留命以相待。」[60]大禍將屆的想像情景，陳寅恪沒有描述，但覆按第二至第六首詩，則可想像陳寅恪的心情，其詩如下：

第二首：

　　無端橫議起平民，從此人間事事新。
　　三綱五常收拾起，大家齊作自由人。

第三首：

　　才喜平權得自由，誰知從此又戈矛。
　　弱者之肉強者食，膏血成河遍地流。

第四首：

　　發憤英雄喜自強，各自提封各連坊。

60　陳寅恪，〈俞曲園先生病中囈語跋〉，《寒柳堂集》，頁164。

道路不通商斷絕，紛紛海客整歸裝。

第五首：

大邦齊晉小邦滕，各自提封各自爭。
郡縣窮時封建起，秦皇已廢又重興。

第六首：

幾家玉帛幾家戎，又是春秋戰國風。
太息斯時無管仲，茫茫殺氣幾時終。[61]

這要較諸陳寅恪童幼所懷「辛有索靖之憂」更見嚴重，例如
「膏血成河遍地流」、「茫茫殺氣幾時終」的連續畫面，皆屬人
間至慘之悲劇，卻似無盡無期。雖然陳寅恪或有取第七首「天心
仁愛亦垂憐」，第八首「人間錦繡似華胥」等句[62]，並自下一轉
語，雖「邈不可期，未能留命相待，亦姑誦之玩之，譬如望海上
神山，雖不可及，但知來日尚有此一境者，未嘗不可以少紓憂生

---

61 俞曲園，〈病中囈語〉，錢仲聯主編，《清詩紀事》（南京：鳳凰出版
社，2004），頁10411。

62 案第七、第八、第九首全文如下：「鬪門相爭年復年，天心仁愛亦垂憐。
六龍一出乾坤定，八百諸侯拜殿前。」「人間錦繡似華胥，偃武修文樂
有餘。璧水橋邊修禮教，山巖野墅訪遺書。」「張弛由來道似弓，聊將
數語示兒童。悠悠二百餘年事，都入衰翁一夢中。」又，第一首：「歷
觀成敗與興衰，福有根由禍有基。不過六十花甲子，釀成天下盡瘡痍。」
從鴉片戰爭到庚子拳亂，正巧近一甲子。

之念。」[63] 其後,陳寅恪婚禮在即[64],卻有請俞平伯以楷書寫韋莊(836-910)〈秦婦吟〉長卷張掛,俾便平居吟誦,俞平伯在跋語中即指此事別有寄託:「余與寅恪傾蓋相逢,忘言夙契。同四海以漂流,念一身之焦萃,所謂去日苦多,來日大難,學道無成,憂生益甚,斯信楚囚對泣之言,然不自病其惑也。今歲丁香花開後,屬寫此篇,明知字跡塵下,無以塞命,唯念古今來不乏鴻篇巨製,流布詞場,而寅恪兄獨有取於此,且有取於稚弱之筆法,則其意固在牝牡驪黃之外也。」[65] 此蓋俞平伯在跋語中所言「來日大難,憂生益甚」,即取之於陳寅恪的時代感觸。其為陳寅恪個人人生之陰影,始終揮之不去。

陳寅恪平生除開抗戰勝利之際有「大酺三日樂無窮」[66],國府還都紀念有「金甌微缺花仍好,且唱清平樂府詞」[67]的興奮或欣然外,若單從詩文中觀察,少有開朗之時[68]。然而,陳寅恪的

---

63 陳寅恪,〈俞曲園先生病中囈語跋〉,頁164。

64 陳寅恪父親陳三立於1927年11月在上海有「為子婦納吉」語,蔣天樞推定係為陳寅恪辦訂婚事,時唐篔寓上海。1928年7月17日與唐篔在滬結婚。蔣天樞,《陳寅恪先生編年事輯(增訂本)》,頁69-70。

65 蔣天樞,《陳寅恪先生編年事輯(增訂本)》,頁69-70。

66 陳寅恪,〈連日慶賀勝利以病目不能出女嬰美延亦病相對成一絕〉,《詩集》,頁50。

67 陳寅恪,〈新清平調一首〉,《詩集》。

68 李堅指稱:「筆者對(陳寅恪)《詩集》中使用意義相反的悲、哀、愁、怨、病、死亡和喜、笑、歡、樂兩組十二個詞組的次數作了初步統計,結果前一組八個詞共出現253次,後一組四個詞共出現64次,而且使用與第一組詞含義相近的淒、愴、傷、淚、哭、泣等詞,亦復不少。這表明寅恪先生的詩絕大部分都帶有濃重的悲觀主義傷感色彩,而且始終不渝。」李堅,〈《陳寅恪詩集》中的悲觀主義色彩淺釋〉,胡守為主編,《《柳如是別傳》與國學研究》(杭州:浙江人民出版社,1995),頁103。又,程千帆指:「寅恪六丈當代通儒,餘事為詩,⋯⋯而近百年時運推

幽闇意識和危機感少有來自個人內在的心理因素，雖然陳寅恪承認平生負氣[69]，但感觸有更多係來自和客觀環境互動下的不滿和無力感。1953年秋天，陳寅恪於〈論再生緣〉完稿後感言：「有清一代，乾隆朝最稱承平之世。然陳端生(1751-1792?)以絕代才華之女子，竟憔悴憂傷而死，身名湮沒，百餘年後，其事蹟幾不可考見。江都汪中(1744-1794)者，有清中葉極負盛名之文士，而又與端生生值同時者也，作弔馬守真(1548-1604)文，以寓自傷之意，謂『榮期二樂，幸而為男』。今觀端生之遭遇，容甫之言其在當日，信有徵矣。然寅恪所感者，則為端生於《再生緣》第壹柒卷第陸伍回，『豈是蚤為今日讖』一語。」[70]

陳寅恪另附載自九一八事變以來詩作六首並加自注。第一首有「鍾阜徒聞蔣骨青，也無人對泣新亭，南朝舊史皆平話，說與

(續)——————

移，人情變幻，莫不寓焉。」程千帆、張宏生，〈七言律詩中的政治內涵——從杜甫到李商隱、韓偓〉，《紀念陳寅恪先生誕辰百年學術論文集》，頁153。但是陳寅恪在生活中不是完全沒有幽默感的人。例如，他曾說：「我對美國的留戀只是波士頓中國飯館醉香樓的龍蝦。」學生姜亮夫說陳寅恪不肯在公開場合說笑，但私下笑話極多，尤以做對子為長，還曾自我調侃得清華教職為：「訓蒙不足，養老有餘。」陳寅恪還曾在演講中曾拿學生羅香林在李唐郡望問題上開玩笑說，不知他該依老師還是岳丈的說法。案，陳寅恪主張出於趙郡李氏，朱希祖主張隴西李氏。以上資料分見楊步偉、趙元任，〈憶寅恪〉，收入《談陳寅恪》(臺北：傳記文學出版社，1978)，頁24；姜亮夫，〈憶清華國學研究院〉，收入卞僧慧，《陳寅恪先生年譜長編(初稿)》，頁95，101；羅香林，〈回憶陳寅恪師〉，《傳記文學》17.4：19。在畫家徐悲鴻眼中，與陳寅恪、陳登恪在巴黎時談詩論畫，也曾極其歡樂。詳見注82。

69 1927年春，陳寅恪〈春日獨遊玉泉靜明園〉詩，有「回首平生終負氣，此身未死已銷魂」句。1945年4月30日〈憶故居〉詩有「一生負氣成今日，四海無人對夕陽」。陳寅恪，《詩集》，頁11，42。

70 陳寅恪，〈論再生緣〉，頁83。

趙家莊裡聽。」自注：「詩成數年果有蘆溝橋之變，流徙西南，致喪兩目。」或就〈蒙自南湖作〉詩有「北歸端恐待來生」句自注：「此十六年前詩，句中竟有端生之名，豈是『蚤為今日讖』耶？」第三、第四首詩句中有「赤縣塵昏人換世」、「卻在山河破碎中」等句。自注：「自是求醫萬里，乞食多門。竟『蚤為今日讖』矣。」轉到1945年臥病英倫醫院，憶及前引李提摩太「君等世家子」語，而有「萬里乾坤迷去住，詞人終古泣天涯」句。1946年回到南京，有「金粉南朝是舊遊，徐妃半面足風流。蒼天已死三千歲，青骨成神二十秋。」上引詩句中，「蔣骨」、「青骨」指當時蔣中正領導的國民政府及蔣本人。「趙家莊」語出陸游詩〈小舟遊近村舍舟步歸〉之四：「斜陽古柳趙家莊，負鼓盲翁正作場。死後是非誰管得，滿村聽說蔡中郎。」陳寅恪此時眼盲，加上陸游是元祐黨人子，正足以自況。亂離和悲劇意識成了中年以後陳寅恪生命中的主調。等到1948年由北京南飛，在飛機上有「臨老三回值亂離」的感嘆，從上海搭輪轉往廣州，再嘆「避地難希五月花」。這些只能說是外部客觀環境讓陳寅恪的悲劇感受不斷延伸。直至撰寫〈論再生緣〉畢，看似已為前半生的命運作出總結：「絕世才華偏命薄，戍邊離恨更歸遲。文章我自甘淪落，不覓封侯但覓詩。」[71]

　　1954年陳寅恪〈無題〉詩，有「回首卅年題尾在，處身夷惠泣枯魚。」[72]案，陳寅恪於1928年〈俞曲園先生病中囈語跋〉有言：「嘗與平伯（俞平伯）言：『吾徒今日處身於不夷不惠之間，

71　陳寅恪，〈論再生緣〉，頁83-86。
72　陳寅恪，〈無題〉，《詩集》，頁109。

托命於非驢非馬之國……』」指身處中國亂局之中。1964年，有詩「人生終有死，遺恨塞乾坤」[73]。在《柳如是別傳》寫到柳如是結束和明末幾社風流才子陳子龍等人的來往，轉向錢牧齋，嘆身世之飄零，陳寅恪取河東君〈金明池·詠寒柳〉詞，「春日釀成秋日雨，念疇昔風流，暗傷如許」句，直揭其悲劇意識大有由來：

> 「釀成」者，事理必致之意。實悲劇中主人翁結局之原則。古代希臘亞力斯多德（亞里斯多德*Aristotélēs*，前384-前322）《論悲劇》，近年海寧王國維論《紅樓夢》，皆略同此旨。然自河東君本身言之，一為前不知之古人，一為後不見之來者，竟相符會，可謂奇矣！至若瀛海之遠，鄉里之近，地域同異，又可不論矣[74]。

其後更預為夫人唐篔寫輓聯[75]。陳寅恪的悲劇意識，於撰寫〈論再生緣〉和《柳如是別傳》時，不憚辭費，為要寫出陳端生和河東君的悲劇，也可以溯源於陳寅恪本人的「心曲」。可悲者或不僅止於「前不見之古人」和「後不見之來者」，上下求索，兩皆茫茫。而在「豈是蛩為今日讖」的無所逃避於天地之間。從1927年悼王國維的輓詞、輓聯以及相關銘、序，非僅是「夫子自

---

73 陳寅恪，〈枕上偶憶《建炎以來繫年要錄》所載何鑄絕命詩因戲次韻亦作一首可謂無病而呻者也〉，《詩集》，頁161。

74 陳寅恪，《柳如是別傳》，上冊，頁347。

75 輓聯為：「涕泣對牛衣，卌載都成斷腸史；廢殘難豹隱，九泉稍待眼枯人。」陳寅恪，〈輓曉瑩〉，《詩集》，頁190。

道」借題發揮，也未嘗不可視為自我壓抑的宣洩，等到為夫人唐
篔預寫輓聯，直可視為最後的宣洩和表白，一個無法掙脫的悲劇
命運。這一帶有悲劇命運的意識和思維運作，非僅影響陳寅恪史
學研究的選題方向，也決定了如何取材和論證。此所以陳寅恪治
中古史看重家世、家學，晚年抉出陳端生和柳如是兩位女性而有
〈論再生緣〉和《柳如是別傳》之作，也皆先就身世和婚姻論證
兩位女性的不幸遭遇以為自況。在在說明陳寅恪從身分認同始，
即帶有悲劇自覺。

第二節　游學——蘭克史學或東方語言學

　　陳寅恪留學海外，前後積累長達17個年頭，扣除來回旅程不
計至少也有13年以上，且是典型的小留學生。1902年（光緒二十八
年），陳寅恪以年僅13歲稚齡隨異母長兄陳衡恪東渡日本留學[76]。
這一年冬天，父陳三立上廬山謁陳寶箴墓有詩：「大孫羈東溟，
諸孫解西史。」[77]此時或已開始學習西方歷史，當然陳家兄弟受
父祖兩輩推動新政影響，加上國內講究新學薰染，自小即進入家
中所設的新學學堂，或在此之前均有可能讀過傳教士李提摩太口
述、蔡爾康（1851-1921）筆錄《泰西新史攬要》之類的西方史籍[78]。

76　陳寅恪自稱是東游，但蔣天樞認係留學。蔣天樞，《陳寅恪先生編年事
　　輯（增訂本）》，頁21。

77　陳三立著、李開軍校點，〈壬寅長至抵崝廬謁墓〉，《散原精舍詩文集》
　　（上海：上海古籍出版社，2003年6月），頁55-56。

78　陳寅恪的姪兒陳封懷（1900-1993）回憶：「自祖父挈家寄寓金陵，延聘
　　西席外，在家裡又辦了一所學堂。四書五經外還開有數學、英文、繪畫
　　等課程。」轉引自蔣天樞，《陳寅恪先生編年事輯（增訂本）》，頁19。

兩年後1904年，考取日本官費。日本學者池田溫(1931-　)說，陳寅恪兩次留學日本，都是入東京新文學院中學，但陳寅恪自稱第二次係入日本東京巢鴨弘文學院[79]。此年兄弟三人在東京有一張合影，長兄衡恪已是西式髮型，隆恪(1881-1956)、寅恪皆已剪辮，留平頭[80]。1906年因腳氣病即維他命B1缺乏症返國，次年春，插班考入復旦公學。陳寅恪的女兒說，父親在復旦學習成績優秀，且一直有再赴海外求學的志向[81]。1909年(宣統元年)從復旦畢業，赴德考入柏林大學。父陳三立形容陳寅恪此行「孤游有如打包僧」，期望陳寅恪學成後「時至儻作摩霄鷹」[82]。

　　1910年陳寅恪聞日本合併朝鮮，有詩「興亡今古鬱孤懷，一放悲歌仰天吼。」1911年秋，轉入瑞士蘇黎世大學。1912年，短暫歸國。1913年入法國巴黎高等政治學校社會經濟部就讀，間赴

（續）────────────

　　而李提摩太的《泰西新史攬要》，1894年於《萬國公報》先以《泰西近百年來大事記》連載，而此為當時講究新學者廣為傳閱之報紙，康有為以此書進呈光緒皇帝，而李鴻章和張之洞據聞均是讀者，風氣所及，此書成為晚清中譯西史銷量最大的一部。馬軍，〈《泰西新史攬要》點校說明〉，〔英〕參肯齊著，李提摩太、蔡爾康譯，《泰西新史攬要》(上海：上海書店，2002)，頁1-2。

79　池田溫，〈陳寅恪先生和日本〉，《紀念陳寅恪教授國際學術討論會文集》，頁115。案，陳寅恪留日情況迄今不明。陸鍵東引陳寅恪在中山大學填寫的〈幹部經歷表〉說：「陳寅恪第二次赴日本，進入東京巢鴨弘文學院讀高中。」應屬可信。陸鍵東，《陳寅恪的最後二十年》，頁14。

80　陳寅恪，《詩集》，目錄前所附第一幀照片。

81　陳流求等，《憶父親陳寅恪》，頁28-29。書中附有兩幀照片，係攝自復旦大學檔案館所藏陳寅恪班上的考試等第名冊封面，及班上成績表格。陳寅恪的成績最高94.2分，同班竺可楨86.6分。

82　陳三立，《散原精舍詩文集》，頁287。蔣天樞，《陳寅恪先生編年事輯(增訂本)》，頁27。

倫敦一遊[83]。又，陳寅恪幾年後除在巴黎留下一些「談詩論畫」的傳聞外[84]，似未見其他記載。1914年秋，以江西省教育司召，回南昌，閱留德考生卷。本年8月歐戰爆發。

　　據《吳宓自編年譜》，1915年陳寅恪曾至北京出任蔡鍔（1882-1916）祕書。1918年陳寅恪擬赴德，以歐戰善後未靖，先赴美，次年入哈佛大學從Lanman（蘭曼，全名為Charles Rockwell Lanman, 1850-1941）習印歐語系的梵文、巴利文及希臘文。1921年9月，離美赴德，進柏林大學研究院，研究梵文及東方古文字學，在歐洲約四

83　吳定宇，《學人魂——陳寅恪傳》（臺北：業強出版社，1996），頁38。吳定宇此說是根據中山大學檔案館藏，1956年5月21日陳寅恪委託夫人唐篔代填的〈幹部經歷表〉。又，蔣天樞，《陳寅恪先生編年事輯（增訂本）》，頁32-33。

84　案，戴密微（Paul Demieville, 1894-1979）說：「他在巴黎度過些日子，我沒去訪查這些情形，在此地可能聽過Pelliot（伯希和）的課，他了解伯希和的作品。」《通報》（Toung Pao），卷26，頁138。又，《徐悲鴻年譜》1921年7月（在巴黎）條：「再遇宗白華，……在宗的引導下，結識徐志摩、陳寅恪、俞大維、及楊度的兩公子楊公庶、楊公召等許多朋友。」8月下旬條：「陳寅恪、陳登恪，常來談詩論畫，極為歡樂。……張道藩、傅斯年合租一屋，過著花花公子生活。」徐伯陽、金山合編，《徐悲鴻年譜》（臺北：藝術家出版社，1991），頁27。對照蔣天樞，《陳寅恪先生編年事輯（增訂本）》，陳寅恪是年9月始離美再赴德國。雖然在時間上兜不攏，但談詩論畫的歡樂場面是有可能的，更何況，徐悲鴻和陳家三代均熟識。1918年2月，北京大學成立畫法研究會，陳寅恪長兄陳衡恪和徐悲鴻同受聘為導師。1927年，徐悲鴻為陳三立繪有油畫像一幅，至1930年7月，徐悲鴻上廬山再為陳三立繪全身像。次年再上廬山松門別墅陳三立隱居處住了一個多月，為山上的陳家人各繪像一幅。1933年，徐悲鴻攜畫赴「巴黎中國美術展覽會」，其中即有陳寅恪的姪兒陳封可的作品。王震編，《徐悲鴻文集》（上海：上海畫報出版社，2005），頁59，240。陳小從，《圖說義寧陳氏》（濟南：山東畫報出版社，2004），頁83。

年[85]。

汪榮祖和余英時一前一後都提到陳寅恪留德期間,應受到德國蘭克學派的影響[86]。誠然蘭克史學必然會有影響,但蘭克學派或蘭克果然對陳寅恪有直接而具體影響?答案應屬懸疑,既難謂沒有受到影響,至少蘭克學派是當時德國史學主流;但若謂曾受到直接影響,則無具體事證可資說明。

就陳寅恪留學柏林大學的入學及選課資料看,陳寅恪在柏林大學申請的學科是哲學,自1921年11月至1925年夏季學期結束,領有肄業證書。據戰後殘餘史料,1921年到1922年柏林大學的學生名冊顯示,陳寅恪主修梵文[87]。俞大維說:「寅恪先生在美國哈佛大學,隨Lanman學習梵文與巴利文二年,在德國柏林大學梵文研究所隨Lüders(路得施或呂德斯,全名為Heinrich Lüders, 1869-1943)學習梵文及巴利文[88]。回國後,在北平,他又與鋼和泰(Baron A. von Stael-Holstein, 1877-1937)繼續研究梵文四五年。前後共十餘

85　見第七次交代底稿,轉引自蔣天樞,《陳寅恪先生編年事輯(增訂本)》,頁44。

86　汪榮祖說:「陳寅恪在德國讀書時,正當蘭克學派的盛世,對蘭克史學必定熟悉。」《史家陳寅恪傳》(臺北:聯經出版公司,1984),頁56。余英時也說:「他在文獻考證方面,可能受到蘭克一派史學影響。這在當時有『科學的史學』之稱,是注重實證知識的。」《陳寅恪晚年詩文釋證》(臺北:東大圖書公司,1998年1月),頁17。

87　劉桂生,〈陳寅恪、傅斯年留德學籍材料之劫餘殘件〉,《北大史學》4(1997年8月):308-309。

88　胡守為,《陳寅恪論文選·前言》:「一九二一年轉學於柏林大學梵文研究所,在路施德教授指導下,學習東方古文字長達四年。這種訓練,使先生後來能廣泛利用多種文字的資料和語言學的知識來佐證歷史,而為他人所不及。」胡守為編,《陳寅恪論文選》(北京:中華書局,1998年),頁2-4。

年，故他的梵文和巴利文都特精。但他的興趣是研究佛教對我國社會和思想的一般影響。至於印度的因明學及辯證學，他的興趣就比較淡薄了。」[89]

陳寅恪在〈論再生緣〉文中：「及長遊學四方，從師受天竺希臘之文，讀其史詩名著，……。」[90]據文革期間所作的「交代稿」，1909年秋赴德考入柏林大學。1911年秋入瑞士蘇黎世大學，第二年春天回國。1913年春在巴黎大學，1914年秋返國。1919年到美，入哈佛大學學梵文和希臘文等。陳寅恪的學生胡守為說陳寅恪在哈佛：「隨蘭曼（Lanman）教授學梵文和巴利文。從這時起，先生專攻中古文學和佛教學。」[91] 1921年離開美國，重赴德國，進柏林大學研究院，研究梵文及東方文字學等，在歐洲約四年[92]。1923年8月，《學衡》第18期刊出陳寅恪的〈與妹書〉[93]說：「我今學藏文甚有興趣。」[94]李璜於1923年冬自巴黎赴柏林，形容初識的陳寅恪：「研究梵文甚勤。」[95] 1924年3月北大派遣留學德國的姚從吾（姚士鰲，1894-1970）形容陳寅恪治域外（域內指中原漢文化所在，此乃相對而言）文字的能力：「能暢讀英法德文，並通希伯

---

89 俞大維，〈談陳寅恪先生〉，《談陳寅恪》（臺北：傳記文學出版社，1970），頁9。

90 陳寅恪，〈論再生緣〉，頁1。

91 胡守為，《陳寅恪論文選‧前言》，頁2。

92 蔣天樞，《陳寅恪先生編年事輯（增訂本）》，頁27-55。

93 案，陳寅恪的妹妹有三，〈與妹書〉的收信人是誰，歷來未明。陳流求、陳小彭、陳美延在《也同歡樂也同愁：憶父親陳寅恪母親唐篔》中，首次說明係寫給陳新午。見該書頁42。

94 陳寅恪，〈與妹書〉，《學衡》20（1932年8月）：19。陳寅恪，《書信集》（《陳寅恪集》版，北京：三聯書店，2001），頁1。

95 李璜，〈憶陳寅恪登恪昆仲〉，香港《大成雜誌》49：3。

來、拉丁、土耳其、西夏、蒙古、西藏、滿洲等十餘國文字，近專攻毗鄰中國各民族之語言，尤致力於西藏文。印度經典，中土未全譯或未譯者，西藏文多已譯出。印度經典散亡，西洋治印度學者，多依據中國人之記載。實在重要部分，多在西藏文書中，就中間涉及文學、美術者亦甚多。陳君欲依據西人最近編著之西藏文書目錄，從事翻譯，此實學術界之偉業。」[96]總之，陳寅恪的留學情況特別是歐戰前的幾年，幾乎沒有留下任何學習的資料，後期除東方語文學外，也相當有限。此外，1914到1918年之間留在國內，在學術和詩文方面也是一片空白。

同是留德的學者季羨林說：「寅恪曾在幾個歐美國家留學，在德國時間更長，受業於Heinrich Lüders諸大師，學習梵語及其他古代語言文字，深通德國學者的治學方法。但是，他學習德國考據學，並非奴隸式的模仿。在加注方面，他不學習德國學者半頁加注作法，他的辦法毋寧說是更接近中國傳統作法，腳注極少，有的地方他又超越了德國考據學。德國學者往往只求規律，不講義理。而寅恪先生則是規律與義理並重。」[97]

季羨林不提蘭克，卻提了呂德斯(Heinrich Lüders)，德國的梵文大師。並將兩人並列為「中西兩個考據大師」，在世界上享有極高的聲譽。季羨林說：「他同寅恪先生有很多共同之處，他們考證名物，旁徵博引，分析入微，如剝芭蕉，漸剝漸深。開始時

---

96 《北京大學日刊》1465號(1924年5月9日)，轉引自桑兵，《晚清民國的國學研究》(上海：上海古籍出版社，2001)，頁141。又見卞僧慧，《陳寅恪先生年譜長編(初稿)》，頁85。

97 季羨林，〈紀念陳寅恪先生百年誕辰學術論文集序〉，《紀念陳寅恪先生百年誕辰學術論文集》，頁8。

人們往往不能理解，為什麼這樣假設。但是只要跟著他們剝下去，到最後，必然是『山重水複疑無路，柳暗花明又一村。』茅塞頓開，豁然開朗了。」[98]

季羨林上面這一段話應相當可信，季羨林回憶師門淵源說，清華四年，留給他深遠影響的，其中之一是陳寅恪的「佛經翻譯文學」。到了德國歌廷根大學，開始學梵文、巴利文和吐火羅文，則是一生治學的轉折點。而德國老師瓦爾特施米特和陳寅恪在柏林大學是同學，同為呂德斯教授的學生[99]。陳寅恪罕言師承，唯一的一次見諸〈童受喻鬘論梵文殘本跋〉，略曰：「寅恪嘗遊普魯士，從柏林大學路得施(即季羨林說的呂德斯)教授治東方古文字學，⋯⋯教授有盛名於世，⋯⋯。」[100]

周樑楷(1947-)說：「陳寅恪在巴黎大學和哈佛大學以及遊學各地期間，對語言學一直情有獨鍾。一九二一年，當他轉赴柏林大學研究院時，更致力攻讀毗鄰中國各民族的語言。所以直截了當地說，陳寅恪治學以歷史語言學為基礎，應該是毫無疑問的。」[101] 進而指出：「陳寅恪在柏林時，想必耳聞蘭克大名。但依據初步考量，他似乎不曾閱讀蘭克以及相關學者的專著。」並指蘭克除了歷史語言考證(據)學，還有其歷史主義及相關涉的知識論、宗教信仰和政治立場，乃至於實證史學，都不必加諸留德

---

98 季羨林，〈紀念陳寅恪先生百年誕辰學術論文集序〉，頁9。

99 季羨林，〈回憶陳寅恪先生〉，錢文忠編，《陳寅恪印象》(上海：學林出版社，1997)，頁164-165。

100 陳寅恪，〈童受喻鬘論梵文殘本跋〉，《金明館叢稿二編》，頁234。

101 周樑楷，〈傅斯年和陳寅恪的歷史觀點——從西方學術背景所作的討論〉，《臺大歷史學報》20(1996年11月)：113。

學者如陳寅恪身上[102]。至如留德專攻史學思想和方法的姚從吾，也僅及於蘭克的歷史語言學[103]。

張國剛（1956- ）轉引德國漢堡大學中國語言文化系教授劉茂才（1914- ）的說法，陳寅恪在德國時，除了向呂德斯學梵文外，其他的老師還有海尼士（Erich Haenisch, 1880-1966）、米勒（F. W. K. Mueller, 1863-1930）、豪爾（Erich Hauer, 1878-1936）、福蘭閣（Otto Franke, 1863-1946）[104]等等。這些都是當時柏林大學印度系、漢學系和柏林民俗博物館的教授或東方學家。不但證實了季羨林的說法，而且擴充了解到陳寅恪在德國的師門淵源，係集中在東方學特別是梵文和相關語文方面。總之，張國剛對陳寅恪在德國的師承和治學實踐中，完全沒有提到蘭克[105]。

不僅在陳寅恪個人，蘭克對中國歷史學界的影響究竟如何，

---

102 同上，頁115。周文本意在澄清蘭克和實證史學無關，頗具針對性；案，德國漢學家施耐德從歷史主義和詮釋學的觀點指出，基於史家的任務，即重拾民族精神，陳寅恪雖從來沒有提到過蘭克，但陳寅恪只能採用歷史主義的、詮釋學方法。這就很難分辨出蘭克的影響，且更接近蘭克詮釋學的理論。如果考慮到陳寅恪曾經在德國留學多年，「我們有理由相信他了解蘭克以及德國的歷史主義傳統。」見施耐德，《真理與歷史：傅斯年、陳寅恪的史學思想與民族認同》（北京：社會科學文獻出版社，2008），頁235。施耐德今之視昔的見解只是後設推想，無從得出確認。

103 周樑楷，〈傅斯年和陳寅恪的歷史觀點——從西方學術背景所作的討論〉，頁115。

104 據指陳寅恪從福蘭克（閣）修藏文，傅斯年1925到1926年從修，留有筆記。福蘭克當年為柏林大學額外教授。王汎森、杜正勝編，《傅斯年文物資料選輯》（臺北：中央研究院歷史語言研究所，1995），頁52。又福蘭閣有子傅吾康（Wolfgang Franke, 1912-2007）也是知名漢學家。

105 張國剛，〈陳寅恪留德時期柏林的漢學與印度學——關於陳寅恪先生治學道路的若干背景知識〉，《陳寅恪與二十世紀中國學術》（杭州：浙江人民出版社，2000），頁210-219。

或許是另一個懸疑[106]。傅斯年初創史語所時，「蘭克」還不時掛在傅的口中；但到了1930年代，情況有了改變。張致遠說：「先生於抗戰前語我：『史語所的研究工作係根據漢學與德國語文考證學派的優良傳統。』」[107]這一段話應非張致遠、傅斯年當時對話的全部，而是張致遠有選擇的重點轉述。由於張致遠引用這段話時，主題是講蘭克史學，若傅斯年的重點有蘭克，張致遠應不致忽略。

正因為此時蘭克已不在傅的口中，只聞漢學和德國語文考證學派的優良傳統，而蘭克和德國語文考證學派關係又如此密切，只要提及德國語文考證學派當必有蘭克，然這並非蘭克史學的全部。是以傅的談話重點或許還在兩者的「優良傳統」，而漢學當不僅是乾嘉學派的漢學，而傅所指的，有更多可能應是以巴黎伯希和為中心的西方漢學。是以就傅斯年而言，用上「優良傳統」一辭，意味傅斯年個人對蘭克史學的認識已有變化，區隔西方漢學和德國語文學派有所不同。

以傅斯年研究作為博士論文主角的王汎森指出，傅斯年和蘭克史學的關係，並沒有像過往史學界所認為的那樣簡單、確定。例如傅斯年的藏書中沒有任何一本蘭克的書，卻有一本從德國帶回來，蘭克再傳弟子伯倫漢(Ernst Bernheim, 1850-1942，又譯班海穆、班漢姆、伯因海姆)所寫的《史學方法論》(1920)。這本書1937年還

---

106 張廣智，〈傅斯年、陳寅恪與蘭克史學〉，《二十一世紀的中國史學和比較歷史思想會議論文集》(上海：復旦大學出版社，2004)，頁17。
107 張致遠，《張致遠文集》(臺北：國防研究院出版部，1967)，頁124。引文內容係張撰寫〈蘭克的生平與著作〉的引言，第一句即為：「本文為紀念傅孟真先生而作。」

重新裝裱過一次。至於建立中央研究院歷史語言研究所、史家成為專業，以及發行史語所集刊，又不能不說和蘭克史學有關[108]。

再就「蘭克史學在中國」的傳播觀察，史家汪榮祖即指蘭克本人有54部著作，幾乎無一譯成中文；若說蘭克史學對中國史學有影響，恐怕中國學者並不一定有真理解。何炳松譯介美國魯賓遜(James Haryey Robinson, 1863-1936)的《新史學》(*The New History*, 1912)，當時中國史家如傅斯年似均視而不見，鮮知魯賓遜之新乃針對蘭克之舊，不滿長期以來一直以政治史和通史為專業研究的對象，以冀開拓史學研究的新方法與新領域[109]。而陳寅恪本人未嘗就史學方法或史學觀念引進任何西方學者或蘭克本人的論述。

留德多年且承擔史學方法論課程的姚從吾，以班海穆於1889年寫的《歷史學導論》為底本，供北京大學歷史方法論教學的參考講義。然而。姚從吾身後出版的文集，第一集就是歷史學的方法論，24開本的本文共74頁，僅薄薄一冊，書中大致吸收了班海穆的重要論點，如「近代歐洲歷史方法論的起源」、「略論直接史料中幾類最佳史料」、「略論歷史學的補助科學」等，後期與姚從吾共同開課的杜維運(1928-　)教授指稱「多採用班氏之說，而濟國史的例證。」[110]清華歷史系第一屆畢業，後來留學德國的

---

108 Fan-shen Wang, *Fu Ssu-nien: A life in Chinese History and Politics*(Cambridge: Cambridge University Press, 2000), pp. 93-97. 傅斯年帶回伯倫漢的《史學方法論》曾重新裝裱，傅斯年在扉頁上題寫：「一九三七年重裝」。題寫圖片見王汎森、杜正勝編，《傅斯年文物資料選輯》，頁51。

109 此承汪榮祖先生面告，並見汪榮祖，《史學九章》，頁53，60。案，蘭克的著作直至2010年始有北京大學出版社出版，由楊培英主譯的中文譯本《歷史上的各個時代》。

110 杜維運，〈姚從吾先生全集—歷史方法論—後記〉，收入姚從吾，《姚從吾先生全集(一)‧歷史方法論》，頁77-78。

張致遠(1908-1965)曾節譯班漢姆的另一本書《史學導論》(1926)，收入由張貴永(致遠)編著《史學講話》的前三章，無巧不巧本文也只有74頁[111]。商務印書館另有伯倫漢著、陳韜譯的《史學方法論》，而姚認為陳韜可能是採用日譯本轉譯過來的[112]。雖然姚從吾說：「蘭克的科學治史方法，甚風行中土。」[113]牟潤孫就中西史學結合的觀點評述姚從吾的史學：「先師(陳垣，1880-1971)當年全力支持姚從吾留學德國，即希望他學會西洋史學方法與中國史學相結合，而結果並不理想。」[114]

　　汪榮祖在《史學九章》中特別標目：「蘭克的史學被化約為方法論。」汪榮祖說：「蘭克強調客觀和史料，導致他的史學被化約為史學方法論。美國史學界自1870年代以後，即力倣蘭克的科學方法治史，並將蘭克創導的專題討論班介紹到美國著名大學。姚從吾在國內講授的蘭克史學，主要亦是方法論，故譽之為：『批評史料的方法對於近代史學的貢獻，異常偉大，不愧是當年應用科學方法研究歷史的開創人。』」[115]此前汪榮祖更說：蘭克「決不曾說過『史學即史料學』」，他的著作也決不是史料的編

---

111 杜維運指張致遠《史學講話》僅前三章講班漢穆的史學理論和史學方法。杜維運，〈西方史學輸入中國考〉，《與西方史家論中國史學・附錄二》(臺北：東大圖書公司，1981)，頁325。張致遠自稱這三章，「主要依據班漢姆的《史學導論》，此書較其大著《歷史方法教本》(《史學方法論》)，尤為讀者所歡迎。」史家汪榮祖指張致遠於〈蘭克史學〉即〈蘭克的生平與著作〉一文，「平鋪直述，無多發揮。」見氏著，《史學九章》，頁68。

112 姚從吾，《姚從吾先生全集(一)・史學方法論》，頁14-15。

113 杜維運，《聽濤集》(臺北：弘文館，1985)，頁304。

114 牟潤孫，〈從《通鑑胡注表微》論援庵先師的史學〉，《勵耘書屋問學記：史學家陳垣的治學》(北京：三聯書店，1987)，頁75-76。

115 汪榮祖，《史學九章》，頁63-64。

排！」[116]王爾敏在其《史學方法》一書中，列有專節討論「史料」，集中於檢討「史學便是史料學」的命題，但完全不見蘭克之名，於陳韜譯伯倫漢《史學方法論》也僅僅一見，且係帶有譏刺地說：「近世學者探討史學方法，每不厭其史料分類⋯⋯綱舉目張，頗見系統。然所見既多，立覺種種分類，全為排列組合之遊戲。」[117]汪榮祖的評論更直接：「我們講史學史，花一小時講蘭克就可以了。」[118]杜維運則說陳韜所譯的《史學方法論》「頗似天書」[119]。

就現有可資印證的史料，陳寅恪在留德期間，主修梵文和其他東方語文。俞大維提及陳寅恪研究中西一般的關係，尤其於文化的交流、佛學的傳播及中亞的史地，深受西洋學者的影響，但未提及陳寅恪受到西方史學家的影響。對陳寅恪有影響的學者，俞大維說，有法國的P. Pelliot(伯希和，1878-1945)、德國的F.W.K. Mueller(繆勒，1863-1930)、[120]俄國的W. Barthold(巴托爾德，1869-1930)[121]。陳寅恪且曾向陳援庵推薦巴托爾德的著作[122]。從上引這

---

116 汪榮祖，〈蘭克史學真相〉，《食貨月刊》復刊5.1(1975年4月)：18。
117 王爾敏，《史學方法》，頁127。
118 汪榮祖，〈蘭克史學真相〉，頁19。
119 杜維運，《聽濤集》，頁328。
120 德國著名東方學家繆勒(米勒)。據王汎森、杜正勝，《〈中央研究院歷史語言研究所〉所史資料稿》(一)，頁22的記載，史語所初創時，傅斯年即擬聘其為外國通信員。杜正勝，〈無中生有的志業──傅斯年與史語所的創立〉，《新學術之路》(臺北：中央研究院歷史語言研究所，1998)，頁29。傅斯年推崇繆勒能「發讀回紇文書」。傅斯年，〈歷史語言研究所工作之旨趣〉，《中央研究院歷史語言研究所集刊》1.1：5。胡守為說：「穆勒研究摩尼教經典與回紇民族。」胡守為，《陳寅恪史學論文選集·前言》(上海：上海古籍出版社，1992)，頁11。
121 全名應為Vosilii Vladimirvich Barthold，而非W. Barthold。蘇聯科學院院

三位學者著作目錄多集中於東方學或漢學可以理解，不是漢學家就是東方學者，伯希和更是西方漢學祭酒。而陳寅恪則曾通過沈曾植（1850-1922）得識王國維於上海，並獲王國維的介紹信，在巴黎見過伯希和[123]。

又，季羨林處理陳寅恪身後遺留的64本留學德國期間的筆記，其中關於東方語文的有59本，相關語文有藏文、蒙文、突厥回鶻文、吐貨羅（土火羅）文、西夏文、滿文、朝鮮文、佉盧文、梵文、巴利文、粟特文、印地文、俄文、摩揭陀語、古代波斯文、中世紀波斯文、希伯來文、東土耳其文等18種，從部分筆記中還

（續）

士瓦・弗・巴托爾德（或譯巴爾托里德）是知名的中亞史學者，俄國東方學歷史學派的創建人。巴托爾德精通阿拉伯、近代波斯、突厥三種穆斯林語言，關於中亞歷史的主要著作有《蒙古入侵時期的突厥斯坦》、《突厥斯坦文化生活史》、《中亞突厥史十二講》以及關於塔吉克、土庫曼、吉爾吉斯等民族的歷史網要，刊印行世的論著超過四百種。伯希和形容：「一則由於他有淵博的學識，再則由於他有卓越的才智和敏明的思路，所以他的著述具有重大價值。」見，張錫彤、張廣達為《蒙古入侵時期的突厥斯坦》所撰的〈中文版譯者序言〉，以及譯自俄文版《巴托爾德全集》，校訂者N. 彼得魯舍夫為巴托爾德撰寫的〈瓦・弗・巴托爾德院士生平事略〉，以上均收入《蒙古入侵時期的突厥斯坦》（上海：上海古籍出版社，2007），上冊，〈中文版譯者序言〉，頁1-18；〈瓦・弗・巴托爾德院士生平事略〉，頁25-32。

122 陳寅恪向陳援庵推薦巴托爾德的成名作：《蒙古入侵時期的突厥斯坦》，1928年出版的英譯本。陳寅恪，《書信集》，頁124。又見陳智超（1934- ）編注，《陳垣來往書信集》（增訂本）（北京：三聯書店，2010），頁396。

123 蔣天樞筆錄陳寅恪〈王觀堂先生輓詞〉「伯沙博士同揚榷，海日尚書互唱酬」這兩句所作的注文，前句為：「法人伯希和、沙畹兩博士。」後句為：「沈曾植，宣統復辟時學部大臣，有海日樓詩集。法國漢學者曾勸羅王兩先生往遊巴黎，終然不果。余之得識伯希和於巴黎，由先生作書介紹也。先生詩集中有與沈乙庵唱和詩，蓋返自日本居上海時所作。」此先生指王國維，蓋陳寅恪或即於此時通過沈曾植得識王國維於上海。

可以看出「功夫下得很深」[124]。

胡適於1937年2月22日對陳寅恪的學問有一段評語：「讀陳
寅恪先生的論文若干篇。寅恪治史學，當然是今日最淵博，最有
識見，最能用材料的人。」[125]其中「最淵博」和「最能用材料」
應該包括陳寅恪的東方語文能力，而此又非當時研治史學者所能
望其項背。

然而蘭克對陳寅恪有沒有可能產生若干直接間接影響？由
於陳寅恪曾兩度遊學日本，亦有可能間接從日本獲知蘭克史學並
受其影響。日本近代歷史學始於1886年，作為德國歷史語言學派
代表之一的路德維希‧利斯(Ludwig Riess, 1861-1928)博士，出任日
本東京帝國大學新開創的史學系主任教授，直到他1902年回德為
止，他把德國歷史語言考據學派的治學方法和史學理論傳給了白
鳥庫吉(1865-1942)等日本東洋史學的先驅們。在劉正的論述裡，
這些先驅應該還有那珂通世(1851-1908)、兒島獻吉郎(1866-
1931)、市村瓚次郎(1864-1947)、桑原隲藏(1871-1931)等，這些學
者的著作應是陳寅恪第二次留日時的閱讀內容[126]。

劉正的論述證據可以說間接而又間接。陳寅恪所有傳世的文
獻中，非但沒有任何有關西方史學的譯述，也無涉及有關蘭克史

---

124 李羨林，〈從學習筆記本看陳寅恪先生的治學範圍和途徑〉，《紀念陳
　　寅恪教授國際學術討論會文集》，頁86。另陳寅恪的女兒陳美延主編的
　　《陳寅恪先生遺墨》(廣州：嶺南美術出版社，2005)收有陳寅恪於抗戰
　　前清華大學時的手跡。其中涉及東方語文的有：《佛經翻譯文學》、《闕
　　特勤碑》、《蒙兀史料》、《法稱著菩薩本生鬘論疏藏文譯本》及外族
　　文字抄件散頁。
125 曹伯言整理，《胡適日記全集》(臺北：聯經出版公司，2005)，頁387。
126 劉正，〈陳寅恪先生年譜研究序說〉，《文史哲》1996.3：46-47。

學的闡述。這應該是可以確定的。蘭克史學在中土甚流行的種種，並加諸在陳寅恪身上，應可歸為「未求甚解」的誤會。

據汪榮祖修正後的最新提法也說，「就具體的證據而言，陳寅恪從來沒有提過蘭克，也沒有讀過蘭克重要著作的跡象，更重要的是，執教荷蘭的德國漢學家施耐德指出，陳氏與蘭克的精神世界完全不同。」[127]

第三節　從西方漢學轉向中國史學

陳寅恪的東方語言學實踐與其說是歷史語言學在中國史學的運用，不若說是陳寅恪係當年唯一能廣泛運用域外文字治中古及佛教在華傳播的學者。國內學者當時居國際漢學一席之地者首推王國維和陳垣兩人。王國維於陳寅恪「許我忘年為氣類」除在文化意識上有共識外，陳的域外語文知識當亦受觀堂先生推許。王國維自殺後，陳垣在日本學界乃至伯希和眼中則穩居首席。緊接在後的並不是胡適或傅斯年、顧頡剛等，而是陳寅恪[128]。但陳

---

127 汪榮祖，〈史家陳寅恪的自我(稿)〉，收入《華人的人觀與我觀之跨科學及跨文化整合型研究學術討論會手冊》(臺北，2010)，頁127。

128 尹炎武(1889-1971)曾據伯希和言(「中國近代之世界學者，惟王國維及陳(垣)先生兩人。」)致信陳垣：「不幸國維死矣，魯殿靈光，長受士人之愛護者，獨吾陳君也。在平四月，(伯希和)遍見故國遺老及當代勝流，而少所許可。乃心悅誠服，矢口不移，必以執事為首屆一指。」陳智超，《陳垣來往書信集》(增訂本)，頁124。而據梁宗岱(1903-1983)回憶，1930年代初在北平一次熱鬧的餐宴中，席上有人問伯希和：「當今中國的歷史學界，你以為誰是最高的權威？」伯希和不假思索回答：「我以為應推陳垣先生。」戴鎦齡，〈梁宗岱與胡適的不合〉，趙白生編，《中國文化名人畫名家》(北京：中央編譯出版社，1995)，頁413-414。又，蔣天樞在其所編〈陳寅恪先生論著編年目錄〉中言，「此目寫成後

寅恪在陳垣心目中則是後起之秀，且有後來居上之勢。此蓋出於
陳寅恪的博通中外，較陳垣更能掌握國內學者最匱乏的工具，諸
如梵文等域外文字和外來的治學觀念，這自然要較乾嘉諸老若錢
大昕輩能更上層樓[129]。作為進入史學圈，而新史學還處在成形發
展階段，陳寅恪的域外文字和塞外殊族之史相關史料，加上留學

(續)━━━━━━━━━━━━━━━

之次日（一九五三年十月廿二日），接門生周荷珍代鈔《東洋史研究》二
卷二期（號）中，日本小野川秀美（1909-1980）所編目錄，除誤收吳其昌
文一篇外，並未能有所增補。」但蔣氏或未知，該刊自二卷一號起，選
刊了五位名家目錄，第一位就是陳垣，依次是陳寅恪（二卷二號）、朱希
祖（1879-1944）（二卷四號）、傅斯年（二卷五號）和顧頡剛（二卷六號）。
顯然，這是日本京都大學東洋學對中國當代史家的排名。而陳寅恪在五
人當中任教資歷最淺，但很快地就進入主流群，排名僅次於陳垣。陳寅
恪部分見《東洋史研究》2.2：78-79。目錄扣除誤收，有35篇文章，其
中一篇〈須達起精舍因緣曲跋〉也收入日本《東洋學論叢》（1934年5
月），並附一短短的日文小傳：「陳寅恪，江西修水人。英法等諸國留
學。現為北平國立清華大學中國文學系教授兼中國史教授，同為國立中
央研究院歷史語言研究所兼任研究員兼第一組主任。年四十四。」在上
述五位史家中，於顧頡剛的介紹最詳，唯執筆者小川茂樹（1904-1987）
說，顧之古史及歷史地理的論述極可能受日本學者內藤湖南
（1866-1934）、津田左右吉（1873-1961）以及小川茂樹的父親小川琢治
（1870-1941）的影響而不言。《東洋史研究》2.6（1937年8月）：72-77。
此非本書論旨所在。關於此說已有錢婉約（1963- ）〈「層累地造成說」
與「加上原則」——中日近代史學辨偽理論〉，針對宮崎市定
（1901-1995）1965年對顧說檢自內藤湖南的提法，已作出否定，可參考。
日本留華學者倉石武四郎（1897-1975）形容：「陳氏論如利刃斷亂麻，
不愧靜庵先生（王國維）後起矣。」〔日〕倉石武四郎著，榮新江、朱玉
麒輯注，《倉石武四郎中國留學記》（北京：中華書局，2002），頁153。
129 傅斯年即推許：「我的朋友陳寅恪先生，在漢學上的素養不下錢曉徵，
更能通習西方古今語言若干種，尤精梵藏經典。」傅斯年，《史學方法
導論》，《傅斯年全集》（長沙：湖南教育出版社，2003），第2卷，頁
321。陳寅恪再將此語轉讓給陳垣，曰：「陳援庵先生之書，尤為中外
學人所推服。蓋先生之精思博識，吾國學者，自錢曉徵以來未之有也。」
陳寅恪，〈陳垣元西域人華化考序〉，《金明館叢稿二編》，頁270。

歐美的見聞，為陳寅恪提供了一個強有力的「入世之媒」。1932
年清華大學入學考試國文卷陳寅恪以對對子入題，引發爭議，蘇
州國學會辦的《國學論衡》即有評論：「旁徵博引，累數千言，
辭甚辯，人以其名震一時，夙為故都人士尊信，故難者無以難而
難自解。」（對對子爭議請見本書第四章）[130]。而且陳寅恪是能談義
理的學者，誠如錢鍾書形容陳寅恪「作漢學，講宋學。」[131]陳寅
恪為陳垣寫過三篇序文，於陳垣史學成就和研治均高度推崇，在
這三篇序文中，陳寅恪創造了「燉煌學」一詞，提出了「預流」
西方漢學以及「宗教和政治終不能無涉」的觀點，兼及清代和宋
代史學的高下軒輊，除欲追求現代史學真諦外，更及於闡揚傳統
文化和外來文化接觸之際的別擇去取[132]。隱然之間，已露不以西
方漢學乃至乾嘉漢學但求語文考證為滿足，而欲轉為帶有中外文
化價值觀的比較研究。在1939年之前，以中土史料為主，不涉域
外文字，且帶有史論傾向的論文，如〈李德裕貶死年月及歸葬傳
說考辨〉[133]、〈論李懷光之叛〉等篇章不計外。取陳寅恪帶有西
方漢學，強調語文考證方法的論文，而其中最見微意者，一為〈蓮

---

130 陳旭旦，〈國蠹〉，《國學論衡》1期（1933年12月1日），轉引自桑兵，
　　〈近代中外比較研究史管窺〉，《中國社會科學》2003.1：19。

131 據汪榮祖2006年12月6日轉述。桑兵引用「講宋學，做漢學」語，據稱
　　也係得自汪榮祖。《晚清民國的國學研究》，頁168，187。汪榮祖自稱，
　　1986年7月8日晨9時，在北京三里河錢寓，親聆錢鍾書所言：「陳先生
　　治學崇漢學，卻尊崇宋學。」汪榮祖另以「宋皮漢骨」形容陳寅恪，見
　　汪榮祖，〈史家陳寅恪的自我〉，頁125。案，「宋皮漢骨」或應改為
　　「漢皮宋骨」為宜。

132 陳寅恪為陳垣所撰的三篇序文為：〈陳垣燉煌劫餘錄序〉、〈陳垣元西
　　域人華化考序〉、〈陳垣明季滇黔佛教考序〉。

133 〈李德裕貶死年月及歸葬傳說考辨〉，後有兩次增補，並改題為〈李德
　　裕貶死年月及歸葬傳說辨證〉，《金明館叢稿二編》，頁9-56。

花色尼出家因緣跋〉，一為〈韋莊秦婦吟校箋〉。特別是〈秦婦吟校箋〉，乃有鑒西方漢學家「有見無識」，和國內史家如王國維於語文工具之不足，而發新見和補充[134]。前者在闡明敦煌寫本有關蓮花色尼出家事原有七種咒誓惡報何以中譯僅見六種，蓋其中一種惡報係中國傳統文化所無法見容的「聚麀」亂倫惡報，並兼及論述佛法與中國倫理觀念相衝突的演變史實，例如天竺佛教「無父無君說」在華夏的遞演過程，由「沙門不敬王者」變為「僧拜父母」，再為「崇奉君主」，至元代則已全部支那化矣。而曰：「夫僧徒戒本本從釋迦部族共和國之法制蛻蟬而來，今數典忘祖，輕重倒置，至於斯極，橘遷地而為枳，吾民族同化力可謂大矣。」[135]後者〈韋莊秦婦吟校箋〉，非僅在補前人王國維以來學者考證之不足，或澄清海外漢學研究者如翟林奈（L. Giles, 1875-1958）於地望解釋之疑滯，重新考釋「秦婦」逃難之路徑和過程，而在書寫「故國亂離之慘狀」[136]。

再就〈大乘義章書後〉一文為例，首言：「大藏中此土撰述總詮通論之書，其著者有三，《大乘法苑義林章》，《宗鏡錄》及遠法師（慧遠，334-416）此書（《大乘義章》）是已。《宗鏡錄》最

---

134 余英時形容陳寅恪：「他的文史論著是中國的傳統學人和現代專家所都能相悅以解的。傳統學人能接受他，因為他的概念結構（conceptualization）是從中國文獻的內在脈絡中自然呈露出來的，這是他『舊學邃密』的一面。現代專家能欣賞他，則因為他所處理的問題完全是現代的。這又是他『新知深沈』的一面。更重要的是，在他所處的早期過渡階段，這種『舊學』和『新知』的結合無論在精神上或形式上都順理成章，不見勉強牽湊的痕跡。」余英時，〈明明直照吾家路〉，《陳寅恪晚年詩文釋證》，頁5。

135 陳寅恪，〈蓮花色尼出家因緣跋〉，《寒柳堂集》，頁169-174。

136 陳寅恪，〈韋莊秦婦吟校箋〉，《寒柳堂集》，頁125-140。

晚出，亦最繁博。然永明之世，支那佛教已漸衰弱，故其書雖平
正篤實，罕有倫比，而精采微遜，雄盛之氣，更遠不逮遠基(釋窺
基，632-682)之作，亦猶耶教聖奧古斯丁(St. Augustin, 約354-430)
與巴士卡兒(Blaise Pascal, 1623-1662)，其欽聖之情，固無差異，而
欣戚之感，則迥不相侔也。」[137] 這是一段中西宗教思想的比較之
學，已非西方漢學題跋之文所能範圍，更非傳統義理性命之學的
文章可相比擬。

　　至於〈大乘義章書後〉的西方漢學成分，主要在講佛教名詞
的翻譯和誤解，並舉悉檀為例引申擴大。然其早在1923年〈與妹
書〉的信中即已言及，先敘「如以西洋語言科學之法，為中藏比
較之學，則成效當較乾嘉諸老，更上一層。」然此非陳寅恪所注
意者也，其所注意者有二，一歷史，一佛教[138]。這說明在漢學之
上，還有歷史和佛教，而佛教也集中於佛教史和中印文化交流。
次則談到佛典翻譯問題：「我偶取金剛經對勘一過，其注解自晉
唐起至俞曲園止，其間數十百家，誤解不知其數。……隋智者大
師(智顗，538-597)天台宗之祖師，其解悉檀二字，錯得可笑。」[139]
至寫〈大乘義章書後〉，陳寅恪取天竺悉檀梵語對音為解，旨在
破題，導出《大乘義章》涉及「五時判教」之說的爭議。

　　而其本意在論述「『五時判教』之說，絕無歷史根據，固不
待詳辨，然自中國哲學史方面論，凡南北朝時四宗之說，皆中國
人思想整理之一表現，亦此土自創佛教成績之一，殆未可厚非
也。」陳寅恪再進一步推論：

---

137 陳寅恪，〈大乘義章書後〉，《金明館叢稿二編》，頁181。
138 陳寅恪，〈與妹書〉，《書信集》，頁1。
139 同上，頁2。

嘗謂世間往往有一類學說，以歷史語言學論，固為謬
妄，而以哲學思想論，未始非進步者。如易非卜筮象數
之書，王輔嗣（王弼，226-249）程伊川（程頤，1033-1107）
之注傳，雖與易之本義不符，然為一種哲學思想之書，
或竟勝於正確之訓詁。以此推論，則徐健庵（徐乾學，
1631-1694）成容若（納蘭容若，1655-1685）之經解，亦未必
不於阮伯元（阮元，1764-1849）王益吾（王先謙，1842-1917）
之經解外，別具優點，要在從何方面觀察評論之耳[140]。

　　從上面陳寅恪的推論，西方漢學雖為當時之顯學，然於陳寅
恪，不過是其治史之預備功夫。據蔣天樞《陳寅恪先生編年事
輯》：「先生自歸國任教清華後，逐漸展開對中譯本佛經之研究，
尤其在遷居清華西院三十六號後，用力尤勤。」此事蔣天樞繫於
1935年。然自1936年起，陳寅恪即從中譯本佛經之研究轉向校治
並圈點《舊唐書》，蓋為「唐史三稿」預為準備[141]。陳寅恪的學
生卞僧慧指：同在這年秋，陳寅恪在清華中文系「專家研究」系
列項目下，開設了「歐陽修」這門課，作為研究宋史初入手之小
課題[142]。
　　雖然陳寅恪在清華開的課程或皆和漢學有關[143]，陳寅恪得以

---

140 陳寅恪，〈大乘義章書後〉，頁185。〈朱延豐突厥通考序〉，《寒柳
　　堂集》，頁162。
141 蔣天樞，《陳寅恪先生編年事輯（增訂本）》，頁85-100。
142 卞僧慧，《陳寅恪先生年譜長編（初稿）》，頁124。
143 案，陳寅恪初在清華國學院的「課堂演講」分別為「西人之東方學目錄
　　學」、「梵文（金剛經研究）」，指導學科範圍有：年歷學（中國古代閏
　　朔日月食之類）、古代碑志與外族有關係者之研究（如唐蕃會盟碑之藏文

入聘清華研究院，即清華國學院，應是以專家即具東方語文學特長的身分應聘[144]，但陳寅恪的自我認同則以史學為專業，以史家為職志，殆無疑問[145]。這些都說明，陳寅恪從西方漢學轉入中外文化價值觀的比較研究，並轉向校治《舊唐書》，及欲為宋代思想史，開設「歐陽修」課。學年結束，還寫出《五代史記注》，意在考釋永叔議論之根據，亦北宋思想史一片斷也[146]。與其說接近西方漢學，不如說更接近史學，也是陳寅恪分別於1941年和1943年，兩次聲明「捐棄故技(西方漢學、塞表殊族之史事)」，「不復敢

(續)───────────

　　關特勤碑之突厥文部分與中文比較之類)、摩尼教經典回紇文譯本之研究、佛教經典各種文字譯本之比較研究(梵文巴利文藏文回紇文及中央亞細亞諸文字譯本與中文譯本比較研究)、蒙古滿洲之書籍及碑誌與歷史有關係者之研究。幾乎皆屬古代東方語文學的範疇，但總要拉回來和中文或歷史作一比較。在北京大學兼課也是《佛經翻譯文學》和《蒙古源流研究》。蘇雲峰，《從清華學堂到清華大學：1911-1929──近代中國高等教育研究》(臺北：中央研究院近代史研究所，1996)，頁335-337，355。

144 例如顧頡剛早在1924年，即把陳寅恪列為「研究亞洲漢族以外的各民族的文化」以及「東方古文言語學及史學」的學者，和歐洲的伯希和、斯坦因，國內的陳垣、張星烺、羅福成等同列。顧頡剛的看法或係受姚從吾影響，1924年3月12日，姚從吾致書朱希祖提及留德學生習歷史者，陳寅恪欲依據西人最近著編著之西藏文書目錄，從事翻譯，此實學界之偉業。陳先生志趣純潔，強識多聞，他日之成就當不可限量。應可視為當時史學界的一種認識。顧潮，《顧頡剛年譜》(北京：中國社會科學出版社，1993)，頁97。另見卞僧慧，《陳寅恪先生年譜長編(初稿)》，頁85。

145 陳寅恪的學生卞僧慧說：先生自幼泛覽群籍，深通舊學。及游學東西洋，識見日以廣，感受日以深，……，在治學與應世之間，歧路徘徊，反復思考。終乃決意以國史為己任。見卞僧慧，《陳寅恪先生年譜長編(初稿)》，頁123。

146 卞僧慧，《陳寅恪先生年譜長編(初稿)》，頁124。

上下議論於其間。」且「年來自審所知，實限於禹域之內」[147]。
所以有此「捐棄故技」的根源，當在西方漢學或東方學[148]與中國
史學之間，寧取史學，即更上層樓，由考據而為史學，既脫清代
經師之舊染，更洗西方漢學之新鑊[149]。轉向史學更明確的跡象，

---

147 陳寅恪，〈論許地山先生宗教史之學〉，《金明館叢稿二編》，頁360。

148 西方漢學（Sinology）或東方學自19世紀末、20世紀初期以來迄1930年
代，偏重中亞以及東亞包括中國的史地和語言的研究，積極從事實地考
古發掘，並長於利用西方發展出來的歷史語言學知識和方法論，從事中
亞宗教包括佛教不同語言經典的對勘研究。選題也傾向此一領域。漢學
其實是東方學當中，以中國語文和考古為主題的東方學，例如敦煌學，
偏重材料即新史料的解讀和分析，即考證之學，在當時多證而不疏，但
自法國葛蘭言（Marcel Granet）出，批評漢學偏於語文研究的僅停留於考
證為能事，要求疏證，提倡引入社會學的分析法，法國漢學為之一變。
等到美國費正清（John King Fairbank）輩出，又為一變，除「刺激與反應」
論外，現代化論隨之而起，而此皆承西方學術主流而為之轉移者。相對
而言，中亞史地考古和歷史語言比較非中國學者所長，更無財力、人力
從事考古發掘與西方漢學家所擁有的資源競爭。1929年陳寅恪致書傅斯
年即曾慨嘆連買書都不可能和外人競財力（《書信集》，頁23）。史語所
的創建即深受西方漢學影響，要把漢學的中心轉移到中國、要建立「科
學的東方學正統」以期「有以裏進世界之學術於將來」。陳寅恪從域外
之學轉向史學，當非二分法之此是彼非，應指即不僅從事考證，而且看
重疏通。考證為輔，是工具；論述、釋證為主，是目的。其轉向中古史
特別是《隋唐制度淵源略論稿》、《唐代政治史述論稿》、《元白詩箋
證稿》「唐史三稿」所取得的成就，當有合於陳寅恪所言史學真締之屬。
再者，漢學重新材料或新史料，其研治範圍與其以學門概括不若以地區
概括，漢學自指相關中國的所有學問，但視其所研治的材料而定。另請
參考桑兵的專著，《國學與漢學——近代中外學界交往錄》（杭州：浙
江人民出版社，1999）。

149 有謂陳寅恪治學不甘隨隊逐人，其於西方漢學由於傳承、環境、資料等
條件限制，儘管他已超越前賢同儕，為中國學者群中最為擅長，但很難
在為數不少的歐洲專家中技壓群雄。所以有捨漢學捐棄故技之舉。桑
兵，《國學與漢學——近代中外學界交往錄》，頁143。殷祝勝認為係
受史料不足的局限，不足以成系統之學。殷祝勝，〈陳寅恪的學術淵源
及其演變〉（南京：南京大學博士論文，1997），頁37-38。但若就陳寅

一在陳寅恪1939年始撰《隋唐制度淵源略論稿》，1940年在香港撰《唐代政治史述論稿》，1944年撰《長恨歌箋證》，後結集為《元白詩箋證稿》而為「唐史三稿」，這些已非西方漢學可以範圍，而且可以從1942年陳寅恪致劉永濟信，談《隋唐制度淵源略論稿》、《唐代政治史述論稿》係「廿餘年來所擬著述而未成之稿」[150]，以此逆推，當在先生從復旦畢業或留學德國柏林大學時即已有志於此，至遲不出1919年，且可證諸吳宓在日記中引述陳寅恪論點的相關記載：「漢晉以還，佛教輸入，而以唐為盛。唐之文治武功，交通西域，佛教流布，實為世界文明史上，大可研究者。」[151]前賢或有陳寅恪「史學三變」說，唯從陳寅恪發表的第一篇文章〈與妹書〉始，「我今學藏文甚有興趣……我所注意者有二，一歷史，……一佛教……。」很清楚地視藏文為治史之工具，更往前溯，陳寅恪的父親陳三立早在1902年就有「諸孫(案，指寅恪等)解西史」的說法，陳寅恪於1919年自稱：「我今學習世界史」，父子兩代之認識皆以史學或歷史為歸趨。其於「殊族之文，塞外之史」或「中古以降」之史，直至完成《柳如是別傳》，都是從事帶有價值取向的史學工作。《柳如是別傳》中大量的考據和辯證，只為證成柳如是其人其事，以為表彰。陳寅恪在《柳如是別傳・緣起》一章說：「蓋牧齋博通文史，……寅恪平生才識學問固遠不逮昔賢，而研治領域，則約有略近似之處。」[152]陳

(續)

　　恪的內在思維言，轉向史學而非西方漢學應是陳寅恪的既定方向，外緣
　　因素只可能增強其轉向的速度。

150　《書信集》，頁244。

151　參見《吳宓日記》，Ⅱ，頁100-106，特別是頁102。

152　陳寅恪，《柳如是別傳》，上冊，頁3。

寅恪為錢牧齋「發皇心曲」[153]，不僅「藉以溫舊夢，寄遐思，亦
欲自驗所學深淺」，其於劉銘恕(1911-2000)信中言：「弟近年從
事著述，然已捐棄故技，為一游戲試驗(明清間詩詞，及方志筆記
等)。固不同於乾嘉考據之舊規，亦更非太史公沖虛真人之新
說。」[154]此等捐棄故技之變，皆屬史家運用工具之能事。至於其
為史家之認同，由於至老未嘗有變，不論其於史學工夫之演示，
或重域外文字，而有塞外之史，更有中古以降民族文化之史，終
結以「心史」，亦皆史家之能事。言其不欲為專家，而欲為具有
通識之博雅學者可，但因此而有三階段三變之說，則或猶未盡陳
寅恪之心曲。

第四節　小結

　　陳寅恪自小所承受的家世和個人傾向文史，而且是以儒家價
值為旨歸的史家[155]。其於陳寅恪後來成為史家，或具決定性的關
聯，至少陳寅恪在相關論述以及晚年所撰回憶錄中都有具體的描

---

153 陳寅恪有言：「昔元裕之(元好問)、危太僕(危素)、錢受之(錢謙益)、
　　萬季野(斯同)諸人，其品格之隆汙，學術之歧異，不可以一概而論；然其
　　心意中有一共同觀念，即國可亡，而史不可滅。」而陳寅恪心中所治者當
　　為史學，並以國史自任。陳寅恪，〈吾國學術之現狀及清華之職責〉，
　　《金明館叢稿二編》，頁361-362。

154 劉銘恕，〈憶陳寅恪先生〉，《敦煌語言文學研究通訊》1988.1：5-6。
　　「太史公沖虛真人之新說」指馬列新說。見余英時，《陳寅恪晚年詩文
　　釋證》，頁290。

155 陳寅恪的儒家價值旨歸具見〈王觀堂先生輓詞並序〉，在〈序〉中，陳
　　寅恪說：「吾中國文化之定義，具於白虎通三綱六紀之說。其意義為抽
　　象理想最高之境，猶希臘柏拉圖所謂Eîdos者。」陳寅恪，〈王觀堂先
　　生輓詞並序〉，頁12。

述，即性好閱讀，且偏重文史和佛教經典。至論其有取於蘭克史學和東方語言學，前者似有若無，甚至蘭克史學於中國新史學的影響都值得進一步探索。至於後者，陳寅恪學習東方語文，則有具體的資料可以印證。從陳寅恪對留學生的尖銳評論可以感知，陳寅恪個人於中西文化的接觸，非僅別有懷抱，更有其自信得之西方學術真諦者。是以本書論述陳寅恪由西方漢學轉向史學，或說由乾嘉諸老，更上層樓，不受乾嘉史學但以考據見長的學風所拘束。進而可以確認陳寅恪的學術認同和價值取向，自始即以史學為其歸趨。

第三章

古典辯證法和「假設」的提出

　　陳寅恪留學國外多年，返國任教，罕見直接論述西方學術，也無譯著[1]。但在王觀堂先生輓詞中有言：「吾中國文化之定義，具於《白虎通》三綱六紀之說，其意義為抽象理想最高之境，猶希臘柏拉圖所謂Eîdos者。」[2]此「抽象理想最高之境」，固屬西方古典於學術上的探求，其於王國維身上所闡揚的「獨立之精神，自由之思想」[3]，或更係由此而來。而這也正是陳寅恪一生念

---

1 陳寅恪個人雖無譯著，但曾參與中華教育文化基金會編譯委員會，並提供評介西方歷史意見。1930年10月19日胡適日記：「在歐美同學會邀編譯委員會同人聚餐，我提出歷史選譯問題，計開：Greece用Grote。Rome用Mommsen。Middle Ages擬用D.C. Munse。The Renaissance Reformation擬用E.M. Hulme: *The Renaissance, the Protestant Revolution & the Catholic Reformation*。Modern Europe擬用ⓐW.C. Abbott: *The Expansion of Europe (1415-1789)*。ⓑH. E. Bowrne: *The Revolutionary Period(1763-1815)*。England 擬用 I.R. Green 或 E. Ingfield-Stratford(*The History of British Civilization*)。France擬從李幼春(椿)說，用Albert Malet: *Nouvelle Historie de France*(1924)。U.S.A擬用Beard: Rise of American Civilization。大家對於Grote、Gibbon、Mommsen、Green都無異言，但對於其他書則頗懷疑。寅恪謂前四人懸格過高，餘人則降格到教科書了。」胡適著，曹伯言整理，《胡適日記全集》（臺北：聯經出版公司，2004），第6冊，頁340-341。
2 陳寅恪，《詩集》，頁12。
3 陳寅恪，〈清華大學王觀堂先生紀念碑銘〉，《金明館叢稿二編》，頁

茲在茲,堅持不易者。與此相關的是陳寅恪的學術論證經常出以
「假定」(「假設」或「假說」[4])」的命題形式,這是自梁啟超倡
言「新史學」[5]以來,陳寅恪大異於近代其他史家的論證思想[6]。
但若從柏拉圖的學說中則可以發現,柏拉圖的「辨證法」就是在
對話或論辯之前,先提出一個「假設」(hypothesize),以期在論辯
過程中能有一超越,由當下的論題或現實而進入一抽象的「理念
世界」。陳寅恪提出的「假說(假設)」雖用於歷史論證,往往也
期待能超越現實而進入另一論述境界而為一具有新意的認識,既

(續)─────────────────────

246。

4　案,「假定」或「假想」、「假設」以及下文會提到的「辨證法」都是
現代漢語借自日語的詞彙,但無法確認陳寅恪留日時是否已經熟悉此一
詞義。參見實藤惠秀著,譚汝謙、林啟彥譯,《中國人留學日本史》(香
港:中文大學出版部,1982)第七章〈現代漢語與日語詞彙的攝取〉,
頁234,237。

5　梁啟超倡言「新史學」,首見於1902年創刊的《新民叢報》。梁啟超在
《新民叢報》第一號「史傳欄」以「中國之新民」筆名發表〈新史學〉,
未完部分刊在第二、第三號。自十一號起發表〈論正統〉,另標目「懸
談一、新史學三」。十四號〈歷史與人種之關係〉,標目「續懸談一、
新史學四」、十六號〈論書法〉,「懸談二、新史學五」。二十號〈論
紀年〉,「懸談三、新史學六」。

6　陳寅恪使用「假定」、「假想」、「假設」在詞義上略無區隔。依文章
發表年代為序,分別見於〈元代漢人譯名考〉,《金明館叢稿二編》,
頁100。〈讀秦婦吟〉(後增訂改題:〈韋莊秦婦吟校箋〉),《寒柳堂
集》,頁136,140。《隋唐制度淵源略論稿》(北京:三聯書店,2001),
頁73-74,76;《唐代政治史述論稿》,頁213,230。〈崔浩與寇謙之〉,
《金明館叢稿初編》(北京:三聯書店,2001),頁120。〈論隋末唐初
所謂「山東豪傑」〉,《金明館叢稿初編》,頁243,265。〈李德裕貶
死年月及歸葬傳說辨證〉,《金明館叢稿二編》,頁35,37。〈元白詩
中俸料錢問題〉,《金明館叢稿二編》,頁65,67,78。〈敦煌石室寫
經題記彙編序〉,《金明館叢稿二編》,頁229,233。《柳如是別傳》,
上冊,頁16,60,136,143;中冊,頁417-496,504,464,471,572,
701-702;下冊,頁899。

類似「演繹法」又與柏拉圖的「辯證法」似有暗合之處[7]。本章僅就陳寅恪的「假說」及其「辯證」備求一說[8]。

第一節　陳寅恪「假設」和「辯證」[9]淵源：與胡適的「假設」對照

　　學者追求知識或解決問題時一般步驟如下：一、建立「假設」；二、蒐集資料；三、分析資料；四、推演結論。「假設」既立，進入蒐集資料階段，還須先作研究設計，創造適當的驗證情境，俾便研究對象出現變化時，可以有效地測量。建立「假設」常須運用「演繹法」；從蒐集資料、分析資料到獲得結論，主要靠「歸納法」[10]。社會科學的研究方法在中國史學領域的運用，

7　余英時有類似的說法，指陳寅恪的學術權威是建立在四根柱子上，其一就是「他對西方古典文化的親切瞭解」。陳寅恪留學西方十餘年，「除了專治東方古文字以外，兼通西方古典……，陳先生能直接閱讀希臘、拉丁文原典，如荷馬史詩、柏拉圖與亞里斯多德的哲學，西色羅的經典作品，奧古斯丁的《上帝之都》等。」余英時，〈陳寅恪的學術精神和晚年心境〉，《陳寅恪晚年詩文釋證》，頁2。

8　案，陳寅恪的學生季羨林指陳寅恪有樸素的辯證法，而且有不少學者都有這種看法。見季羨林，〈紀念陳寅恪教授國際學術討論會閉幕詞〉，收入《紀念陳寅恪教授國際學術討論會文集》，頁28。又，王永興在1986年時稱陳寅恪先生有樸素的辯證方法。見氏著《陳門問學叢稿》（南昌：江西人民出版社，1993），頁16-17。1997年完成《陳寅恪先生史學述略稿》，則改言：「辯證方法亦為寅恪先生治史方法之一。」不再以樸素形容。見氏著《陳寅恪先生史學述略稿》，頁172。

9　陳寅恪常用「辨證」，但究其實，亦即「辯證」。行文中所以出現「辨證」和「辯證」交錯使用者，在尊重陳寅恪的原初使用。

10　楊國樞、文崇一、吳聰賢、李亦園，《社會及行為科學研究法》（臺北：東華書局，1980），頁6-7。

以胡適介紹杜威(John Dewey, 1859-1952)實驗主義，強調科學方法，主張「大膽的假設，小心的求證」最有影響[11]。此一方法至少影響了顧頡剛從事「古史辨」的研究，以及當時閱讀胡適著作的廣大讀者[12]。「大膽的假設，小心的求證」浸假更成了口頭禪[13]。

11　胡適從思想源頭說：「我的思想受兩個人的影響最大：一個是赫胥黎，一個是杜威先生。赫胥黎教我怎樣懷疑，教我不信任一切沒有充分證據的東西。杜威先生教我怎樣思想，教我處處顧到當前的問題，教我把一切學說理想看作待證的『假設』，教我處處顧到待證的『假設』，教我處處顧到思想的結果。……科學的方法只是『大膽的假設，小心的求證』十個字。沒有證據，只可懸而不斷，證據不夠，只可假設，必須等到證實之後，方才奉為定論。」胡適，〈介紹我自己的思想〉，《胡適文集》(北京：北京大學出版社，1998)，第5冊，頁507-509，519。胡適將杜威實驗主義的方法論歸類為「歷史的方法」和「實驗的方法」，並將「待證的假設」列入「實驗的方法」。「一切學說理想，一切知識，都只是待證的假設，並非天經地義。」胡適，〈杜威先生與中國〉，《胡適文集》，第2冊，頁280。又，1919年胡適在北大演講實驗主義，談到杜威論思想，分成五步驟，第三步就是「假設」。胡適，〈實驗主義〉，《胡適文集》，第2冊，頁233-237。又，1934年任教清華大學的社會學者潘光旦，在〈中國伶人血緣之研究〉中有一段關於「假設」的白描：「其實這『假定』早就暗示著結論，不過為行文格式起見，我們不能直接把它叫做結論，而只好遵循研究筆墨的慣例，把它叫做『假定』罷了。打開天窗說一句亮話，凡是寫成文字的研究的嘗試，其中的假定與結論未有不符合的，未有不呼應的，換一種說法，就是假定中沒有不先暗示著結論的，不過語氣的肯定的程度故意寫得有些不同罷了。」準此，潘光旦視「假定」和行文格式有關，這要較胡適的方法論觀點更帶有工具化傾向。潘光旦，〈中國伶人血緣之研究〉，《潘光旦文集》(北京：北京大學出版社，2000)，第2冊，頁259。

12　顧頡剛說：「適之先生帶了西洋的史學方法回來，……聽了適之先生的課，知道研究歷史的方法在於尋求一件事情的前後左右的關係，不把它看作突然出現的。我先把世界上的事物看成許多散亂的材料，再用了這些零碎的科學方法實施於各種散亂的材料上，就歡喜分析、分類、比較、試驗，尋求因果，敢於作歸納，立假設，搜集證成假設的證據而發表新主張。」顧頡剛，《古史辨》，第一冊，〈自序〉(北平：樸社，1926；臺灣影印本)，頁95。

然而，胡適在這方面的學術淵源主要來自近代自然科學的發展。胡適自言：「近世的實驗主義乃是近世科學的自然產兒，根據格外堅牢，方法格外精密，並不是古代實驗主義的嫡派子孫，故我們可老老實實的從近世實驗主義的始祖皮耳士(C. S. Peirce, 1839-1914)說起。」[14]但對社會科學方法的運用，胡適晚年告訴何炳棣：「記得你對我說過好幾次，傅孟真辦史語所，不但繼承了清代樸學的傳統，而且把歐洲語言、哲學、心理、甚至比較宗教等工具都向所裡輸入了；但是他卻未曾注意到西洋史學觀點、選題、綜合、方法和社會科學工具的重要。你每次說，我每次把你搪塞住，總是說這事談何容易等等……今天我非要向你講實話不可：你必須了解，我在康奈爾頭兩年是念農科的，後兩年才攻文科，在哥大研究院念哲學也不過只有兩年；我根本就不懂多少西洋史和社會科學，我自己都做不到的事，怎麼要求史語所做到？」[15]胡適以及當時人文學術界的主流，史語所的創立者傅斯年輩的方法論及學術源流，至此可謂有很清楚的上下限、範疇和限制所在。林正弘(1938-　)即說胡適未強調科學理論系統的功能及結構，忽略了科學很重要的一個面向[16]。至於「辯證法」，胡適頗有保留，認為黑格爾的哲學，是生物進化論成立以前的玄學方法[17]。

（續）————————————

13　杜維運，〈西方史學輸入中國考〉，《與西方史家論中國史學》（臺北：東大圖書公司，1981），頁304。

14　胡適，〈實驗主義〉，頁213。

15　何炳棣，《讀史閱世六十年》（臺北：允晨文化公司，2004），頁329。

16　林正弘，〈胡適與殷海光的科學觀〉，《自由民主的思想與文化：紀念殷海光逝世20周年學術研討會論文集》（臺北：自立晚報社文化出版部，1990），頁286。另林正弘從胡適的科學觀看到胡適很強調「假設」。同上文，頁279-285。

17　胡適，〈介紹我自己的思想〉，《胡適文集》，頁508。

筆者無意比較陳寅恪和胡適的異同或使用方法論的高下,而在指出陳寅恪留學期間接觸的學術環境和胡適有很大不同,時間也長得多。陳寅恪先在美國即已修習梵文和希臘文,轉進柏林大學東方語文研究所更集中於梵文和東方古文字學。是以陳寅恪在史學論文中提出的「假說」,由於接觸面的不同,與其說接近現代社會科學,不如說陳寅恪從學習希臘文始,即已直接接觸古典的希臘學術[18],有機會接近柏拉圖(Plato, 428/427-348/347BC)學說中的「辯證法」[19]。再者,從陳寅恪對留學生持社會科學理論「整

---

18 李玉梅訪問陳寅恪的學生胡守為,胡指陳寅恪「捐給復旦大學的一批書中,種類繁多,包括西哲亞里士多德及近世哲人著作等,甚至《資本論》一書,寅恪亦於早年在瑞士讀過,可見其學甚博。」李玉梅,《陳寅恪之史學》(香港:三聯書店,1997),頁11。

19 德國從事古希臘哲學研究的學者策勒爾對辯證法的定義為:「辯證法,顧名思義,起初指論辯的藝術,後來成為以問答方式發展的科學知識的藝術,最後從概念上把握那存在者的藝術。因此,在柏拉圖那裡,辯證法成了一種科學理論,一種認識事物的真正實在的手段。」策勒爾著,翁紹軍譯,《古希臘哲學史綱》(濟南:山東人民出版社,1992),頁139。又,卡爾‧波普爾說:「希臘字『He dialektike(techne)』可譯為『語言的論證用法(的藝術)』。該詞的這一意義可追溯到柏拉圖;但即使在柏拉圖書中也有各有不同意義。它在古代至少有一種意義十分接近於我所說的『科學方法』。因為它用以描述構成解釋性理論的方法以及對這些理論進行批判討論的方法。」卡爾‧波普爾,《猜想與反駁》(上海:上海譯文出版社,1986),頁448。又,柏拉圖的「辯證法」的重要內容包括「詰問法」、「回憶法」、「假設法」、「分」「合」法、「轉向法」等五種。其中又以「假設法」(hypothetical method)為柏拉圖最常用的方法。為了論證的需要,先放一個命題,或說引入一個分命題,在此基礎上推理、反駁,或由此出發建立一套自圓其說的命題。方朝暉根據Robinson對「假設法」所作的系統研究,指稱柏拉圖對話中的「假設法」至少有五個含義:(1)「辯證法」可以有意識地採納某些「意見」作為討論的前提以便展開論證;(2)「辯證法」是一種與直覺相對立、但不與歸納相對立的演繹推理;(3)「辯證法」竭力避免任何自相矛盾的論證,無論是直接還是間接的矛盾;(4)「辯證法」不把任何前提當

理國故」者的評論，也可看出端倪，略見其治學歸趨及意趣所在。
卞僧慧據「晉南北朝隋唐文化史」聽課筆記，錄有「論新學和舊
學之失」的一段話：

> 以往研究文化史有二失，舊派失之滯。舊派所作「中國
> 文化史」，其材料採自廿二史中儒林文苑等傳及諸志。
> 以及《文獻通考》、《玉海》等類書，……不過抄抄引而
> 已。其缺點是只有死材料而沒有解釋。讀後不能使人了
> 解人民精神生活與社會制度的關係。新派失之誣。新派
> 是留學生，所謂「以科學方法整理國故」者，新派書有
> 解釋，看上去似很有條理，然甚危險。他們以外國的社
> 會科學理論解釋中國的材料。此種理論，不過是假設的
> 理論。而其所以成立的原因，是由研究西洋歷史、政治、
> 社會的材料，歸納而得的結論。結論如果正確，對於我
> 們的材料也有適用之處。因為人類活動本有其共同之
> 處。所以「以科學方法整理國故」，是很有可能性的。
> 不過也有時不適用，因為中國的材料有時在其範圍之
> 外。所以講「大概似乎對」，講到精細處則不夠準確。
> 而講歷史重在準確，不嫌瑣細。本課程的學習方法，就

(續)————

成不變的教條，隨時可以因為理據不足而放棄它；(5)「辯證法」是一
個不斷修正命題以便向真理無限逼近的過程。以上引文多直接轉引自方
朝暉，《「中學」與「西學」——重新解讀現代中國學術史》(保定：
河北大學出版社，2002)，頁216-218。又，有關柏拉圖對「假設法」的
描述，請直接參閱柏拉圖的《國家篇》和《巴門尼德篇》。柏拉圖著，
王曉朝譯，《柏拉圖全集》(北京：人民出版社，2005)，第2卷，頁509，
769。

是要看原書，要從原書中的具體史實，經過認真細致、實事求是的研究，得出自己的結論。一定要養成獨立精神，自由思想，批評態度[20]。

從上面的引文中，可以看到陳寅恪和何炳棣的看法不盡一致，特別是對留學生運用社會科學的態度頗有保留。其與以胡適為首，標榜「整理國故」這一派的治學觀點和方法上的認知，更是互為鑿柄，格格不入。陳寅恪要求讀原典、實事求是的研究，以期得出自己的解釋和結論，重點在於能否養成獨立精神、自由思想和批評態度。然而，不論是「獨立精神」、「自由思想」以及「批評態度」，都是抽象的「理念」。

柏拉圖在《國家篇》中說：「他們從來沒有嚴肅認真地充分聆聽公正而又自由的討論，這種討論的唯一目的是為了知識而不惜一切代價去尋求真理。」[21]再對照亞里斯(士)多德在《形而上學》中論求「知」和「自由」的一段話：「如若人們為了擺脫無知而進行哲學思考，那麼，很顯然他們是為了知而追求知識，並不以某種實用為目的。……可以說，只有在生活必需品全部齊備之後，人們為了娛樂消遣才開始進行這樣的思考。顯然，我們追求它並不是為了其他效用，正如我們把一個為自己、並不為他人而存在的人稱為自由人一樣，在各種科學中唯有這種科學才是自由的，只有它才僅是為了自身而存在。」[22]再看陳寅恪要能得出

---

20 卞僧慧，《陳寅恪先生年譜長編(初稿)》，頁146。又見蔣天樞，《陳寅恪先生編年事輯(增訂本)》，頁222。

21 柏拉圖著，王曉朝譯，《國家篇》，《柏拉圖全集》，第2卷，頁492。

22 亞里士多德著，苗力田譯，《形而上學》，《亞里士多德全集》(北京：

「自己的結論」，可謂前後輝映。

至論柏拉圖所謂「理念」者，原為辯證法所欲論證的理想境界，在柏拉圖看來，「辯證法」是認識事物的科學方法，和「理念」同等重要。在柏拉圖的概念裡，對話或辯論的程序宜從「假設」出發，運用「辯證法」的終極目的則是要取消一切「假設」，讓「理念」不再依賴「假設」即可成立[23]。換言之，通過辯證法，「假設」得以成立，「理念」即可成立。而陳寅恪還有「虛者實之」與柏拉圖意識形態互相證發的提法。在《柳如是別傳》中，陳寅恪就《紅樓夢》的林黛玉有一論述：

> 清代曹雪芹(1719-1764)糅合王實甫(1620-1336)「多愁多病身」及「傾國傾城貌」，形容張崔兩方之辭，成為理想中之林黛玉。殊不知雍乾百年之前，吳越一隅之地，實有將此理想具體化之河東君。真如湯玉茗(1550-1617)所寫柳春卿夢中之美人，杜麗娘夢中之書生。後來果成為南安道院之小姐，廣州學宮之秀才。居然中國老聃所謂「虛者實之」者，可與希臘柏拉圖意識形態之學說，互相證發，豈不異哉[24]。

此「互相證發」者，就在陳寅恪能取柏拉圖意識形態學說立論。且「證發」當與一般所謂「證成」不同，就在能有一抽象境

（續）

中國人民大學出版社，1993），第7卷，頁30。

23　策勒爾著，翁紹軍譯，《古希臘哲學史綱》，頁139。又見方朝暉，《「中學」與「西學」──重新解讀現代中國學術史》，頁233-4。

24　陳寅恪，《柳如是別傳》，中冊，頁583。

界的理念可資寄託。

陳寅恪在〈與劉叔雅論國文試題書〉中提到黑格爾「辯證法」的正反合(肯定、否定、否定之否定),並舉「對對子」的實例說明:

> 凡上等之對子,必具正反合三階段。(平生不解黑智兒[25]之哲學,今論此事,不覺與其說暗合,殊可笑也。)對一對子,其詞類聲調皆不適當,則為不對,是為下等,不及格。即使詞類聲調皆合,而思想重複,如燕山外史中之「斯為美矣,豈不妙哉!」之句,舊日稱為合掌對者,亦為下等,不及格。因其有正,而無反也。若詞類聲調皆適當,即有正,又有反,是為中等,可及格。此類對子至多,不須舉例。若正及反前後二階段之詞類聲調,不但之能相當對,而且所表現之意義,復能互相貫通,因得綜合組織,別產生一新意義。此新意義,雖不似前之正及反二階段之意義,顯著於字句之上,但確可以想像而得之,所謂言外之意是也。此類對子,既能備具第三階段之合,即對子中最上等者。趙甌北詩話盛稱吳梅村歌行中對句之妙,其所舉之例,如「南內方看起桂宮,北兵早報臨瓜步。」等,皆合上等對子之條件[26]。

就陳寅恪對「辯證法」的解譬,顯然對古典希臘的「辨證法」或不陌生,並就「對對子」演示了黑格爾辯證法的「正反合」[27],

25　黑智兒今譯黑格爾。
26　陳寅恪,〈與劉叔雅論國文試題書〉,《金明館叢稿二編》,頁255。
27　案,黑格爾的辯證法雖有新的發展,如對立的統一,此即與希臘柏拉圖

而這是胡適心目中的玄學方法。推廣而言，修習過希臘文的陳寅恪或更易接觸到柏拉圖。1919年陳寅恪在哈佛對初識的吳宓說：「我今學習世界史。」[28] 柏拉圖學說既是西方古典文化的泉源之一，對陳寅恪當具吸引力。陳寅恪在〈論再生緣〉文中：「及長遊學四方，從師受天竺希臘之文，讀其史詩名著。」[29] 另在《柳如是別傳》中提過亞力(里)斯多德論悲劇之旨[30]，相信前面提到的柏拉圖，應該也可當得起陳寅恪筆下的希臘名著。此外，陳寅恪在《柳如是別傳》中評論錢牧齋能平恕看待河東君與其他異性交往：「依活埋庵道人所引，則深合希臘之邏輯。」[31] 另一可為間接證據者為陳寅恪在〈《幾何原本》(The Elements)滿文譯本跋〉中的一段話：「夫歐幾里得之書，條理統系，精密絕倫，非僅論

(續)——

　　的辯證法並不相同。黑格爾對古代辯證法的闡述，完全是「六經注我」的作法。參考方朝暉，《「中學」與「西學」——重新解讀現代中國學術史》，頁227-228。

28　吳宓，《吳宓自編年譜》(北京：三聯書店，1995)，頁191。

29　陳寅恪，〈論再生緣〉，《寒柳堂集》，頁1。

30　陳寅恪，《柳如是別傳》，上冊，頁290。又，陳寅恪另有：「『釀成』(柳如是有『春日釀成秋日雨』句)者，事理所必致之意。實悲劇中主人翁結局之原則。古代希臘亞力斯多德論悲劇，近年海寧王國維論紅樓，皆略同此旨。」陳寅恪，《柳如是別傳》，上冊，頁347。

31　陳寅恪，《柳如是別傳》，下冊，頁887。活埋庵道人語，出自陳寅恪所引林時對，《荷牐叢談・東林中依草附木之徒》，卷3，頁9。原文云：「當謙益往北，柳氏與人通姦，子憤之，鳴官究懲。及歸，怒罵其子，不容相見。謂國破君亡，士大夫尚不能全節，乃以不能守身責一女子耶！此言可謂平而恕矣。」對林時對的記載，周法高評：「林氏似乎不是一個誇大說妄語的，他的話可供參考。」〈柳如是事考〉，《錢牧齋柳如是佚詩及柳如是有關資料》(臺北：作者自印本，1978)，頁30-36。至於希臘之邏輯，就廣義言，不論驗證邏輯或形式邏輯當在辯證法中。參見方朝暉，《「中學」與「西學」——重新解讀現代中國學術史》，頁224-226。

數論象之書，實為希臘民族精神之所表現。」[32] 姑不論何謂「希臘民族精神」及其「表現」，但據此可以表見陳寅恪於希臘古典文化的掌握，不可能僅止於歐幾里得的《幾何原本》而已。

李堅回憶當年上陳寅恪第一堂課的難忘印象：

> 他首先強調歷史是一門科學，是可以通過科學方法和歷史事實加以印證的。他不同意黑格爾把歷史說成是人類理性或精神的自由發展；也不贊成把人類歷史發展過程刻板地分為五種社會形態。他認為人類歷史從整體看，是統一的，存在因果關係，有軌跡可循；從部分看，它又是多樣性的，世界上絕無完全相同的歷史現象重演。因其有軌跡可循，故研究歷史可以垂教於後世；又因其是多樣性的，故不存在放之四海而皆準的必然規律。他強調研究歷史，首先要全面掌握歷史資料，證明歷史事實，然後可以作出正確的判斷；在研究方法上，切忌拘泥於一派一家之見，而主張博取眾長，融匯百家[33]。

李堅並引陳寅恪自述研讀各家學說的情況：

> 他說自己研究過黑格爾的辯證法和歷史哲學、馬克思的經濟史觀，也研究過孔德的實證主義、詹姆斯、杜威等的實用主義和羅素的數理邏輯；他稱自己的史學方法既

---

32 陳寅恪，〈幾何原本滿文譯本跋〉，原載《中央研究院歷史語言研究所集刊》，2本3分，引見《金明館叢稿二編》，頁107。

33 李堅，〈陳寅恪二三事〉，《民國春秋》5（1990年9月25日）：35。

非一元論，也非二元論，不屬唯心論，也非唯物論，可
以說是多元的史學方法；既吸收中國乾嘉學派的考據方
法，又結合十九世紀德國歷史學派等語言文字學考據方
法。他還在黑板上書寫了好些西方歷史學家的外文名字。
記得其中有被譽為「近代史學之父」的德國考據學派史家
蘭克(Ranke)及英國劍橋學派史家阿克頓(Acton)[34]。

　　李堅所記或許只是大要，比較明確的論點是反對馬克思資本
論和黑格爾的歷史哲學，但從陳寅恪不拘一家一派的多元觀點，
應不廢陳寅恪對西方思想的接觸有其開闊的一面。

　　雖然陳寅恪反對黑格爾的歷史哲學，但若取黑格爾論述希臘
哲學以及獨立和自由思想的關聯時，則應有不同於陳寅恪的理
解，此即：

　　思想必須獨立，必須從自然事物裡擺脫出來，並且必須
　　從感性直觀裡超拔出來。思想既是自由的，則它必須深
　　入自身，而達到自由的意志。哲學的真正起始是從這裡
　　出發[35]。

又說：

　　真正的哲學是從西方開始。唯有在西方這種自我意識的

34　李堅，〈陳寅恪二三事〉，頁35。
35　黑格爾著，賀麟、王太慶譯，《哲學史演講錄》（北京：商務印書館，
　　1959），卷1，頁93。

> 自由才首先得到發展……在希臘我們看見了真正的自
> 由在開花……[36]。

　　案，黑格爾對「辯證法」雖有新的發展，但毫無疑問是得古
典希臘文化的精髓，得之於柏拉圖和亞里斯多德。而其對思想自
由和思想獨立的概括，和陳寅恪「獨立之精神，自由之思想」又
何其神似。而黑格爾的重要作品也應是陳寅恪留德期間有機會接
近的。

　　時賢多從文化觀點論證陳寅恪1927年所撰〈王國維先生輓詞
序〉，視此文為一篇極為精簡的中國文化宣言，但此文也是最見
陳寅恪綜合運用「辯證法」和「假設」的論述。以文化異同和時
代變遷的影響論證王國維所以自殺的緣由，其文曰：

> 近人有東西文化之說，其區域分劃之當否，固不必論，
> 即所謂異同優劣，亦姑不具言；然而可得一假定之義
> 焉。其義曰：凡一種文化值衰弱之時，為此文化所化之
> 人，必感苦痛，其表現此文化之程量愈宏，則其所受之
> 苦痛亦愈甚；殆既達極深之度，殆非出於自殺無以求一
> 己之心安而義盡也[37]。

　　王國維正是陳寅恪欲為論證其「假定之義」的對象、一位為
挽文化沉淪的殉道者。文化異同所顯現出的文化的興衰自是正與

36　黑格爾著，賀麟、王太慶譯，《哲學史演講錄》，卷1，頁98-99。
37　陳寅恪，《詩集》，頁12。

反。文化出現衰弱，為此文化所化愈深之人，痛苦即愈深，若無法解決或超越正與反帶來的問題，痛苦至極而選擇自殺則為典型的「否定之否定」。

如果胡適的史學方法在傳承上得之於赫胥黎和杜威，且僅上溯至皮耳士。那麼，陳寅恪的思想方法及問題意識則有可能得之於柏拉圖和亞里斯多德，且自嘲「暗合」黑格爾的「辯證法」，與胡適的思想源流大不同。在史學實踐上，胡適視方法論為純工具，「假設法」僅為一必要的過程。在胡適的理念世界中，更看重的或是達爾文以來的進化論、赫胥黎的懷疑主義和杜威的實驗主義。而陳寅恪至老均持「假設法」論證，除上引陳寅恪所撰〈王國維先生輓詞序〉所演示的辯證法和假定外，如下文所顯示，還頻繁地運用於歷史研究，於進化論及懷疑主義均不置一詞，甚且於進化論是否普遍適用頗有質疑[38]。胡適借徑杜威，有意識地輸入西方近代以來的科學方法，強調方法論，且勇於付諸實踐以為示範[39]。陳寅恪未嘗有任何西方科學方法的譯述，在方法論上僅能從其史學論證所採方法及思維模式略窺一二，以下僅就其論證過程中提出的「假設」命題，及其所以視為「假設」者與其「辯證」之關係擇要加以分析。

38　陳寅恪有「則知五十年來，如車輪之逆轉，似有合於所謂退化論之說者」語。這至少說明陳寅恪不相信從演化論可以推出進步史觀。陳寅恪，〈讀吳其昌撰梁啟超傳書後〉，《寒柳堂集》，頁168。

39　胡適嘗改古詩「繡取鴛鴦從君看，『莫』把金針度與人」為「繡取鴛鴦從君看，『要』把金針度與人。」一再在文章中主張或示範方法論。

第二節　陳寅恪「假設」與「辯證」的中古史實踐

　　在陳寅恪的史學實踐中,「假設」作為命題的提出,最早見於1929年8月刊於清華國學院《國學論叢》2卷1號的〈元代漢人譯名考〉。這也是陳寅恪第一篇正式以考據為名的學術論文。據此可以推知,「假設」法的論證形式在此之前即已醞釀,依陳寅恪的謹慎性格,且自覺已相當成熟,否則不可能正式見諸學術論文。這當然也是以實踐的途徑傳入西方治學方法,用於中古史實踐,也是著力甚深,成就最受肯定者。

　　陳寅恪所立的「假設」如下:

> 寅恪案,錢氏(錢大昕)言遼金舊族,元時謂之漢人,其說是也。然元代遼金舊族,何以俱稱漢人,而陶九成(陶宗儀,1329-1410)以黃巖人(今浙江黃岩)著書(《輟耕錄》),列舉漢人氏族八種之名(契丹、高麗、女直、竹因歹、尤里闊歹、竹溫、竹赤歹、渤海),轉遺漢族本身而不載。陶氏縱極疏忽,亦何至誆謬如此。蓋元代漢人之名,必有待發之覆。今為考證當日漢人之名,其譯語本為何字,兼采近年外國成說,覈以蒙古波斯舊史之文,依其界說之變遷及涵義之廣狹,立一假定之說,以解釋之[40]。

　　在此一「假設」中,陳寅恪並未直接明言其「假設」內容,

40　陳寅恪,〈元代漢人譯名考〉,《金明館叢稿二編》,頁100。

而是先推定必有待發之覆。再取域外波斯文的蒙古史籍對照蒙古
譯音的變化，比較推證不同譯音的訛傳。陳寅恪的推論是：陶書
中八種之名，「其實是列舉當日氏族之名，其總目為漢人，以別
無他名，稱金治下漢族之故，其子目遂不列漢人。」探求譯名不
是本文的重點，而在此一推論有無必要先立此一「假設」。推敲
所以會立「假設」，或係出於陳寅恪的辯證思維，此一「假設」
若果成立，則可進而推出新的解釋或說「理念」。即：

> 蓋一時代之名詞，有一時代之界說，其涵義之廣狹，隨
> 政治社會之變遷而不同，往往鉅大糾紛謬誤，即因茲細
> 故而起，此尤為治史者所宜審慎也[41]。

這是一個通則性的判斷，由「假設」推演出一個概括面較大的看
法。即隨著政治社會的變遷，名詞的界說和涵義也會隨之變化，
謬誤也隨之而生。

　　陳寅恪運用「假設」展開論證的第二篇論文，主要在呈現「以
詩治史」面臨的問題。在〈元微之遣悲懷詩之原題及其次序〉文
中說：「元微之遣悲懷詩七律三首，……近日研治唐代官俸問題，
發現此三首中有互相衝突格礙難通之處。今特假設三義以詮釋此
三首之詩。至《元氏長慶集》平生獲見佳本至少，茲篇所考錯誤
必多，故不敢自信能解決問題，或者可以視為提出問題，藉供詩
論耳。」陳寅恪再分提三個子目的「假設」如下：

41　陳寅恪，〈元代漢人譯名考〉，頁105。

一、此三首詩為三不同時期之所作。

二、此三首詩排列之次序應與今本適相反。

三、此三首詩本來每首各有其題目。其兩首之原題皆已
　　略去，今所存之題乃繫於第三首之原題，故不可以
　　之為概括此三首詩之總題[42]。

但這些「假設」旋遭陳寅恪放棄，自認有錯誤且未收入《陳
寅恪集》[43]。這主要是陳寅恪設定的三個「假設」中的第一項假
設，因為白居易的三首答詩皆作於元和五年而遭推翻，反證「不
同時期所作」的「假設」不成立。

為此，陳寅恪緊接著另寫一篇〈元白詩中俸料錢問題〉並新
立一「假設」，敘明：「其中多是元和五年白公在長安時所作」[44]
以為取代，並順著官俸問題，取詩中有「今日俸錢過十萬」句，
再立一個「假設」，即：「唐代官俸隨時隨地互不相同。」陳寅
恪依《唐會要》、《冊府元龜》、《新唐書‧食貨志》所載，元
積十萬官俸與「京兆諸府判司月俸之額相差甚遠，按之法制，固

42　陳寅恪，〈元微之遣悲懷詩之原題及其次序〉，《清華學報》10.3（1935
　　年7月）：545。

43　蔣天樞說：「此文遵師囑未編入文集，師云文中有誤處。」〈陳寅恪先
　　生論書編年目錄〉，《陳寅恪先生編年事輯（增訂本）》，頁196。按，
　　陳寅恪於〈艷詩及悼亡詩〉中就「今日俸錢過十萬」自言，「由今觀之，
　　所言實多謬誤。然今日亦未能別具勝解。故守『不知為不知』之訓，姑
　　闕疑以俟再考。」見《元白詩箋證稿》，頁108。又，汪榮祖引蔣天樞
　　語：「除了未依陳先生的意思刪去那幾篇有關李唐先世的文章之外，其
　　餘完全遵照師命無誤。」汪榮祖，〈長使書生淚滿襟：悼念周一良先生〉，
　　《載物集：周一良先生的學術與人生》（北京：清華大學出版社，2003），
　　頁48。

44　陳寅恪，〈元白詩中俸料錢問題〉，《金明館叢稿二編》，頁66。

不相合。」而元積當時「由御史貶為士曹，即有如斯厚俸，則不得身入帝城，復何足以為恨，是於人情亦不可通。此點誠關繫唐代官俸全部之問題，非僅限於一詩一句之考證而已。」

陳寅恪另取白居易的詩文，參互比證、推論，以期「考釋唐代京外官俸料不同之問題，及證明肅（宗）代（宗）以後，內輕外重與社會經濟之情勢。」[45]然而陳寅恪所能掌握的史料僅能支持地方官的俸額「使職官多於郡縣之吏，俸優於臺省之官。」此外，內外官吏同一時間，同一官職，而俸料亦因人因地而互異。是以陳寅恪得出另一個結論，「故考史者不可但依官書紙面之記載，遽爾斷定官吏俸料之實數。祇可隨時隨地隨人隨事，偶有特別之記載，因而得以依據證實之。若欲獲一全部系統之知識，殊非易事。此亦治唐史者所不可不知者也。」[46]

由於缺乏「全部系統之知識」，陳寅恪的論述還是停留在「假設」階段，「僅可備參考，不得視為定論也。」[47]歸結上述陳寅恪的「假設」其實都涵藏著「歸謬法」，並不企求直接導出結論或正確的答案，而在呈現只要有充分的語言學工具和充分的資料以資比勘，應可盡量接近答案。且由於論證對象和論證主旨，既看不到因果律也不是一直線式思考的推論，故與其說接近社會科學的方法論，不若說更接近「辯證法」。再者，陳寅恪意在「證明肅（宗）代（宗）以後，內輕外重與社會經濟之情勢」。推而廣之，而有陳寅恪日後撰述《元白詩箋證稿》，開創出「以詩證史」的典範。

45　陳寅恪，〈元白詩中俸料錢問題〉，頁67。
46　同上，頁76-77。
47　同上，頁78。

　　陳寅恪第三篇「假設」文章即前此所引〈與劉叔雅論國文試題書〉，在論及語言比較研究時，即言：「同系之語言，必先假定其同出一源，以演繹遞變隔離分化之關係，乃各自成為大同而小異之言語。故分析之，綜合之，於縱貫之方面，剖別其源流，於橫通之方面，比較其差異。由是言之，從事比較語言之學，必具一歷史觀念，而具有歷史觀念者，必不能認賊作父，自亂其宗統也。」[48]這是陳寅恪有取於印歐系語言學的比較研究成果，從而推論歷史觀念的重要，也非如此始有可能「詳知確證一種語言之特殊現相及其性質」。陳寅恪提出「必先假定其同出一源」，在方法上要求從事語言學研究者掌握「演繹遞變隔離分化」之間的「關係」，再從事「分析」、「綜合」，求「縱貫」之「源流」，「橫通」之「比較」。在此陳寅恪很明確地設定論證起始於「假設」，也才能鋪陳各種方法，規範研究者可以選用的規矩。陳寅恪此文頗有針對性，即國文試題應否以對對子入題的爭議，詳情請見本書第四章。

　　第四篇運用「假說」的形式為「假設一說」[49]，係為唐末詩人也是五代十國蜀相韋莊所撰〈秦婦吟〉大見流行，單是敦煌寫本即有八個版本，何以韋莊「撰家戒不許垂秦婦吟障子」，其弟韋藹為其兄所編《浣花集》也未見收入，其中必有隱情，並提出新解。案，孫光憲《北夢瑣言》指韋莊〈秦婦吟〉「內一聯云：

48　陳寅恪，〈與劉叔雅論國文試題書〉，《金明館叢稿二編》，頁251。

49　陳寅恪自言此文〈韋莊秦婦吟校箋〉之由來：「戊辰（案，1928年）之春，俞銘衡君為寅恪寫韋端己秦婦吟卷子，張於屋壁。八年以來，課業餘暇，偶一諷詠」云云。蔣天樞指，「實後來考證〈秦婦吟〉張本也。」分見陳寅恪，《寒柳堂集》，頁125；蔣天樞，《陳寅恪先生編年事輯（增訂本）》，頁69。可見此文的撰寫起意甚早，假設的提出也可能更早。

『內庫燒為錦繡灰，天街踏盡公卿骨』，爾後公卿亦多垂訝，莊乃諱之，時人號秦婦吟秀才。」陳寅恪認為韋莊之諱，非出於這兩句，並立「假設一說」，即〈秦婦吟〉通篇「本寫故國亂離之慘狀，適觸新朝宮闈之隱情」，並舉當時史實論證[50]。這是陳寅恪相當看重且屢有增補和修正的一篇論文。1936年初刊於《清華學報》第11卷第4期，至1980年編定《寒柳堂集》續有補正可知，前後至少有四個版本[51]；但「假設一說」自始即再未修正。蓋陳寅恪此一假說，推翻了九百餘年前孫光憲的說法，可謂發千古之覆。此一假設的提出係先從地望的推證，再行轉入主題，別開一個生面，陳寅恪本人也說「取兩《唐書》王重榮及楊復光傳與〈秦婦吟〉所述從長安達洛陽之路程互證，並參以其他史籍，綜合推究，恍然若有所悟，於是假設一說。」從「互證」、「綜合推究」到「恍然若有所悟」，既可以說是直覺，也可以說是「辯證法」的第三境界，即「否定之否定」。「假設一說」若能成立，就陳寅恪言，也僅是「備為一說」，不願遽為定論。

　　第五篇「假說」係為論證唐朝宰相李德裕的貶死日期和歸葬年月，陳寅恪提出兩個假定，前者假定李德裕於唐宣宗大中三年十二月十日卒於崖州；其次假定大中六年歸葬洛陽。單從論文題

50　陳寅恪，〈讀秦婦吟〉，《清華學報》11.4(1936年10月)：951-961。

51　陳寅恪，《寒柳堂集》，頁156。又，陳寅恪的補正也有來自學界的挑戰，例如馮友蘭有〈讀《秦婦吟校箋》〉，即針對陳寅恪解「路旁試問金天神」一段，認為金天神回應的自責語，其實是指斥當時軍閥。陳寅恪即於新版中回應，指金天神係指「時疫」，「其責望山東藩鎮之殘民肥己不急國難如高駢者(案，即馮友蘭所指當時軍閥)，尚為附帶之筆。」明示與是否指斥當時軍閥無關。分見馮友蘭，《南渡集》(北京：三聯書店，2007)，頁195-196；陳寅恪，《寒柳堂集》，頁151-152。

目〈李德裕貶死年月及歸葬傳說辨證〉，陳寅恪即首揭「辯證」
題意，藉此與古人和時賢對話。文中言：「李衛公（李德裕）貶死
年月及歸葬傳說二事昔人已有論述，今所以為辨證者，意在指
明《資治通鑑》紀事之有脫誤，及清代學者檢書之疏忽。」[52] 以
歸葬為例，陳寅恪指出：「此一「假設」（即大中六年）並無確據，
不過依時日地理及人事之關係，推測其可能而已。姑備一說於
此。」[53] 在這篇文章完成後，陳寅恪的表弟俞大綱（1908-1977）為
此「遍檢北芒出土新誌，忽獲李德裕妾劉氏墓誌。其子燁於誌末
親誌奉柩歸葬年月，與考訂者實相符。」[54] 於作者則「可證明寅
恪之所假定」[55]。

　　在文章中陳寅恪引李商隱的詩作，推論前人繫年有誤，即盡
「以詩證史」之能事。俞大綱形容：「甚矣，治史言詩之不易也如
此。夫治史實有待於新史料之發現，而言詩則貴能以意逆志，玉溪
詩詞最為微晦，馮（馮浩，1719-1801）譜（《玉溪生年譜》）張（張爾田，
1874-1945）箋（《玉溪生年譜會箋》），已盡其闡微發覆之功，然錦瑟
鄭箋，仍有得於後學（此處指陳寅恪）之冥搜勤治，庶可赴張氏所言
『務使作者曲衷謎語，不隔一塵』矣。」俞大綱的「塵」其實就是
「遮蔽」，有「錯誤」。「不隔一塵」，即排除所有錯誤和障礙。
這是另闢一段相關論證以期對前一論證有一更有力的支撐[56]。

　　然俞大綱的記述僅限於以詩論詩，再稍及學術論辯態度及史

52　陳寅恪，〈李德裕貶死年月及歸葬傳說辨證〉，頁9。
53　同上，頁35。
54　俞大綱，《寥音閣詩話》，《俞大綱全集·詩文詩話卷》（臺北：幼獅
　　圖書公司，1987），頁220-221。
55　陳寅恪，〈李德裕貶死年月及歸葬傳說辨證〉，頁48。
56　俞大綱，《寥音閣詩話》，頁221。

學方法論。察陳寅恪更欲有言者，當在唐代史事的解讀；為李商
隱的詩作解謎固為史家之能事，論其用心或還在為後學示範以
「辯證」為路徑的治史方法。蔣天樞在〈陳寅恪先生傳〉中有一
段引自陳寅恪學生卞伯耕筆記，詳述陳寅恪在課堂上接受學生提
問有關李德裕歸葬事的講話，足以擴充俞大綱的說法，茲錄其大
要如下：

> 一九三二年二月十日，在「晉南北朝史」課堂上，同學
> 中有以二月三日《北平晨報》上所刊張爾田〈與吳雨生
> 論陳君寅恪〈李德裕歸葬辨證〉書〉為問者，先生為剖
> 析如次：「孟劬先生（張爾田）為義山專家，然其為此說，
> 殊屬勉強，實難成立。今不擬答辯，免得使張先生生氣。
> 而且與本文論證文饒歸葬主旨關係不大。」

這是陳寅恪對前輩學人的態度，以「不相干」回應不相干的爭論，
著重談考證方法：

> 先確定「時」與「地」，然後核以人事，合則是，否則
> 非。先生謂「時」與「地」之交叉點，猶如解析幾何之
> Cartesian point（笛卡爾直角坐標係OXY下的坐標，簡稱「直
> 角坐標」）。義山峽中諸詩，如〈漢南書事〉、〈荊門西
> 下〉、〈無題〉、〈風〉、〈搖落〉諸作，反映他在四
> 川、湖北間有一度往返，所謂「巴蜀游蹤」。自乾隆以
> 來有一種說法，認為這些詩作於大中二年。孟劬（張爾田）
> 先生亦持此說，謂「巴蜀之游，馮浩氏參考詩意，定為

是年，說最精確」。不過又別出一說，謂此巴蜀之游，當是有求於杜悰(時任西川節度使，是李商隱遠房表兄)，行至巴西而中悔，認為杜悰不足託，遂不見而還。依此說則行程應先上峽而後下峽。然所引之詩乃為下峽而後上峽，時地不合，情事也不合。

先生從洛陽出土墓誌，知李德裕歸葬洛陽在大中六年。並謂以上諸詩即作於是年。義山於大中六年夏間奉東川節度使柳仲郢之命迎送杜悰(移鎮淮南)，並乘便至江陵代祭李德裕歸柩，然後於秋間返回東川。以此立說，則各詩皆通，不致如馮張之滯礙難通。

〈荊門西下〉云：「一夕南風一葉危，荊門回望夏雲時」，言下水在夏季。

〈風〉云：「迴拂來鴻急，斜依別燕高。(《禮記‧月令》：「仲秋之月，盲風至，鴻雁來，玄鳥歸。」)……楚色分西塞，夷音接下牢。」是上水在仲秋。又云「歸舟天外有」，如找杜悰謀事，不應稱「歸舟」。〈漢南書事〉云：「西師萬眾幾時回，哀痛天書近已裁。……」此詩馮浩編在大中二年，而注中引大中四五年事。唐宣宗對党項銳意用兵，大中四年猶貶孔溫裕(時任右補闕，諫用兵，貶柳州司馬)。以後知不成，始悔禍。大中五年赦党項，及六年党項再入寇，乃用畢誠為節度使，詔諭党項。故六年作詩可稱「哀痛天書近已裁」。若在大中二年，義山何能預知五年事[57]！

---

57 蔣天樞，〈陳寅恪先生傳〉，《紀念陳寅恪先生誕辰百年學術論文集》

對上面這一段考證，陳寅恪相當得意，且引為典範，且說：「此意每於二十年來講授時言及之。」[58]意在示範如何就時間、空間及人事間的互動是否合理作出判斷，由於陳寅恪掌握了石刻史料的證據，論據更見堅強，指正古人及時賢所以致誤的緣由，自更具說服力。然陳寅恪所以從李德裕歸葬和李商隱詩作下手展開辨證者，意在就此一堅強的論述作為基點，擴充唐史大範疇的論述：一是唐與西鄰党項的互動；一是唐代的政治社會變遷。

就唐室與党項的互動，陳寅恪的案語是：

> 唐宣宗（李忱，810-859）之以白敏中（792-861）平党項，適如清高宗（愛新覺羅・弘曆，1711-1799）以傅恆（?-1770）平金川，皆自欺欺人之舉。宣宗宜因此有感於德裕之邊功及置備邊庫之籌策。李燁墓誌所謂：「先帝與丞相論兵食制置西邊事，時有以公前在相位事奏，上頗然之，因下詔許歸葬。」實指此事無疑。然則金華子雜編之說雖有傳述過甚之處，要為宣宗所以特許德裕歸葬之主因，則可決言。溫公以常識判其不足取，而不知千載之後，冢墓遺文忽出人間，遂翻此一重公案也[59]。

然而陳寅恪的旨意還不盡在此，而在：

（續）———————————
　　（北京：北京大學出版社，1989），頁5。《陳寅恪先生編年事輯（增訂本）》，頁224-225。
58　陳寅恪，〈李德裕貶死年月及歸葬傳說辨證〉，頁52。
59　同上，頁31。

此點關係唐末五代及宋遼金元之世局頗巨。蓋吐蕃衰亂之後，党項乘之代興。宣宗之初年雖因機會恢復河湟，一洗肅代以來失地之大恥，然不能以武力平定西陲党項之叛，終出於粉飾敷衍苟安一時之下策。吾人於此不獨可以窺見當日宣宗所感觸之深，至於竟許素所甚惡之李德裕歸葬，並可以推知後來北宋西夏相持並立之局勢，彼時即已啟其端。故華夏與党項兩民族之盛衰，實非一朝一夕之故，其所從來者久矣[60]。

陳寅恪十餘年後撰《唐代政治史述論稿》下篇〈外族盛衰之連環性及外患與內政之關係〉引《新唐書·吐蕃傳論》，提及吐蕃與唐的和戰以唐代君臣包圍吐蕃的大戰略並下斷語：

唐興，四夷有弗率者，皆利兵移之，蹶其牙，犁其庭而後已。唯吐蕃、回鶻號強雄，為中國患最久。……晚節二姓自亡，而唐亦衰焉。

寅恪案：吐蕃之盛起於貞觀之世，至大中時，其部族瓦解衰弱，中國於是收復河湟，西北邊陲稍得安謐。計其終始，約二百年，唐代中國所受外族之患未有若斯之久且劇者也。迨吐蕃衰敗之後，其役屬之党項別部復興起焉。此党項部後裔西夏又為中國邊患，與北宋相終始。然則吐蕃一族之興廢關繫吾國中古史者如是，……其盛衰之樞機即與其他外族之連環性，及唐代中央政府肆應

60　陳寅恪，〈李德裕貶死年月及歸葬傳說辨證〉，頁32。

之對策即結合鄰接吐蕃諸外族，以行包圍之祕計，舊史
雖亦載其概略，惜未有闡發解釋者，故不得不於此一論
述之也[61]。

　　取陳寅恪論党項與吐蕃之為唐代外患這兩段論述對讀，可以
明白陳寅恪於唐史結構性的觀察，皆非「一朝一夕」之靈感，而
是「其來有自」，有一「複式結構」的論述「理念」在。此外，
從李德裕歸葬洛陽而非原籍河北趙郡，而李德裕祖父李栖筠已先
由趙郡遷居衛州汲縣作為線索。陳寅恪據此質疑：李栖筠遷居
時，猶在天寶安祿山之亂前；再就中古史社會言，李氏屬地方豪
強，非萬不得已，決無捨棄其祖塋、舊宅、田產而他徙之理[62]。
再就當日情勢觀察，其時中國太平無事，號為唐代極盛之世。李
栖筠忽爾離棄祖宗歷代舊居，必有不得已之苦衷，自無可疑。
　　根據這些線索和質疑，陳寅恪撰述成另一篇論文〈論李栖筠
自趙徙衛事〉，此時已是1956年，距撰寫〈李德裕歸葬辨證〉初
稿，有21年之久，距寫《唐代政治史述略稿》也有十五六年。這
是「假定」不斷擴充內容的長時段過程，也是思想得以有一系列
發展的連續過程。當然，這也可視為陳寅恪於唐史這一段猶有賸
義，有不得不發的內在驅力。然而，就李栖筠遷徙事，陳寅恪看
到的是關鍵唐史發展的通則性解釋，而為前此撰寫《唐史政治史
述略稿》所未備者。
　　對此，陳寅恪「假設」的通則也據以擴大為：

61　陳寅恪，《唐代政治史述論稿》，頁326。
62　陳寅恪，〈論李栖筠自趙徙衛事〉，《金明館叢稿二編》，頁2。

> 凡與吾國鄰近游牧民族之行國，當其盛時，本部即本
> 種，役屬多數其他民族之部落，即別部。至其衰時，則
> 昔日本部所役屬之別部大抵分離獨立，轉而歸附中國，
> 或進居邊境，漸入內地。於是中國乃大受影響[63]。

陳寅恪舉吐蕃、党項互為興衰為例，聯繫此前東突厥衰敗，其本部及別部諸胡先後分別降附中國，或由中國引入招撫。於是河北之地，至開元晚世，約二十年間，諸胡族喧賓奪主，數百載山東士族聚居之舊鄉，遂一變而為戎區。非僅是中國中古史一大事，就陳寅恪個人的憂幽之思，更有感於「辛有見被髮野祭於伊川，實非先兆，而成後果矣。」[64]

　　陳寅恪於此更進一步進入唐代內部系統的推證：李栖筠祖孫原係累世地方豪強，得享安富尊榮，不必仕宦，但徙居之後，若無尊顯之官職，則並其家前此之社會地位亦失墜之矣。是以李栖筠雖為士族，不得不舉進士科，而此則與其他高宗、武則天後新興之士大夫階級出現利益衝突。此山東舊族之李黨所以與新興詞科進士階級之牛黨不能並立之主因。然非河北士族由胡族之侵入，失其累世之根據地，亦不致此。斯則中古政治社會之大事變[65]。

　　前述陳寅恪的「複式結構」至此則更可清晰明白。即由小結構支撐大結構，再由此大結構支撐更大的結構，層層累進。單從李氏家族徙居一事，前可聯繫上東突厥的衰弱，後則直接關係到安史之亂和牛李黨爭。進而可以聯繫上陳寅恪《唐代政治史述論

63　陳寅恪，〈論李栖筠自趙徙衛事〉，頁5。
64　同上。
65　同上，頁5-8。

稿》「中篇」和「下篇」的主題，一是內政的黨派分野；二是外
患和外族盛衰的連環性和內政的關係。「辨(辯)證」至此，陳寅
恪再立一「假設」：

> 唐代安史亂後之世局，凡河朔及其他藩鎮與中央政府之
> 問題，其核心實屬種族文化之關係也。夫河北之地，東
> 漢、曹魏、西晉時固為文化甚高區域，雖經胡族之亂，
> 然北魏至隋其地之漢化仍未見衰減之相，何以至玄宗文
> 治燦爛之世，轉變為一胡化地域？其故殊不易解。茲就
> 安史叛亂發源之地域及其時代先後之關係綜合推計，設
> 一「假說」，以俟更詳確之證明。即使此「假說」一時
> 難以確定成立，但安史叛亂及其後果即河朔藩鎮之本
> 質，至少可因此明瞭也[66]。

然而這還不是陳寅恪的「假設」的核心，而是「假設」的問題意
識之所由來。陳寅恪的「假設」更在：河朔地區的胡化必先有大
批中亞胡人遷徙而來，陳寅恪定出遠、中、近三因。遠因為隋季
之喪亂，中因為東突厥之敗亡，近因或為東突厥之復興，大批中
亞民族因之向東遷徙，河朔風俗因此轉變成一胡化區域。「唐代
中央若欲羈縻統治而求一武力與權術兼具人才，並為此複雜胡族
方隅之主將，則柘羯與突厥合種之安祿山實為當時環境之唯一上
選，而非舊史所載，一出於李林甫固位之私謀而已。」[67]直指民

---

66 陳寅恪，《唐代政治史述論稿》，頁211-212。
67 同上，頁230-234。

族遷徙係歷史發展的重大動力。

設若此一系列「假說」成立，則陳寅恪有關唐朝皇室之興亡即可得一環環相扣之結論：唐初統治階級從皇室到外臣皆屬新興的關隴集團，長期執政後的腐敗，繼遭武則天破壞以迄設進士科成為進用人才之制度，皇室與外臣分屬不同階級，原屬同一統治集團即關隴集團出將入相之局不再，必重用蕃將，而宦官遂亦演變為一階級，與外朝之將相大臣相對抗。這一段歷史演進遞變分化的過程，在陳寅恪看來，其動力更在中亞民族東向河朔遷徙，成為解釋唐代歷史盛衰的重要線索。

縱觀唐史全局陳寅恪由此得一解釋：

> 關隴集團本融合胡漢文武為一體，故文武不殊途，而將相可兼任；今既別產生一以科舉文詞進用之士大夫階級，則宰相不能不由翰林學士中選出，邊鎮大帥之職捨蕃將莫能勝任，而將相文武蕃漢進用之途，遂分歧不可復合。舉凡進士科舉之崇重，府兵之廢除，以及宦官之專擅朝政，蕃將即胡化武人之割據方隅，其事俱成於玄宗之世。斯實宇文泰所創建之關隴集團完全崩潰，及唐代統治階級轉移升降即在此時之徵象。是以論唐史者必以玄宗之朝為時代畫分界線，其事雖為治國史者所得略知，至其所以然之故，則非好學深思通識古今之君子，不能詳切言之也[68]。

---

68 陳寅恪，《唐代政治史述論稿》，頁235。

「非好學深思通識古今之君子，不能詳切言之也。」這當然是陳寅恪的夫子自道。其所以有此自信者，除個人博極群書，最能掌握材料外，或亦在思維方式和表述方法上得力於「辯證」和「假設」，於唐史通則性的歷史解釋得為一「複式結構」，即大結構的「假設」可以支撐小結構，小結構的「假設」亦可支撐大結構，一種互為支撐的論證。陳寅恪有關唐史乃至中古史的歷史解釋，至此也得以有一通則性的描述。陳寅恪於唐史解釋的大架構和「理念」於焉得以成立。

另外，陳寅恪論證北魏孝文帝(467-499)遷都洛陽的營建規制，所以異於前此國都皇居在南，市場在北之特點，即異於經典傳統「面朝背市」之成規者，陳寅恪提的「假想」是主持營建的李沖乃出身河西世家，基於家世舊聞之薰習，在營建時採用了後涼都城姑臧的規制，即就舊有匈奴所建，而後以張氏之增築為前例，將就西晉舊都洛陽的情況，而這又與臨接黃河而有經濟與交通所需有關[69]。整個論證迂迴於異代和河西、中原之間。此一「假想」陳寅恪認為不可視為定論，但所以提出者在於陳寅恪認為河西文化是隋唐制度的淵源之一，且更涉及胡漢文化問題：

> 夫北魏洛都新制其所以殊異於前代舊規之故，雖不易確知，然東魏鄴都南城及隋代大興即唐代長安之都邑建置全部直受北魏洛都之影響，此乃文化染習及師承問題，與個人家世及性質無涉。故修建鄴都南城之高隆之為漢種，計畫大興新都之宇文愷(555-612)為胡族，種族縱殊，

69　陳寅恪，《隋唐制度淵源略論稿》，頁73。

性質或別，但同為北魏洛都文化系統之繼承人及摹擬
者，則無少異[70]。

這是第一步論證，陳寅恪另有一個更大的論證：

總而言之，全部北朝史中凡關於胡漢之問題，實一胡化
漢化之問題，而非胡種漢種之問題，當時之所謂胡人漢
人，大抵以胡化漢化而不以胡種漢種為分別，即文化之
關係較重而種族之關係較輕，所謂有教無類者是也[71]。

而此，在陳寅恪看來，應是一個很重要的論斷，「要為論北朝史
事不可不知者。」[72]此一論斷正如上述且往下推至唐代，陳寅恪
所以反覆強調者謂之「理念」，亦即在此。若民族遷徙是陳寅恪
眼中的「歷史動力論」；所謂「有教無類者」則屬「種族文化論」。

第三節　陳寅恪的「假設」與「辯證」的「頌紅妝」實踐

陳寅恪晚年轉入「頌紅妝」[73]的階段，先有〈論再生緣〉再
寫《柳如是別傳》。這一前一後兩部都是以女性為主要腳色的論

70　陳寅恪，《隋唐制度淵源略論稿》，頁73-74。

71　同上，頁74。

72　同上。

73　陳寅恪於1961年8月30日詩，〈辛丑七月雨僧老友自重慶來廣州承詢近
　　況賦此答之〉有「著書唯賸頌紅妝」句，附有自注：「近八年來草〈論
　　再生緣〉及〈錢柳因緣釋證〉等文凡數十萬言。」《詩集》，頁137。

述。前者陳端生因科場案遠謫的丈夫未能歸來,「期待」歸於幻滅,中輟創作[74]。後者河東君則「爭取」其所當爭,展現出情深義至的女性既剛且柔的一面。總括而言,皆陳寅恪筆下具「自由的思想,獨立之精神」的女性典範。陳寅恪在描述陳端生和河東君的過程中,取證方法迴環曲繞,展現出史家所能用盡的史料和方法,環環相扣,終在兩位女性身上,特別是河東君身上得出的交集:由「獨立之精神,自由之思想」所構成的「理念」,絕非單純的考證文章所能竟事。

在〈論再生緣〉中,陳寅恪所立「假設」多與考證相關,一是推測陳端生曾隨父陳玉敦仕宦雲南,一是考證陳端生的丈夫是浙江秀水范燦之子范菼[75]。前者,陳寅恪形容為一「大膽而荒謬之假設」,要求讀者「姑妄聽之可乎?」此一「假設」為:陳寅恪疑陳端生的父親陳玉敦任職雲南期間,陳端生曾隨父前往,且《再生緣》第17卷可能就是在雲南寫的。陳寅恪以第17卷中「白芍送臘」、「紅梅迎春」看出疑與江南或中原氣候不符,但陳寅恪在雲南時親見「舊曆臘盡春迴之際,百花齊放,頗呈奇觀。或者,端生之語實與雲南之節物相符應,亦未可知。茲姑著此妄說,更待他日詳考。」[76]

有關陳端生丈夫是否即是范菼的「假設」和考證分見本文及〈校補記〉。這是一個強渡關山的假設。陳寅恪說,「寅恪案,端生之婿范某是否即(浙江秀水人)范菼,今難確定。……若料欲

74　陳寅恪引陳文述語,「婿不歸,此書無完全之日也,未至家,而□□死。」
　　〈論再生緣〉,《寒柳堂集》,頁62。

75　陳寅恪,〈論再生緣〉,頁26。

76　同上,頁27。

勉強認定范燦之子葒即是端生之夫,則必須有兩項假設。(一)陸
燿(撰范燦神道碑)「子二人,儀熏、葒,皆先公卒」之語乃是諱
改。……(二)范葒既非璨之長子,自有出繼之可能。……然歟?
否歟?非所敢確言也。」[77]

惟以上兩項「假設」於1961年遭遇郭沫若的挑戰,連續在《光
明日報》上發表五篇文章和陳寅恪商榷[78]。郭舉出陳端生父親仕
宦雲南時,端生已婚不可能隨父前往雲南,另外還附有陳端生妹
妹寫給姊姊的詩以為證明[79]。明確指出陳寅恪此一「假設」不可
信[80]。至於陳端生所嫁究竟是哪一個「范葒」,郭舉證不是浙江

---

77 陳寅恪,〈論再生緣〉,頁44-49。

78 郭沫若這五篇文章分見1961年《光明日報》5月4日〈《再生緣》前十七
    卷和它的作者陳端生〉、6月8日〈再談《再生緣》的作者陳端生〉、6
    月29日〈陳雲貞〈寄外書〉之謎〉、10月22日〈關於陳雲貞〈寄外書〉
    的一項新資料〉、8月7日〈序《再生緣》前十七卷合訂本〉。後均收入
    《郭沫若古典文學論文集》(上海:上海古籍出版社,1985),並加上附
    錄,〈陳端生年譜〉及張德鈞〈關於范葒充軍伊犂的經過〉。

79 郭沫若,〈再談《再生緣》的作者陳端生〉言:有關陳端生的身世,他
    和陳寅恪都是借重梁乙真的《清代婦女文學史》,從中徵引陳端生妹妹
    陳長生閨中密友戴佩荃的《蘋南詩草》。陳寅恪也沒有看到陳端生妹妹
    陳長生的詩集《繪聲閣初稿》收有致其姊「春田」即陳端生的詩。郭沫
    若,《郭沫若古典文學論文集》,頁886。《再生緣》17卷寫作地點,
    因有戴佩荃和詩「頗耐西南漸有聲」,陳寅恪大膽假說第17卷可能寫於
    雲南。郭則認為陳端生不可能婚後能隨其父赴西南,詩句漸有聲應指前
    16卷傳到西南。郭沫若,《郭沫若古典文學論文集》,頁887-888。郭
    更舉《繪聲閣初稿》,〈聞家大人守麗江〉詩首兩句:「頻年江左駐雙
    旌,此日偏為六詔行。」又有〈聞家大人乞旋里感賦〉收尾兩句:「羡
    煞歸寧歡阿姊,捧觴能侍白頭親。」而這是陳寅恪未能見及《繪聲閣初
    稿》所致。郭沫若,《郭沫若古典文學論文集》,頁886-891。

80 郭沫若所指之不可信,余英時以同情之了解(empathy)認為,「未見其
    如何特別『大膽而荒謬』之處也。」且進一步推論:「陳先生於此鄭重
    言之,殆毋因處處以自身之遭遇與端生相比擬,突發現此一特殊相同之

秀水的「范菼」而是同名同姓的浙江會稽人「范菼」字「秋塘」。
若是秀水「范菼」，又死在父親范璨之前，而范璨又是陳句山即
陳端生祖父的前輩，歲數也大。算來秀水「范菼」死時，陳端生
才16歲[81]。而陳寅恪推敲陳端生23歲結婚，歿年至少已有40歲。

　　1964年11月陳寅恪完成〈校補記〉，沒有回應陳端生隨父前
往雲南事。但全面回應了「范菼」誰是誰的挑戰，在方法上則是
再立一個「假設」，即這些矛盾都因科舉案有所忌諱所致。雖然
陳寅恪承認有關秀水「范菼」的記載多有矛盾，例如沈畏齋（樹
德），在其〈范太學傳略〉云，「君姓范氏，諱菼，……秀水少
司空仲子也。……存年三十五歲。配趙氏，子男三，培、堦、臺。
培嗣伯氏。」取沈氏此傳「與陸燿撰范璨神道碑相比較，令人如
墮五里霧中，疑竇百端。茲先舉其可疑之點，後作『假定』之解
釋。」[82] 陳寅恪為此「假定」范菼因涉入科舉弊案，其家人及親
友，或隱其名或有所諱改，例如以「范某」或以□□稱之，以免
受到拖累。至於范菼「配趙氏」，陳寅恪只好再「假定」陳端生
是范菼繼室。

　　另一更大的挑戰，郭沫若考證《再生緣》作者「陳端生」是
陳文述所撰《雲貞曲》、焦里堂（焦循）《雲貞行》中的女主角「陳
雲貞」，且另舉證陳雲貞〈寄外書〉內容和《再生緣》中陳端生
的遭遇相同云云[83]。

（續）

　　點，而不敢自信，遂作是語耶？」然此非邏輯推論，僅能是一種同情。
　　余英時，〈陳寅恪先生論再生緣書後〉，《歷史與思想》（臺北：聯經
　　出版公司，1976），頁467。

81　郭沫若，《郭沫若古典文學論文集》，頁870。

82　陳寅恪，〈論再生緣〉，頁89。

83　郭沫若，〈再談《再生緣》的作者陳端生〉，《郭沫若古典文學論文集》，

在陳寅恪看來陳端生原無「誰是誰」的問題,對郭沫若針對「陳端生」的質疑頗不以為然[84]。除自信其所舉反證,即陳文述係陳家遠親,乃陳端生祖父陳兆崙的族孫,對陳端生家姊妹的身世皆能詳悉言之,不致誤認《雲貞曲》的作者。並指陳文述即因「范葵」前「以科舉事,為人牽累謫戍」而絕口不提陳雲貞的〈寄外書〉等證據,非但強而有力,且從個人經驗及歷史背景論述「陳雲貞」絕非「陳端生」,兩者不可合二為一[85]。至於秀水「范葵」的究竟,陳寅恪認為雖不易考定,但從陳端生自敘:「更欣夫婿是儒冠。挑燈伴讀茶沸聲,刻燭催詩笑語聯」者,與焦循筆下「郎本武健兒」、「一發斃雙狼」之武人,全無相似之處[86]。當非郭沫若所考係浙江會稽人范葵字秋塘。

然則陳寅恪對這些「辯證」,主旨不在「辨別」「誰是誰」,而在「辯證」清代乾隆年間有一「陳端生」,所撰「《再生緣》乃彈詞體作品中第一部書也。」[87]再由陳端生和范葵的命運,而聯繫《再生緣》的創作何以未能完成,似存在一內在聯繫。若視

(續)──

頁892。郭指出,會稽錢三錫編選的《妝樓摘艷》清代女詩人選集,其中卷47錄陳雲貞六首〈寄外〉,且在陳雲貞侍女陳蓮姐的詩注中有一句:「按(陳)雲貞會稽范秋塘室。」一語,讓郭更堅信「范葵」是會稽人。

84 陳寅恪對郭沫若的不以為然,另外可見這一年9月3日〈贈吳雨僧〉詩,有「鉅公漫詡飛騰筆,不出邳田院裡遊」句。《詩集》,頁138。

85 陳寅恪指陳雲貞的《雲貞曲》和《再生緣》「二人同用一材料,自然符會,不必出於抄襲。茲舉最近之例言之。抗日戰爭之際,陳垣先生留居京師,主講輔仁大學。寅恪則旅寄昆明,任教西南聯合大學。各撰論文,考楊妃入道年月。是時烽火連天,互不通問,然其結果不謀而合,實以用同一材料,應有同一結論,吾兩人皆無抄襲之嫌疑也。」陳寅恪,〈論再生緣〉,頁87。

86 陳寅恪,〈論再生緣〉,頁86-87。

87 同上,頁68。

同「辯證法」的運用，或陳寅恪認為這就是「辯證法」，不能不說相當勉強，更非持「辯證法」論者所能苟同。

至於陳寅恪對陳端生的身世和際遇聯想，「嗚呼！端生於乾隆三十五年輟寫《再生緣》時，年僅二十歲耳。以端生之才思敏捷，當日亦自謂可以完成此書，絕無疑義。豈知竟為人事俗累所牽，遂不得不中輟。後來雖勉強續成一卷，而卒非全璧，遺憾無窮。至若『禪機早悟』，俗累終牽，以致暮齒無成，如寅恪今日者，更何足道哉！更何足道哉！」[88]可謂「自況」十足。

陳寅恪有取於陳端生者，不僅在陳端生不安於當日加諸於女性之身，應為、應守的「本分」，並將個人抗拒思想寄託於《再生緣》中的女主角孟麗君，意圖摧破君、父、夫三綱。例如《再生緣》第17卷，孟麗君違抗皇帝御旨、第14卷孟麗君在皇帝前面斥其父母孟士元及韓氏、第15卷讓其夫皇甫少華父親在孟麗君面前屈膝，第8卷讓皇甫少華向其跪拜。陳寅恪從這些劇情安排中，「則知端生心目中於吾國當日奉為金科玉律之君父夫三綱，皆欲藉此等描寫以摧破之也。端生此等自由及自尊，即獨立之思想，在當日及其後百餘年間，俱足驚世駭俗。……其遭逢困扼，聲名湮沒，又何足異哉！又何足異哉！」[89]

陳寅恪所舉的例子例如要男性向女性跪拜，「男女之大防」固見動搖，但由夫向妻行跪拜禮的只能說是作者陳端生在思想上蓄意「叛逆」，顛倒「三綱」，若欲導出全面摧破「三綱」的條件，應有更多思想上的資源方可支撐。更與其所謂「《白虎通》

88　陳寅恪，〈論再生緣〉，頁60。
89　同上，頁66-67。

三綱六紀抽象理想之境」不符,即男女關係在倫理上應有一更合理的安排;然則陳寅恪更看重者或在女性「自由之思想」,並有意藉《再生緣》作者陳端生在「文學作品」上的「叛逆」即「思想之自由」,向上提升或轉移論述的境界,欲從文體與思想自由之間的關聯發揮:

> 抑更有可論者,中國之文學與其他世界諸國之文學,不同之處甚多,其最特異之點,則為駢詞儷語與音韻平仄之配合,就吾國數千年文學史言之,駢儷之文以六朝及趙宋一代為最佳。其原因固甚不易推論,然有一點可以確言,即對偶之文,往往隔為兩截,中間思想脈絡不能貫通。若為長篇,或非長篇,而一篇之中事理複雜者,其缺點最易顯著,駢文之不及散文,最大原因即在於是。吾國昔日善屬文者,常思用古文之法,作駢儷之文。但此種理想能具體實行者,端繫乎其人之思想靈活,不為對偶韻律束縛。六朝及天水一代思想最為自由,故文章亦臻上乘,其駢儷之文遂亦無敵於數千年之間矣。……庾(庾信,子山,513-581)汪(汪藻,彥章,1079-1154)兩文(〈哀江南賦〉、〈代皇太后告天下手書〉)之詞藻固甚優美,其不可及之處,實在家國興亡哀痛之情感,於一篇之中,能融化貫徹,而其所以能運用此情感,強化貫通無所阻滯者,又繫乎思想之自由靈活,故此等之文,必思想自由靈活之人始得為之[90]。

---

90 陳寅恪,〈論再生緣〉,頁72-73。

然則，思想自由不僅於文學，其於宗教和思想發展同具關聯，在論及中土佛教思想時陳寅恪於1930年即有此論：

> 基公（遠基）承慈恩（玄奘）一家之學，顓門絕業，今古無傳，但天竺佛教當震旦之唐代，已非復盛時，而中國六朝之世則不然。其時神州政治，雖為紛爭之局，而思想自由，才智之士亦眾。佛教輸入，各方面皆備，不同後來之拘守一宗一家之說者。嘗論支那佛教史，要以鳩摩羅什之時為最盛時代。中國自創之佛宗，如天台宗等，追稽其原始，莫不導源於羅什，蓋非偶然也[91]。

陳寅恪在〈論再生緣〉的結論中，引陳端生有「豈是蚤為今日讖」語，另引早年任教清華時的詩作云：「鍾阜徒聞蔣骨青，也無人對泣新亭。南朝舊史皆平話，說與趙家莊裡聽。」[92]家國興亡之痛，以及在中共新政權統治之下，思想不得自由，竟連文學作品亦受壓抑。映入有心人眼底，當有不同感觸，但陳寅恪似已毫無顧忌，而這當可視為陳寅恪自我實踐之「思想之自由」。

　　若以君父權力的意象觀察，陳寅恪以陳端生的《再生緣》和她祖父陳句山的文集《紫竹山房詩文集》傳諸後世的冷熱情況作一對照，並下結論：

> 句山雖主以詩教女子，然深鄙彈詞之體。此老迂腐之見

91　陳寅恪，〈大乘義章書後〉，《金明館叢稿二編》，頁181。

92　陳寅恪，〈論再生緣〉，頁86-86。

围於時代,可不深論。所可笑者,端生乘其回杭州之際,暗中偷撰《再生緣》彈詞。逮句山返京時,端生已挾其稿往登州以去,此老不久病沒,遂終生不獲見此奇書矣。即使此老三數年後,猶復健在,孫女輩日侍其側者,而端生亦必不敢使其祖得知其有撰著邨姑野媼所惑溺之彈詞之事也。不意人事終變,「天道能還」,《紫竹山房詩文集》若存若亡,僅束置圖書館之高閣,博雅之目錄學者,或略知其名,而《再生緣》一書,百餘年來吟誦於閨帷繡闥之間,演唱於書灘舞臺之上。近歲以來雖稍衰歇,不如前此之流行,然若一取較其祖之詩文,顯著隱晦,實有天淵之別,斯豈句山當日作〈才女〉說,痛斥彈詞之時所能料及者哉[93]!

案,陳寅恪引陳句山的才女說對彈詞甚鄙薄,其文如下:

世之論者每云,女子不可以才名,凡有才名者,往往福薄。余獨謂不然。福本不易得,亦不易全。古來薄福之女,奚啻千萬億,而知名者,代不過數人,則正以其才之不可沒故也。又況才福亦常不相妨。嫻文章,而享富貴以沒世者,亦復不少,何謂不可以才名也。誠能於婦職餘閒,流覽墳素,諷習篇章,因以多識故典,大啟性靈,則於治家相夫課子,皆非無助。以視邨姑野媼惑溺於盲子彈詞,乞兒說謊,為之啼笑者,譬如一龍一豬,

---

93 陳寅恪,〈讀再生緣〉,頁69。

> 豈可以同日語哉？又經解云：溫柔敦厚，詩教也。由此
> 思之，則女教莫詩為近，才也而德即寓焉矣[94]。

以今視之，陳句山雖肯定才女，駁女子無才便是德之說，固有其
見識；但菲薄彈詞此一文體，在思想上仍不免有所拘限。而這也
是陳句山生前完全不知孫女陳端生撰有《再生緣》，更未料及祖
孫作品在身後的不同命運。陳寅恪所欲言者更在：

> 今寅恪殊不自量，奮其譾薄，特草此文（案，〈論再生緣〉），
> 欲使再生緣再生，句山老人泉底有知，以為然耶[95]？

陳寅恪欲使《再生緣》再生，當不在其彈詞而已，更在陳端生的
精神和意向，即「獨立的精神」和「自由的思想」，甚至可就陳
寅恪撰述〈論再生緣〉時的政治背景有一對照，此即乾隆年間文
字獄箝制思想自由，仍有《再生緣》的巨著，等到陳寅恪〈論再
生緣〉，連文學創作之自由亦不可得[96]。

94　陳寅恪，〈論再生緣〉，頁68。

95　同上，頁69。

96　陳寅恪撰述〈論再生緣〉在政治方面的今典，余英時曾有論述。參見余
　　英時，〈陳寅恪先生論再生緣書後〉，頁466-467。案，陳寅恪的〈論
　　再生緣〉1954年2月完成初稿，但僅有油印本。1958年余英時撰〈陳寅
　　恪先生論再生緣書後〉在香港《人生雜誌》刊出，第二年香港友聯出版
　　社出版《論再生緣》，一時轟動海外，引起北京方面的注意。中華書局
　　擬出版《論再生緣》，也始有郭沫若有如排砲地針對《論再生緣》發表
　　文章，而且給予正面肯定。然而，由於這部乾隆年間的虛構作品語涉征
　　討朝鮮事。為免影響中朝友誼，由周恩來、康生出面中止了對《再生緣》
　　的討論，《論再生緣》以及擬由郭沫若校訂出版17卷本的《再生緣》均
　　中止出版。見徐慶全，〈陳寅恪〈論再生緣〉出版風波〉，《南方周末》，

　　至於《柳如是別傳》，有10處提到「假設」，以下即取其中相對重要的「假設」分析。

　　《柳如是別傳》中的柳如是出身為何？這就要追問柳如是的姓名和身世。但柳如是之名是後取的，最初姓名為何？這是《柳如是別傳》作者陳寅恪好為家世考證，總不能陷入「買妾不知其姓，則卜之」的情境[97]，是以考證柳如究竟是何許人，成為無法排除的問題。

　　陳寅恪為此立一「假設」，即「明末人作詩詞，往往喜用本人或對方，或有關他人之姓氏，明著或暗藏於字句之中。」[98]設若此一「假設」成立，則可從與柳如是相與酬唱的詩文中找到柳如是最初的姓名。陳寅恪採取逆推的途徑，即先從錢牧齋和柳如是的酬唱詩文中尋求，再逐次往前推求河東君的早年。陳寅恪首舉的兩個例證是柳如是本人的詩，在〈次韻答牧翁冬日泛舟詩〉中有「春前柳欲窺青眼」和「年年河水向東流」兩句，即藏有「柳河東君」四字。

　　又，河東君〈春日我聞室作，呈牧翁〉有「此去柳花如夢裡，向來煙月是愁端。畫堂消息何人曉，（「何」與「河」音同形近）」並「珍重君家蘭桂室，東風取次一憑闌」等句，分藏「柳如是河東君」六字[99]。

　　陳寅恪再舉和書中男女主角相關人士的詩以為例證。一是介

（續）

　　2008/08/27。資料來源；「南方周末官方網站」，網址：http://www.infzm.com/content/16461（2010, 09, 14）

97　陳寅恪，《柳如是別傳》，中冊，頁457。

98　陳寅恪，《柳如是別傳》，上冊，頁16。

99　同上。

紹柳如是給錢牧齋玉成此一因緣的汪然明。在其《春星堂集・無題》詩中有「美女疑君是洛神」和「幾灣柳色隔香塵」句，分別藏有「柳是」二字[100]。

陳寅恪接續推敲，疑柳如是初名「雲娟」，其後有「美人」、「楊影憐」、「柳隱如是」、「我聞居士柳如是」等名，連類牽引指出柳如是自小賣入崇禎初年曾入閣拜相的周道登家，而後流落人間，和江南名士來往[101]。在「假設」成立的同時，陳寅恪很技巧地也把書中重要人物依出場序，通過推論柳如是不同時期名號的程序，先唱名過場一趟，讀者就《柳如是別傳》的背景和劇情，同時可以先有一簡要的了解。

陳寅恪同時在背景交代中埋藏了一條線索，就是柳如是和江南名士如程孟陽（程嘉燧，1565-1643）、陳子龍（1608-1647）、宋徵璧（1602?-1672?）、李舒章（1608-1647）等從遊，在不同階段有不同的名號，而柳如是與其他名妓下場不同者，不僅要擺脫「妓女」的身分從良，而且拒絕從良後僅止於「妾」的身分。是以柳如是雖深愛陳子龍，但陳子龍因經濟原因和家庭因素，無法滿足柳如是的要求，只好求去。而錢牧齋願意以匹嫡之禮對待，也才可能發展出「錢柳因緣」[102]。以上就是第一套「假設」發展出的整個主線脈絡。

再看《柳如是別傳》中第二套「假設」是河東君有可能原係

---

100 陳寅恪，《柳如是別傳》，上冊，頁16。

101 同上，頁25-52。

102 陳寅恪指：「河東君自離去周文岸（道登）家後，即不甘作人姬妾，職是之由，其擇婿之難，用心之苦，自可想見，但幾歷波折，流轉十年，卒歸牧齋，殊非偶然。此點為今日吾人研考河東君身世者，所應特加注意也。」陳寅恪，《柳如是別傳》，上冊，頁283。

明末曾經入閣拜相的周道登母親的婢女，以周道登之乞，升等為妾。河東君因善於侍候周母，後雖遭群妾譖言私通家僕，河東君僅被驅逐而未送命[103]。這原是一個不可能證實的「假設」，但陳寅恪必欲為之，意圖說服讀者接受者在於要先能為河東君塑造「親和力」，預為河東君可以憑藉此一「親和力」，拯救錢牧齋的張本。

此即15年後[104]，即清順治四年錢牧齋因黃毓祺(1579-1648)涉抗清事被逮，河東君傾家營救，時河東君借住降清大臣洪承疇(1593-1665)的同年梁慎可(梁維樞，1587-1662)家，因善於周旋，博得梁母歡心，終起營救的大作用。陳寅恪引證錢牧齋致梁慎可信曰：「內子念尊夫人厚愛，寢食不忘。」並下案語：「又第三章引錢肇鼇《質直談耳》，謂河東君在周道登家為群妾所譖，幾至殺身，賴周母之力得免於死。觀牧齋〈梁(慎可)母吳太夫人壽序〉，可證河東君與慎可母之關係，與應付周旋周母者，正復相同。河東君博老婦人歡心一至於此。噫天下之『老祖宗』固不少，而『鳳丫頭』豈能多得哉？牧齋之免禍非偶然也。」[105]

而這又涉及《柳如是別傳》中另一套「假設」，即陳寅恪筆下錢牧齋三生三死之事的第二死，因河東君營救得免於禍者。陳寅恪說：「吾國文學作品中，往往有三生之說。錢柳之因緣，其合於三生之說，自無待論。但鄙意錢柳之因緣，更別有三死之說焉，所謂三死者，第一死為明南都傾覆，第二死為牧齋遭黃毓祺

---

103 陳寅恪，《柳如是別傳》，上冊，頁60。
104 陳寅恪考證河東君14歲時流落人間，時為崇禎四年。陳寅恪，《柳如是別傳》，上冊，頁47-51。
105 陳寅恪，《柳如是別傳》，頁916。

案（即錢牧齋遭舉發捲入黃毓祺的反清復明案），幾瀕於死，而河東君使之脫死，第三死為牧齋既病死，而河東君不久即從之而死是也。」[106]而此第二死者，「寅恪草此稿（即《柳如是別傳》）有兩困難問題，一為惠香公案（即陳寅恪懷疑錢牧齋對當時另兩位名妓，一是卞玉京，一是黃介媛頗欲染指，而惠香是一代稱）……。一為黃毓祺之獄，即所謂第二死。……並略陳牧齋所以得脫第二死之假設。」[107]案，陳寅恪的「兩困難問題」都另有「假設」，並不在這一個新設的「假設」之內。所以設要新設此一「假設」者，在陳寅恪意欲論證河東君所以不惜一切營救錢牧齋脫死，蓋陳寅恪本人視河東君反清復明的意志遠較錢牧齋強烈，錢牧齋從事反清復明的活動，柳如是應是重要的推手。這當然是出於柳如是的自覺，就如同柳如是所以棄陳子龍而就錢牧齋，就在柳如是有一平等的自覺。而這也是陳寅恪所以會寫《柳如是別傳》，且從《錢柳因緣詩釋證稿》改為今名，固屬「別有懷抱」[108]者，具見其於河東君的傾倒。再者，從這一大套的「假設」與《柳如是別傳》的布局前後呼應，關聯緊密，得以窺其所以在河東君身上用心著墨的梗

---

106 陳寅恪，《柳如是別傳》，頁899。

107 同上。

108 蔣天樞在《陳寅恪先生編年事輯（增訂本）》1962年條（頁175）言：「夏，《錢柳姻緣詩釋證稿》初稿完成。後易名為《柳如是別傳》。至於「別有懷抱」者，陳寅恪於稿成之際有詩，題曰：「十年以來繼續草《錢柳因緣詩釋證》至癸卯（1963）冬粗告完畢，偶憶項蓮生鴻祚云：『不為無益之事，何以遣有涯之生』，傷哉！此語實為寅恪言之也。」案，「不為無益之事」云云，譚獻評項鴻祚蓮生《憶雲詞》有：「蓮生，古之傷心人也！蕩氣迴腸，一波三折，有白石之幽澀而去其俗，有玉田之秀而無其率，有夢窗之深細而化其滯，殆欲前無古人，……所謂別有懷抱者也。」譚獻，《篋中詞》，卷4，頁6。收入《續修四庫全書》（上海：上海古籍出版社，2002，據光緒八年刻本），集部詞類1732冊，頁670。

概。

然則這些還不足以概括錢柳因緣，陳寅恪在《柳如是別傳・緣起》中言：

> 披尋錢柳之篇什於殘闕毀禁之餘，往往窺見其孤懷遺恨，有可以令人感泣不能自已者焉。夫三戶亡秦之志，〈九章〉、〈哀郢〉之辭，即發自當日之士大夫，猶應珍惜引申，以表彰我民族獨立精神之，自由之思想。何況出於婉孌倚門之少女，綢繆鼓瑟之小婦，而又為當時迂腐者所深詆，後世輕薄者所厚誣之人哉！

雖然〈論再生緣〉的寫作係出於聽說書[109]，《柳如是別傳》則出於當年旅居昆明所獲之紅豆，各有不同的緣由[110]。然則陳寅恪〈論再生緣〉所欲闡明者，蓋欲就傳統「男女之大防」有一抽象的疏理。誠如〈王觀堂先生輓詞序〉中所言：「吾中國文化之定義，具於《白虎通》三綱六紀之說，其意義為抽象最高之境，猶希臘柏拉圖所謂Eîdos者。」陳寅恪當時曾就君臣、朋友之義有所疏解，但未及夷夏及男女之大防。「夷夏之大防」具見於上述有關中古及唐代史事之「假設」及論證。至於「男女之大防」則可具見於〈論再生緣〉和《柳如是別傳》。何謂陳寅恪筆下的「男

---

109 陳寅恪自言：「衰年病目，廢書不觀，唯聽讀小說消日，偶至《再生緣》一書，深有感於其作者之身世，遂稍稍考證其本末，草成此文。」〈論再生緣〉，頁1。

110 陳寅恪於《柳如是別傳》開篇〈緣起〉首言：「昔歲旅居昆明，偶購得常熟白茆港錢氏故園中紅豆一粒，因有箋釋錢柳因緣詩之意，迄今二十年，始克屬草。」《柳如是別傳》，上冊，頁1。

女之大防」，這原是儒家價值的核心概念，此一概念從20世紀初
自君臣之綱破解同遭挑戰，新文化運動更直指此一「男女之大防」
直欲摧破，但摧破之後的抽象意義應當如何對待，女性自覺又從
何而來，陳寅恪顯然有意指向陳端生和河東君身為才女的自覺以
及在文學創作上的「叛逆」書寫，才有可能從意識上取得性別的
平等，而河東君更見諸個人實踐，「夷夏之大防」和「男女之大
防」在河東君身上更有雙重體現。對此，陳寅恪非僅從「抽象理
想最高之境」立論，並從具體的創作和生活面肯定這兩位勇於衝
破「男女之大防」的女性作家。陳端生是思想上的突破，而河東
君則是思想和實踐的雙重突破。

第四節　小結──陳氏辯證與假設

　　回顧第一節引陳寅恪言：「吾中國文化之定義，具於《白虎
通》三綱六紀之說，其意義為抽象理想最高之境，猶希臘柏拉圖
所謂Eîdos者。」此一段陳述，陳寅恪原設有一個「假定」。曰：
「或問觀堂先生所以死之故，應之曰：近人有東西文化之說，其
區域分劃之當否，固不必論，即所謂異同優劣，亦姑不具言，然
可得一『假定』之義焉。其義曰：凡一種文化值衰落之時，為此
文化所化之人，必感苦痛，其表現此文化之程量愈宏，則其所受
之苦痛亦愈甚。迨既達極深之度，殆非出以自殺無以求一己之心
安而義盡也。……」這是陳寅恪將「假定」，即東西文化衝突或
異同之說，昇華至抽象「理念」，而得一直接聯繫者。
　　陳寅恪於1953年12月1日對其學生汪籛所言：「我認為研究
學術，最主要的是要具有自由的意志和獨立的精神。所以我說『士

之讀書治學，蓋將以脫心志於俗諦之桎梏。』……對於獨立之精神，自由之思想，我認為是最重要的。所以我說『唯此獨立之精神，自由之思想，歷千萬祀與天壤而同久，共三光而永光。』」陳寅恪還說：「一切都是小事，惟此是大事。」「(我)所持之宗旨，至今並未改易。」又說：「王國維之死，不關與羅振玉之恩怨，不關滿清之滅亡，其一死乃以見其獨立自由之意志。獨立精神和自由意志是必須爭的，而且須以生死力爭。正如詞(疑當為碑)文所示，『思想而不自由，毋寧死耳。』」[111] 這些層層累積、反覆其旨的論述，就在此「獨立之精神，自由之思想」為不可移易。

陳寅恪的學術論證過程和「假設」，當然不宜視為柏拉圖辯證法和「假設法」的複製，而是頗有變化，一是不像柏拉圖多採對話形式，二是引入歷史論證，或可視為「陳氏辯證」。但可以確認的是這和民國以來新史學和社會科學所設定的「假設」在取徑上顯有不同。在設定「假設」和論證的過程中，陳寅恪掌握的並非直線式思考，而係先就論述主題的周邊，尋求可靠的史料，再逐步從「假設」向論述核心推進，或是躍升至一個新的論述場域。其所設定的「假設」，固然不時會出現挑戰，而有新的「假設」補充，「秀水范葵」就是一個顯例，並藉此繼續向前推論。

陳寅恪之後史學界少有人再持「假設」的辯證模式論證，有之則唐長孺(1911-1994)和余英時兩人。

唐長孺在〈孫吳建國及漢末江南的宗部與山越〉文中引「清代校勘學者何焯(1661-1722)說：『宗』恐與巴賨之『賨』同義，

---

111 陳寅恪，〈對科學院的答覆〉，《陳寅恪最後二十年》(三聯版)，頁111-112。陳寅恪，《講義及雜稿》(《陳寅恪集》版)，頁463-464。

宗賊疑即蠻賊。」照何焯的說法，『宗』應該解釋為種族，也即是『賨』之省略或本字。惠棟(1697-1758)《後漢書補注》卷17〈劉表傳〉也引了何焯說，但惠棟卻並不贊同」云云。唐長孺繼引不同史料指稱何焯和惠棟的說法都局部為真。接著再就「宗部」和「宗伍」之「宗」分布地域自湖北、江西、安徽、浙江、江蘇、兩廣及印度支那半島都有這種組織，「賨」人的地域分布於後漢末年僅限今天四川東部、湖北西部和陝西南部，兩相比較不合，結論「宗部」不是「賨」。「因此，將『宗』認作巴賨之『賨』是難以成立的假設。」[112] 換言之，唐長孺以為何焯的說法是一種「假設」，唯唐本人則似無意立「假設」以為論證。

余英時在《朱熹的歷史世界》一書中，提出了12套「假設」，或用「假定」、「推斷」但意旨皆同[113]。整部書上下篇或可說就是一大套假設，即朱熹的歷史世界要從歷史脈絡當中尋求，並假定南宋的理學(道學)家上承宋初儒學主流，要求改變現實，重建一個合理的人間秩序，整頓「治道」則構成了秩序重建的始點[114]。

此前余英時於〈章學誠文史校讎考論〉一文中有言：「乾嘉漢學都接受一個基本『假定』，即道在六經，而六經則是古代的語言文字所構成。」[115] 此一「假定」只為論述行文方便，提出一個學界的「共識」，而非據此論證。《現代儒學論》第一節「現

---

112 唐長孺，〈孫吳建國及漢末江南的宗部與山越〉，《魏晉南北朝史論叢》，頁3-6。

113 這12套假設，分見余英時，《朱熹的歷史世界》(臺北：允晨文化公司，2003)，上篇，頁130，140，157，160，251；下篇，頁173，191，225，230-233，400-480，509，544。

114 余英時，《朱熹的歷史世界》，上篇，頁251。

115 余英時，〈章學誠文史校讎考論〉，《中國文化》10(1994)：33。

代儒學與內在批判」開篇即言:「我們一向似乎有一個未經詳細檢討的『假設』,即西方思想的侵入直接導致儒學解體。」然而這一「未經詳細檢討的『假設』」,並不是余英時的「假設」。余英時只是藉此轉入個人的論述:「我現在想提出另一個『觀點』,即儒學的批判是從內部開始的。不僅晚清如此,『五四』初期也是如此。」[116] 這是把「假設」一變而為「觀點」。

余英時的「假設」其實最早見諸有關陳寅恪的文章。1982年,余英時在〈陳寅恪的學術精神與晚年心境〉一文中,即「假設」陳寅恪在1949年時不肯離開大陸,陳夫人唐篔則有意要去臺灣,兩人為此在去留問題上起了爭執,陳夫人曾出走香港;但余英時兩年後在〈陳寅恪晚年詩文釋證〉一文中修正說,那只是「陳寅恪晚年詩文必然反映政治社會現實」的旁證,但由於陳寅恪的女兒說,「陳夫人一向尊重陳先生的決定」,足以作為反證,「因此必要將此旁證降低至無足輕重的地位。」至於主要「假設」,即陳寅恪晚年詩文必然反映政治社會現實,則是被證據逼出來的[117]。1995年,陸鍵東《陳寅恪的最後二十年》出版,證實當初陳寅恪夫婦確曾為去留問題出現嚴重爭執,陳夫人唐篔為此負氣出走香港。余英時在〈「後世相知或有緣」──從《陳寅恪的最後二

---

116 余英時,《現代儒學論》(香港:八方文化公司,1996),頁1-2。又,余英時在〈從價值系統看中國文化的現代意義──中國文化與現代生活總論〉的文章中也有「假設」,但這個「假設」也不是余英時個人的設定,而是出於不得已的引用,例如:「我自然不能不根據某種概念性的假設,但是這種假設並非我個人主觀願望的投射,而是在學術研究上具有一定的客觀性和普遍性的。」余英時,《文化:中國與世界》1(北京:三聯書店,1987):39。

117 余英時,〈陳寅恪晚年詩文釋證〉,收入《陳寅恪晚年詩文釋證(增訂新版)》,頁93-96。

十年》談起〉一文中,特別處理了這一段「假設」的棄和取[118]。

唐長孺自稱是陳寅恪「教外別傳」的私淑弟子[119]。余英時則是海外研究陳寅恪的先驅,而且很明確地指出陳寅恪「辯證」治史[120]。至於陳寅恪的弟子中,最受陳寅恪看重的周一良認為乃師「治學之道充滿樸素的辯證法。」[121]季羨林也說:「陳先生有樸素的唯物主義、樸素的辯證法」[122],另一弟子王永興亦持此說,後又放棄此說[123]。如果排除其中夾雜的政治考量,那麼「樸素的辯證法」之於陳寅恪,應該可以是和柏拉圖的「辯證法」有一對應,而非馬克思的「唯物主義辯證法」。

陳寅恪晚年的弟子金應熙即於陳寅恪的辯證法有一非政治

---

118 余英時,〈「後世相知或有緣」──從《陳寅恪的最後二十年》談起〉,收入《陳寅恪晚年詩文釋證(增訂新版)》,頁285。

119 案:廣州中山大學於1988年5月26至28日召開「紀念陳寅恪教授國際學術研討會」,會前唐長孺撰詩紀念,有「他年若撰淵源錄,教外何妨有別傳」句。《紀念陳寅恪教授國際學術討論會文集》(廣州:中山大學出版社,1989),目錄前附第七幀照片,不分頁。

120 余英時,《朱熹的歷史世界:宋代士大夫政治文化的研究》,上冊,頁297。

121 周一良,〈紀念陳寅恪先生〉,《紀念陳寅恪教授國際學術討論會文集》,頁15。

122 季羨林,〈紀念陳寅恪先生教授國際學術討論會閉幕詞〉,《紀念陳寅恪教授國際學術討論會文集》,頁28。季羨林另文提到陳寅恪是以「假設」展開論文辯證的,指稱讀陳寅恪的文章,「開始時人們往往不能理解,為什麼這樣『假設』。但是只要跟著剝下去,到最後,必然是『山重水複疑無路,柳暗花明又一村。』茅塞頓開,豁然開朗了。」季羨林,〈紀念陳寅恪先生百年誕辰學術論文集序〉,王永興主編,《紀念陳寅恪先生百年誕辰學術論文集》,頁9。

123 王永興於1993年出版的《陳門問學叢稿》(南昌:江西人民出版社,1993),談到陳寅恪的治史方法,列有一項特長是「樸素的辯證方法」,見該書,頁11-17。但五年後出版《陳寅恪先生史學述略稿》(北京:北京大學出版社,1998),即放棄此說,推敲應和已無政治考量有關。

的陳述:「總起來說,陳氏對歷史的綜合解釋具有鮮明特點的,他不是歷史唯物主義者,不可能用歷史唯物主義的立場觀點去進行研究。但是在他的思想中也出現不少接近歷史辯證法的因素,他對歷史過程某些方面的描述已比同時的舊史家和西方漢學家們高出一頭。這同豐富的史料、精詳的考證密切結合起來,使他的研究成果能在舊中國史學界中蔚成異彩。」[124]

　　雖然,陳寅恪不無藉由外部考證的權威,轉移、推衍其個人主觀信念及價值觀,以求進入另一論述空間,希望通過考證取得詮釋史事的權威,但這是否符合從客觀事物獲取抽象意義的規範,則大有疑問。此時的「陳氏辯證」和「辯證法」之間當然還有一段距離。再者,「陳氏辯證」處理隋唐史或中古史,雖涉及個人家世及價值觀,但因辯證過程是一客觀認知的過程,無礙辯證邏輯逐步接近史實真相的追求。而「頌紅妝」的文章,則不時由客觀論述和考證直接跳入個人主觀論述和偏好。對此,嚴耕望(1916-1996)有一評論或可概括:

> 考證之術有述證辯證兩類別、兩層次。述證的論述只要歷舉具體資料,加以貫串,使史事真相適當的顯露出來。此法最重史料之詳贍,與史料比次之縝密,再加以精心組織,能於紛繁中見其條理,得出前所未知的新結論。辯證的論述,重在運用史料,作曲折委蛇的辨析,以達成自己所透視、所理解的新結論。此種論文較深

----

124 金應熙,〈陳寅恪〉,《中國史學家評傳》(鄭州:中州古籍出版社,1986),下冊,頁1376。

刻，亦較難寫。考證方法雖有此兩類別、兩層次，但名
家論著通常皆兼備此兩方面，惟亦各有所側重。寅恪先
生的歷史考證側重後者，往往分析入微，造成新解，故
其文勝處往往光輝燦然，令人嘆不可及。但亦往往不免
有過分強調別解之病。學者只當取其意境，不可一意追
摩仿學；淺學之士若一意追摩，更可能有走火入魔的危
險[125]。

　　固然「陳氏辯證」不可仿學；然而陳寅恪一生行事立節最重
要的信念：「獨立之精神，自由之思想」，以及批評的態度，決
非憑空而來。陳寅恪幼時親歷戊戌政變前祖父陳寶箴和父親陳三
立主持湖南新政和改革在家中所沐浴的氛圍，自未料頓成家難，
之後再經歷庚子拳亂，其於陳寅恪最直接的影響或在對政治的疏
離，乃至對民主政治從無一蹴可幾的空想，是以「獨立之精神，
自由之思想」，顯非由政治訴求而來，而是從學術源流而來，其
間必有一思想發展和認識的過程。

　　余英時曾言：「『獨立之精神，自由之思想』是現代知識分
子的特徵，但在中國士的傳統中也有其根源，不過不夠澈底而
已。」[126]但筆者以為：作為支持陳寅恪歷史研究乃至於立身處世
的思想和精神資源──「獨立之精神，自由之思想」，原非中國
傳統思想，有也未必澈底。陳寅恪必有取於西方思想，但與其說
有取於西方近代的政治思想，不若說更有可能係直接得自希臘古

---

125 嚴耕望，《治史答問》（臺北：臺灣商務印書館，1985），頁85-86。
126 余英時，〈明明直照吾家路〉，頁10-11。

典文化精神，且可上溯到柏拉圖的「辯證法」思想和「理念」世界。

第四章

失焦的辯論：對對子和文法

　　1932年8月初清華大學及研究所招考新生及轉學生，作文題為：「夢遊清華園記」，各年級生另有對對子題。其中以一年級的對子「孫行者」最受矚目。由於題型出人意表，引起廣泛的關注和討論，北平《世界日報》即陸續刊出投書要求清華大學公布「對對子」的評分標準，甚至直斥這是復古，或以「奇哉」、「怪哉」形容，或要清華大學表態是否支持「對對子」的考題[1]。

1　北平《世界日報》8月7日第12版讀者論壇刊出署名「丁零」的〈關於「對對子」〉的投書，認為新舊人物都會注意到清華「對對子」的國文試題，測考生對舊文學的修養，很技巧；但評判的標準如何而定則難，要求主考先生發表他自己的原對。8日刊出署名「振凱」〈由清華大學考試技術所引起的我的幾句話〉，質問如果學生只會「對對子」怎麼辦？倒不如要求學生作八股文和各式舊文體，並連帶指責清華及學生的資產階級化。文中還批判了作文題「夢遊清華園記」，指這是小資產階級的先生們所想望的事，非窮學生所敢崇拜。隔一日，8月10日，有署名「傑」的〈對對子〉和「春燄」的〈我也談談清華的考試〉。「傑」文以「奇哉！怪哉！」形容，建議清華表態是否支持「對對子」的考題，若以為不妥，請設法矯正，勿相應不理。「春燄」指百思不得其解，何以會有「對對子」的題，以時代意義來講，作對子就說不通。若要表示最高學府的新奇，不若作八股文來得乾脆。並批評作文題，於黑漆一團的現實──多難的中國，對貧無立錐的無產大眾有什麼利益？隔兩日，8月13日，湘石〈我也談談對對子〉，覺得不但多數考法理二科的同學覺得

　　兩個星期後，即8月1日或早於此日一兩天，陳寅恪以出題者身分出面接受北平《世界日報》訪問。這是陳寅恪生平僅見的一次，為大學入學考試題型，一個屬於可以接受公評的議題上報答辯[2]。

　　陳寅恪的答辯並未平息輿論不滿，讀者罵聲未歇[3]。半個世

(續)

　　困難，就是意欲研究中國文學的老夫子，恐怕也茫然不知所對。另一篇署名「北黎」的〈對對兒〉，則很為「斯文」慶，只是不明白在中學裡何以沒有學「對對子」。認為「在維持中華民族的生存上國學是必須要學的，國學既是必學，對兒自然更是必須對的。為傳播國學使他普遍起見，要雅俗共賞才好。」隔一日，15日，《世界日報》在第7版刊出陳寅恪的「答辯」。第12版續刊出讀者投書。有署名清華園「彭俊材」的〈讀了振凱君的由清華大學考試技術所引起的我的幾句話之後〉，認為對對子並非絕不可行，「夢遊清華園記」只是一個作文題目，僅作用於試驗考生的記憶和描寫能力。無可厚非也無可非議。署名「伯辛」的〈談談「談談對對子」〉，批評了署名「傑」與「春毯」的投書，指「傑」文觀點是錯誤的，也是不該有的，至於「春毯」的文章則是開玩笑、湊熱鬧。不過，文末仍認為對子出得大膽，是出題者大意。16日，刊出自稱是清華學生署名「周葆珍」的投書〈由「由清華大學考試技術所引起的我的幾句話」的幾句話〉，反駁「振凱」對清華學生的指摘，並說對對子不過是測驗考生對虛實字的認識，因作文題目批評清華大學是否偉大也不恰當。同日第三篇署名「窮小」的投書〈我也談一談清華大學〉，質問「對對子」是根據哪一年的高中課程，至於作文題更為難那些剛從窮鄉僻壤來，壓根不知清華的考生。這一天《世界日報》的讀者論壇特別加了一段案語，聲明討論宣告結束。

2　1932年8月15日北平《世界日報》第7版。

3　北平《世界日報》8月19日一口氣又刊出四篇投書。第一篇就是署名「皞」的〈關於「對對子」質陳寅恪君〉，針對陳寅恪回應此事的發言，認為陳寅恪個人重視「對對子」的學術見解，儘可發表學術論文，但不宜在清華入學試中提倡。第二篇是署名「傑」答覆「伯辛」的〈關於「對對子」問題〉。第三篇署名「春毯」回應〈關於「對對子」問題〉，也是答覆「伯辛」的。第四篇署名「塵憫光」的〈讀了「讀了『振凱』君的由清華大學考試技術引起我的幾句話之後」之後〉。全都反對以對子入題。「塵憫光」有一句很重的話：「對對子是中國舊日封建社會中的文

紀後，當年任教清華大學，也是哲學史家的馮友蘭在其回憶錄
《三松堂自序》中提到此事的下文：「在當時社會上對於對聯不
很瞭解，以為對對子是復古，也有人以這次考試為笑談，所以以
後也沒有沿用，沒有推廣。」[4]

　　除開試題本身引發的話題外，在陳寅恪看來，「對對子」其
實另涉及中文文法還未發展成熟前，得先有比較語言學的研究，
以及不可或缺的歷史觀念。而此類比較研究方法，必須有歷史演
變及中西系統異同之觀念；反之，若僅止於抄襲西方文法，不知
區辨源流，則有必要「摧陷廓清」[5]。就陳寅恪的學思淵源而言，
此一主張當係來自東方語言學的歷史比較研究，陳寅恪不但個人
奉為其治學的工具，且欲有所推廣。另一更大的理想或在如何假
西學以崇中學，即取西方的歷史語言學，以挽救中文或漢語免於
沉淪，不致盡為西化的白話文所取代。此或本於陳寅恪〈王觀堂
輓詞〉序言的思維，即「綱紀本理想抽象之物，然不能沒有依托，
以為具體表現之用。」[6]除有形的社會制度，而經濟制度尤其最
要者之外，陳寅恪此時還看到了文化的承載者語言的重要，或許
更在社會經濟之上。

　　在當時，歷史語言學原屬民國新史學刻意提倡的顯學，是新

（續）——————————————————————————————

　　人不務實際，專意瞎費腦力幹著玩兒罷了！而以素負重名之清華大學也
　　就把學生往以之亡國的不事實際上引，嗚呼！」

　4　馮友蘭，《三松堂自序》（北京：人民出版社，1998），頁75。馮友蘭在
　　序文中署1981年11月。又，清華國文系系主任朱自清(1898-1948)在第
　　二年負責看清華入學考試國文作文卷，寫了一篇「高中畢業生國文程度
　　一斑」投刊於《獨立評論》第65號，指程度遠不如二十年前云云，就是
　　沒有提上一年的熱門話題「對對子」，可以旁證馮友蘭的說法。

　5　陳寅恪，〈與劉叔雅論國文試題書〉，《金明館叢稿二編》，頁251-252。

　6　陳寅恪，〈王觀堂先生輓詞并序〉，《詩集》，頁12。

文化運動以來新史學的主流[7]，陳寅恪自認試題不出中文基礎知識範疇，且符合命題學理，不僅僅可以有效測試學生中文程度的深淺而已，難謂「復古」或陳義過高。

惟觀察後期事態發展以及學界的態度，陳寅恪顯然受挫甚深。再以更大的格局看待，「對對子」和當時如日中天的白話文運動究竟應如何區隔對待？一般人或以為「對對子」是復古，和當時白話文運動背道而馳。今天看來，這應是現代中國思想史和學術史上，學術菁英與學院外的民俗文化往往會出現溝通障礙的困境。至於對陳寅恪的學思發展，欲為學術界開闢比較研究之門徑或路向，示來者以軌則，轉移一時之風氣者，更是一大挫折。

第一節　對對子成為話題

「對對子」試題一出，不僅考生意外，社會亦為之譁然，隨即成為報紙獵奇的話題。「對對子」試題因為話題新鮮而上報，這或許還在陳寅恪意料之中，但顯然不是陳寅恪所能想像，惹出一大串話題和「論戰」。單就北平《世界日報》言，即在第12版讀者論壇，連篇累牘地刊出討論文章，從8月7日到19日間歇以此

7　當時的歷史學界主流人物偏重拿歷史語言學當作重要的工具。中央研究院歷史語言研究所的創立是最明顯的例證。傅斯年在創所文獻〈歷史語言研究所工作之旨趣〉一文中即明言歷史學和語言學的重要，「要把歷史學和語言學建設得和生物學地質學等同樣。」又「如解釋隋唐音，西洋人之知道梵音的，自然按照譯名容易下手，在中國本沒有這個工具，又沒有法子。又如西藏、緬甸、暹羅等語，實在和漢語出於一語族，將來以比較語言學的方法來建設中國古代言語學，取資於這些語言中的印證處至多，沒有這些工具不能成這些學問。」《中央研究院歷史語言研究所集刊》1.1（1928年10月）：6-7。

為主題足足談了兩個星期，發表了14篇讀者投書，其中有兩人各有兩篇[8]。總部設在天津的《大公報》，於全國範圍的影響較《世界日報》更大，8月31日跟進，有一篇小專欄討論「對對子」的話題，茲將全文轉錄於下：

> 本年清華大學入學考試國文試題有對對子一項，有「孫行者」、「少小離家老大回」、「人比黃花瘦」、「莫等閒白了少年頭」、「關關雎鳩，在河之洲」、「清華大學，水木清華」等句[9]。這下真苦了二千考生，因之罵聲四起。在幾個大報的讀者論壇上便出現了許多清華復古的文字。引而申之，乃更出現許多文章指摘清華為資產階級學校。自然也就有人動筆出來反駁了。就我每日注意的《世界日報》言之，自八月一日清華考畢，無日無是項爭辯文字，直至我十七日離開北平，尚未平歇。這一個「論戰」也可算熱鬧了[10]。

8　統計依據來自注1、注4所引北平《世界日報》刊出的篇數及作者出現次數。

9　蔣天樞說：「一年級為『孫行者』、『少小離家老大回』，二三年級轉學生有『莫等閒白了少年頭』等。」《陳寅恪先生編年事輯》，頁221。又，劉以煥的《一代宗師陳寅恪──兼及陳氏一門》(重慶：重慶出版社，2001)指一年級的對子題有「孫行者」、「少小離家老大回」。二、三年級轉學生有「莫等閒白了少年頭」。研究生(應為中國文學研究所入學考題，見頁148)的對子題有：「墨西哥」。見該書，頁213-214。另《陳寅恪集‧詩集‧對聯》收入了以上各題(頁183)，但未見「人比黃花瘦」、「關關雎鳩，在河之洲」、「清華大學，水木清華」等題。

10　李琦，〈北平雜憶──一個綿延的辯論〉，天津《大公報》，民國21年8月31日第9版。

北平《世界日報》刊出討論「對對子」的讀者論壇,係自8月7日
起間歇見報,直到8月20日刊出清華大學放榜名單,「對對子」
的「論戰」始告一個段落。報紙上的論辯多集中於「對對子」應
否成為考題,反映的多屬升學主義範疇內的話題和想法,其間偶
見對清華大學是否屬於資產階級的批判和駁論[11],談不上陳寅恪
意欲藉「對對子」的討論,提高層次到建立漢語文法或相關學術
性的論辯。

在這個階段裡,陳寅恪自擬了一篇底稿,以接受北平《世界
日報》記者採訪的形式,於當年8月15日刊出一篇具有答辯意味
的回應。茲將陳寅恪回應對對子試題的部分轉錄於下:

標題:

> 清華中國文學系教授陳寅恪
> 談出「對對子」試題理由

內文:

> (特訊)昨日記者偶晤該校中國文學系閱卷員,詢及國文
> 試題中之「對對子」答案,及所以出題之理由,嗣經中
> 國文學系教授陳寅恪發表談話如左:
> 今年國文試題,均分三部,第一為對對子,二為作文,
> 三為標點,其對對子及作文二題,全出余(陳寅恪)手,

---

11 參見注1,「振凱」和「窮小」的批判,「周葆珍」的駁論。

余完全負責，近來有人批評攻訐，余不便一一答復，擬將今年國文命題之學理，於開學後在中國文學會宣講，今日只能擇一二要點，談其大概。

本大學考試國文一科，原以測驗考生國文文法及對中國文字特點之認識。中國文字，固有其種種特點，其文法絕非屬於「印度及歐羅巴Indo-European系」，乃屬於「緬甸西藏系」。中文文法亦必因語言文字特點不同，不能應用西文文法之標準，而中文應與「緬甸西藏系」文作比較的研究，始能成立完善的文法。現在此種比較的研究，尚未成立，「對對子」即是最能表現中國文字特點，與文法最有關係之方法。且研究詩詞等美的文學，對對實為基礎知識。考題中出對子，簡言之，係測驗考生對（一）詞類之分辨，如動詞對動詞，形容詞對形容詞，虛字對虛字，稱謂對稱謂等是；（二）四聲之瞭解，如平仄之求其和諧；（三）生字Vocabulary及讀書多少。如對成語，須讀詩詞文等書多（此短句不順，另一版本為「須讀書（詩詞古文）多」[12]），隨手掇拾，毫不費力。如有人以祖沖之對孫行者，是可知該生胸中有物，尚知古時學者祖某其人；（四）思想如何，因妙對不惟字面上平仄虛實盡對，「意思」亦要對工，且上下聯之意思須「對」而不同，不同而能合，即辯證法之一正，一反，一合。例如

12　陳寅恪，〈「對對子」意義——陳寅恪教授發表談話〉，原刊民國21年8月17日《清華暑期週刊》6期，此文與北平《世界日報》此前刊出的訪問稿雷同，除略有刪節如最後一段假第三者可引為談助者，另外還有個別字句校改調整，大致應屬同一版本。《講義及雜稿》，頁447。

本校工字廳水木清華旁兩聯之末有「都非凡境」對「洵是仙境」，字面對得極工，而意思重複，前後一致，並非絕妙好對，此則思想之關係。按此種種，悉與「國文」文法有密切之關係，為最根本、最方便、最合理之測驗法。

對對子該如何評分，以及考生應答情況，陳寅恪的答覆是：

至於評判標準，即按上述各節：（一）文法方面，如平仄詞類之對否；（二）「意思」之工否，思想之如何。分數則僅占國文三題中百分之十，倘字面對工，思意不差，則可得十分，如對得極好，可得四十分，即完全不對，亦不過扣去百分之十分。是於提倡中已含通融寬待之意，其所以對對題有較難者，實為考生中之有特長者，普通人字面對上即可。有人謂題中多絕對，並要求主題者宣佈原對，余以為並非絕對，因其並非懸案多年，無人能對者。中國之大，焉知無人能對。若主題者自己擬妥一對，而將其一聯出作考題，則誠有「故意給人難題作」之嫌矣。余不必定能對，亦不必發表余所對。考生較好之對，惟考卷尚未完全看完，且非經余一人評閱，但可就所憶者發表一二：一年級新生，對孫行者最佳者，當推「王引之」，因王為姓氏，且有王父即祖父之解，恰與孫字對，引字較祖沖之沖字為佳。「少小離家老大回」，尚未見有甚好者，如「匆忙入校從容出」，差可。中國文學研究所題對「墨西哥」，有人對「淮南

子」，可稱不錯，因同為專名詞，且末二字恰甚工也。

作文題在「論戰」中間有涉及，陳寅恪交代如下：

> 關於「夢遊清華園記」作文題，多人誤會，以為係誇耀
> 清華之風景與富麗，或誤解為遊記，其實所謂夢遊云
> 者，即測驗考生之想像力Imagination及描寫力，凡考清
> 華者，總對清華有一種猜想，不知實際情形，即用「空
> 中樓閣」。此題易言之，即為「理想中之清華大學之描
> 寫」，再者，考生欲入大學，當必有一理想中的大學形
> 況景物，余之所以不用「理想中之清華大學」，或「夢
> 遊清華大學者」，乃以寫景易，而學校、組織師生、課
> 業狀況的描寫較難。數年來，各校考題，已將「求學志
> 願」、「家鄉」、「朋友」等題用盡，似此種題，實簡
> 單、自由、美妙，容易之至。余以為該題甚好，而有人
> 仍發怨言者，想係入清華之心過切，或因他故而生忌嫉
> 之感[13]。

可引為談資者，則以間接方式表達：

> 談畢後，記者並探得考卷中之可笑者，茲摘錄數則如
> 後：對孫行者除王引之、韓退之、胡適之、祖沖之較好

13　案，《講義及雜稿》所刊，句末還多了「不足介意」語。另見卞僧慧，
　　《陳寅恪先生年譜長編（初稿）》，頁142。

者外，普通皆對陳立夫、郁達夫、王獻之、周作人，至
以唐三藏、豬八戒、沙和尚應對極多，甚不通。亦有對
以趙飛燕、黃飛虎、郭沫若者，最可笑莫如一部（分）考
生，僅由字面上對以「翁坐乎」、「子去也」。有某生
對「我來也」，下註古文盜竊人名，雖平仄不諧，但亦
可見彼知對專名詞及虛實字，仍得相當分數。其餘尚有
根本不明「對對」用意者，如某生以「少小離家老大回」
為題作文一篇，有以原詩第二句「鄉音不改鬢毛衰」塞
責者，亦有以「城池依舊人民非」聯句者。最可笑者莫
如某生，於試卷上原對後塗改許多，後竟在「少小離家
老大回」下書「金銀珠寶往家抬」，而於「孫行者」下
大書「一個觔斗十萬八千里」，情急胡謅，窘狀可想[14]。

第二節　對對子和漢語文法研究方向

陳寅恪後來並未如期向清華中國文學會宣講國文命題之學
理，而是以書信體的形式，致函代理系主任劉叔雅（1889-1958）[15]。

14　北平《世界日報》，1932年8月15日，7版。

15　汪榮祖指陳寅恪「並未公開答辯」或許指此。《史家陳寅恪傳》（北京：
　　北京大學出版社，2005），頁38。但當時不論北平《世界日報》、《清
　　華暑期週刊》或天津《大公報》、《青鶴雜誌》、《學衡》皆有陳寅恪
　　或以接受採訪的形式或轉載〈與劉叔雅論國文試題書〉，雖然時間拖得
　　很長，像《學衡》最後一期即第79期刊出時，已是1933年7月，均可視
　　為回應。桑兵認為陳寅恪是民國學術界各派共同賞識的例外，但某些學
　　術文化見解和態度做法，仍引起老輩的不滿，如以對對子入題清華入學
　　試的國文卷子，便招致非議，不得不公開答辯。桑兵，〈陳寅恪與中國
　　近代史研究〉，《晚清至民國的國學研究》，頁167-168。羅志田認為

另將全文送交《大公報・文學副刊》，於9月5日以〈與劉叔雅論
國文試題書〉刊出[16]。

　　陳寅恪就試題部分指出：

> 就其閱卷經驗認為，感觸至多，主張出題方式應與過去
> 異趣，求其形式簡單而涵義豐富，又與華夏民族語言文
> 學之特性有密切關係者，以之測驗程度，始能於閱卷定
> 分之時，有所依據，庶幾可使應試者，無甚僥倖，或甚
> 冤屈之事。閱卷者良心上不致受特別痛苦，而時間精力
> 俱可節省。若就此義言之，在今日學術界，藏緬語系比
> 較研究之學未發展，真正中國語文文法未成立之前，似
> 無過於對對子之一方法，此方法去吾輩理想中之完善方
> 法，固甚遼遠，但尚是誠意不欺，實事求是之一種辦法，
> 不妨於今夏入學考試時，試一用之，以測驗應試者之國
> 文程度[17]。

（續）────────────

　　陳寅恪行文常在文字活潑上下功夫，有時還故作「戲言」，這弄巧反拙
　　的著名事例，莫過於當年在清華以對對子考學生，竟成一風波，迫使陳
　　先生說出一堆大道理，竭力證明此事原本非常嚴肅而正大。〈陳寅恪的
　　文字意趣〉，《中國文化》22：175。

16　《大公報・文學副刊》時由陳寅恪的知友吳宓主編。按吳宓自1927年12
　　月為《大公報》開辦《文學副刊》事，陳寅恪初始即甚支持。《吳宓日
　　記》Ⅲ（北京：三聯書店，1998），頁447。1928年1月起吳宓正式主編，
　　至1934年1月1日，除遊歐期間由浦江清代編61期外，加總共編了313期。
　　王泉根，〈吳宓年表〉，《追憶吳宓》（北京：社會科學文獻出版社，
　　2001），頁500。

17　全文刊於1932年9月5日天津《大公報・文學副刊》；引見〈與劉叔雅論
　　國文試題書〉，《金明館叢稿二編》，頁249。

對於測驗方法及效度，陳寅恪說明：

> 此方法即為對對子。所對不逾十字，已能表現中國語文
> 特性之多方面。其中有與高中卒業應備之國文常識相關
> 者，亦有漢語漢文特殊優點之所在，可藉以測驗高材及
> 專攻吾國文學之人，即投考國文學系者。茲略分四條，
> 說明如下：
> （甲）對子可以測驗應試者，能否知分別虛實字及其應用
> （有不能者，必不錄取）。（下略）
> （乙）對子可以測驗應試者，能否分別平仄聲（及格條
> 件）。（下略）
> （丙）對子可以測驗讀書之多少及語藏之貧富。（下略）
> （丁）對子可以測驗思想條理（可藉以選拔高材之士）。（下
> 略）
> 昔羅馬西塞羅（Cicero）辯論之文，為拉丁文中之冠。西土
> 人士自古迄今，讀之者何限，最近時德人始發見其文含
> 有對偶，拉丁非單音語言，文有對偶，不易察知。故歷
> 時千載，猶有待發之覆。今言及此者，非欲助駢驪之文，
> 增高其地位。不過藉以說明對偶確為中國語文特性之所
> 在，而欲研究此種特性者，不得不研究由此特性所產生
> 之對子[18]。

至於何以有必要先著手研究藏緬語系，陳寅恪在這通公開信中

18　陳寅恪，〈與劉叔雅論國文試題書〉，頁252-256。

說，任何一種語言都有其特性，而有不同統系，也規範了研究路
徑和範疇，而所涉及的歷史觀念，必不能「認賊作父，自亂其宗
統」。

> 夫所謂某種語言之文法者，其中一小部分，符於世界語
> 言之公律，除此之外，其大部分皆由研究此種語言之特
> 殊現相（象），歸納為若干通則，成立一有獨立個性之統
> 系學說，定為此種語言之規律，並非根據某一特種語言
> 之規律，即能推之以概括萬族，放諸四海而準者也。假
> 設能之，亦已變為普通語言學音韻學、名學，或文法哲
> 學等，不復成為某特種語言之文法矣。……世界人類語
> 言中，甲種語言，有甲種特殊現相，故有甲種文法。乙
> 種語言，有乙種特殊現相，故有乙種文法。……昔日歐
> 人往往以希伯來語言為世界語言之始祖，而自附其語言
> 於希伯來語之支流末裔；迄乎近世，比較語言興，舊日
> 謬誤之觀念得以革除。因其能取同系語言，如梵語波斯
> 語等，互相比較研究，於是系內各個語言之特性逐漸發
> 見。印歐系語言學，遂有今日之發達。

至論漢語文法研究方法及入手門徑：

> 故欲詳知確證一種語言之特殊現相及其性質如何，非綜
> 合分析，互相比較，以研究之，不能為功。而所與互相
> 比較者，又必須屬於同系中大同而小異之語言。蓋不如
> 此，則不獨不能確定，且常錯認其特性之所在，而成一

非驢非馬,穿鑿附會之混沌怪物。因同系之語言,必先假定其同出一源,以演繹遞變隔離分化之關係,乃各自成為大同而小異之言語。

故分析之,綜合之,於縱貫之方面,剖別其源流,於橫通之方面,比較其差異。由是言之,從事比較語言之學,必具一歷史觀念,而具有歷史觀念者,必不能認賊作父,自亂其宗統也。

蓋此種比較研究方法,必須具有歷史演變及系統異同之觀念,否則古今中外,人天龍鬼,無一不可取以相與比較。荷馬可比屈原,孔子可比歌德,穿鑿附會,怪誕百出,莫可追詰,更無所謂研究之可言矣。比較研究方法之義既如此,故今日中國必先將國文文法之「格義」[19]觀念,摧陷廓清,然後遵循藏緬等與漢語同系語言,比較研究之途徑進行,將來自可達到真正中國文法成立之日[20]。

---

19 「格義」一詞源出佛家翻譯佛經或演講佛法觀念時,假借外典即華夏原有經典裡的概念以為比附的方法。陳寅恪1933年發表〈支愍度學說考〉中有專章討論。參見《金明館叢稿初編》,頁159-187。更周延的論文見湯用彤於1948年在美國講學期間以英文寫成的〈論「格義」──最早一種融合印度佛教和中國思想的方法〉。《湯用彤全集》編者收入石峻的譯文,見全集第5卷。湯指「格義」等於概念的對等。是用原本中國的觀念對比(外來)佛教的觀念,讓弟子們以熟習的中國(固有的)觀念去達到充分理解(外來)印度的學說(的一種方法)。然此「於理多違」。「不可避免地會引起(思想上的)混亂和曲解。又,北魏曇靜偽造了一部《提謂波利經》以佛家五戒比附中國的「五常」,湯用彤以此「比配」的方法謂之「格義現象」。《湯用彤全集》(石家莊:河北人民出版社,2000年9月),第5卷,頁231-242。

20 陳寅恪,〈與劉叔雅論國文試題書〉,頁250-251。

陳寅恪此論是否「正確」固然有不同見解；然而，數十年來提到「對對子」風波的文章，多從「對對子」的上下對著眼，以及「孫行者」有誰對上了「胡適之」，視同「茶餘飯後」話題者多，卻少有論究命題背後的學理是否可行，以及「對對子」和中國語文特性究竟有無關聯[21]，更遑論如何通過藏緬語系的比較研究，發展出一套中國語文系統的文法研究了。

第三節　沒有對話的辯論

在此之前，陳寅恪為購買《大藏經》寫了一通家書，此即在

21　以周一良為例，在〈我所認識的陳寅恪〉文中，偏重考生中誰對出了孫行者，而墨西哥無人能對，而此又得之於當年考生趙夢蕤。《《柳如是別傳》與國學研究》，頁13。再如《傳記文學》第17卷第3期，勞榦〈憶陳寅恪先生〉文中有一段：「陳寅恪先生是風趣的。在清華大學考試國文，用對對子的方法是大家知道的，雖然毀譽參半，但想不失為一個新的試驗。其中答案如『孫行者』對『祖沖之』，『人比黃花瘦』對『情如碧海深』，寅恪先生也曾擊節歡賞。至於擬防空洞的對聯如『見機而作、入土為安』，運用成語到了妙語解頤的地步。」勞文引自《談陳寅恪》（臺北：傳記文學出版社，1978），頁41。其他如「南海聖人，再傳弟子；大清皇帝，少年同學」，嵌入清華大學校長羅家倫名字的「不通家法，科學玄學；語無倫次，中文西文。」等對聯更早在「對對子」風波前即已流傳。陳寅恪的再傳弟子梁羽生（陳文統，1924-2009），於1983年在香港《大公報》闢有「聯趣」專欄，後集結成書《名聯談趣》，增訂再版《名聯觀止》。開篇即談〈孫行者・胡適之〉，由於話題引人入勝，圍繞談了19篇之多。見梁羽生，《名聯觀止》（桂林：廣西師範大學出版社，2008），頁1-20。又，勞榦引「見機而作，入土為安」一聯的作者應另有其人。盧冀野在回憶文章中說：「我集兩句古語作為地下室的門聯，道：『見機而作，入土為安』。朋友們反笑我這樣的閒情逸致。」〈丁乙間四記・炮火中流亡記・「入土為安」〉，《盧前筆記雜鈔》（北京：中華書局，2006），頁254。

《學衡》雜誌上發表的〈與妹書〉。信中提到：

> 我今學藏文甚有興趣，因藏文與中文，係同一系文字。
> 如梵文之與希臘拉丁及英俄德法等之同屬一系。以此之
> 故，音韻訓詁上，大有發明。因藏文數千年已用梵音字
> 母拼寫，其變遷源流，較中文為明顯。如以西洋語言科
> 學之法，為中藏文比較之學，則成效當較乾嘉諸老，更
> 上一層[22]。

　　四年後，類似的話題又見諸陳寅恪的知友吳宓的日記上：「訪
陳寅恪，談東方語言統系。寅恪謂非通梵、藏等文，不能明中國
文字之源流音義，不能讀《爾雅》及《說文》云。」[23]

　　1931年，值清華二十周年紀念，陳寅恪在〈吾國學術現狀及
清華之職責〉一文中，即指：

> 今日與支那語同系諸語言，猶無精密之調查研究，故難
> 以測定國語之地位，及辨別其源流，治國語學者又多無
> 暇為歷史之探討，及方言之調查，論其現狀，似尚注重
> 宣傳方面。國文則全國大學所研究者，皆不求通解及剖
> 析吾民族所承受文化之內容，為一種人文主義之教育[24]。

22　陳寅恪，〈與妹書〉，《金明館叢稿二編》，頁355。
23　《吳宓日記》III，1927年11月14日，頁437。
24　陳寅恪，〈吾國學術之現狀及清華之職責〉，《清華大學二十週年紀念
　　特刊》（北京：清華大學，1931年5月），頁1。引見《金明館叢稿二編》，
　　頁362。又，1932年《史語所集刊》第1本第4分刊出陳寅恪〈西夏文佛
　　母大孔雀明王經夏梵藏漢合璧校釋序〉，首言：「治吾國語言之學，必

「對對子」是否可以列入人文主義的教育，陳寅恪沒有明言，至於文中提及「治國語的學者」應指當日推行白話文運動進一步要求推行國語的學者群，陳寅恪批評彼輩「似尚注重宣傳方面」一語，多少帶有不滿和批評之意。國文指涉的或係大學與研究所從事中國文史的教授群，未能從事人文主義的教育。從〈與妹書〉以及《吳宓日記》的描述可以推知，「對對子」試題的學理背景在陳寅恪而言，並非突發奇想，而是蘊藉在胸，其來有自矣，既是也非僅是「一種人文主義之教育」關懷而已；然陳寅恪就「對對子」考題帶出的論點，在論學的友朋中卻乏相關論題的接應者。除開命題的想法和學理思維外，陳寅恪最感寂寞的應是沒有因「對對子」的爭論，形成公共論壇的學術論題。

　　清華國文系主任劉文典(叔雅)是委託陳寅恪出題的當事人，沒有公開回覆陳的信。除了公開信外，陳寅恪8月17日還為此於致傅斯年函中有所表白，大要如下：

> 手示敬悉。清華對子問題乃弟最有深意之處。因考國文不能不考文法，而中國文法在緬藏語系比較研究未發展前，不能不就與中國語言特點最有關之對子以代替文法，蓋藉此可以知聲韻、平仄、語辭、單複詞(vocabulary)藏貧富，為國文程度測驗最簡之法。平仄譬諸英文accent，動、名詞之區別，英文亦必須通而後可考取，而國文豈遂可以不知乎？若馬眉叔(案，《馬氏文通》之作者馬建忠，1845-1900)之謬種尚在中國文法界有勢力，正須摧陷廓

(續)————————————————————
　　研究與吾國語言同系之他種語言，以資比較解釋，此不易之道也。」

清，代之以藏緬比較之學。中國對子與中國語之特點最
有關，蓋所謂文法者，即就其語言之特點歸納一通則之
謂，今印歐系格義式《馬氏文通》之文法，既不能用，
捨與中國語特點最有關之對子，而更用何最簡之法以測
驗學生國文文法乎？以　公當知此意，其餘之人，皆弟
所不屑與之言比較語言文法學者，故亦暫不談也。此說
甚長，弟擬清華開學時演說，其詞另載於報紙。總之，
今日之議論我者，皆癡人說夢，不學無術之徒，未曾夢
見世界上有藏緬比較文法學，及印歐系文法不能運用於
中國語言者，因彼等不知有此種語言統系存在，及西洋
文法亦有遺傳習慣不合於論理，非中國文法之所應取法
者也。弟意本欲藉此以說明此意於中國學界，使人略明
中國語言地位。將《馬氏文通》之謬說一掃，而改良中
學之課程。明年清華若仍由弟出試題，則不但仍出對子，
且祇出對子一種，蓋即以對子作國文文法測驗也[25]。

此信屬私信，加上陳、傅兩人本係多年知交，傅任史語所所長，
陳為歷史組主任，更有共事之誼。遣辭用字不必有若何顧忌，「馬
氏謬種」[26]和「謬說」即躍然紙上，亦可見陳寅恪為此甚有情緒。
且說明年若出題，「不但仍出對子，且祇出對子一種。」更是意

25　陳寅恪，《書信集》，頁42-43。
26　文學革命期間北大教授錢玄同（1887-1939）致陳獨秀信談極為佩服胡適
　　〈文學芻議〉，有：「選學妖孽，桐城謬種，見此又不知若何咒罵」云
　　云。《新青年》2.6（1918年1月15日）：13。陳寅恪取「謬種」比擬《馬
　　氏文通》，可視為針對文學革命而來。

氣用事。再就這封信的首句言「手示敬悉。」似傅斯年先有信詢
問此事。傅氏有否就此事回信，就現有可依據史料言，還無法徵
實；然而傅氏在其親撰的〈歷史語言研究所工作之旨趣〉一文中，
開宗明義即以歷史語言學比較研究為辭：

> 歷史學和語言學在歐洲都是很近才發達的。歷史學不是
> 著史，……歐洲近代的語言學在梵文的發見影響了兩種
> 古典語學以後才降生，正當十八、十九世紀之交。幾經
> 大家的手，印度日爾曼語系的語言學已經成了近代學問
> 最光榮的成就之一個，別個如賽米的系、芬匈系，也都
> 有相當的成就，即就印度支那語系也有意味的揣測。……
> 本來語言即是思想，一個民族的語言即是這一個民族精
> 神上的富有，所以語言學總是一個大題目，而直到現在
> 的語言學的成就也很能副這一個大題目。在歷史學和語
> 言學發達甚後的歐洲是如此，難道在這些學問發達的中
> 國，必須看著他荒廢，我們不能製造別人的原料，便是
> 自己的原料也讓別人製造嗎[27]？

依傅斯年1927年11月〈旨趣〉一文，傅還宣示：「要把歷史語言
學建設得和生物學地質學等同樣，乃是我們的同志。」[28]此時當
公開站出來為陳寅恪「同志」助陣，所以陳寅恪也才會說「以公

27　傅斯年此文原刊《國立中央研究院曆（歷）史語言研究所集刊》1.1（1928
　　年10月）：1。《傅斯年全集》（長沙：湖南教育出版社，2003），第3卷，
　　頁3-4。
28　同上，頁10，12。

當知此意，其餘之人，皆弟所不屑與之言比較語言文法學者，故亦暫不談也。」然而，傅氏身為「同志」終未見公開回應[29]。

單就歷史語言學的學術圈內論，其他如自稱「我是從《馬氏文通》讀通文法的」[30]學術名流胡適之、語言學者且親自下田野

---

29 傅斯年不予回應，應是避開難局，不僅陳傅兩人論學交情而已。傅斯年原是推行白話文的健將，認為駢文已不符合時代潮流，與新文學不相容：「中國本單音之語文，故獨有駢文之出產品。論其外觀，修飾華麗，精美絕倫。用為流連光景憑弔物情之具，未嘗無獨到之長也。然此種文章實難能而可貴，又不適用於社會。將來文學趨勢大邅，只有退居『歷史上藝術』之地位，等於鼎彝，供人好玩而已。且駢文有一大病根存，即導人偽言是也。模棱之詞，含糊之言，以駢文達之，恰充其量。……今新文學之偉大精神，即在篇篇有明確之思想……與駢文根本上不相容。」傅斯年，〈文學革新申義〉，《新青年》4.1(1918年1月15日)：68。引見《傅斯年全集》，第1卷，頁11。傅斯年非僅反對駢文，更主張直用西洋詞法。「要是想成獨到的白話文，超於說話的白話文，有創造精神的白話文，還要乞靈說話以外，再找出一宗高等憑藉物。這高等憑藉物是什麼？照我回答，就是直用西洋文的款式、文法、詞法、句法、章法、司枝(Figure of speech)……一切修詞學上的方法，造成一種趨於現代的國語，因而成就一種歐化國語的文學。」傅斯年，〈怎樣做白話文〉，《新潮》1.2(1919年2月1日)：178。引見《傅斯年全集》，第1卷，頁131-132。案，以上兩文係傅斯年未出國留學前發表的文章，當時即主張白話文反對駢文和採歐化語法。此時要傅斯年反過來支持陳寅恪的論點，會是一種兩難。

30 胡頌平編，《胡適之先生晚年談話錄》(臺北：聯經出版公司，1984)，頁61。又，有謂陳寅恪從對對子批評《馬氏文通》，作為今典應是嘲諷胡適之等人，而且是針對胡適有關文學革命所提出的不用典不講對仗等「八不主義」。見劉克敵，〈略論陳寅恪對新文化運動的態度與意見〉，《文藝理論研究》1997.6：76-77。案，胡適〈文學改良芻議〉主張，「吾以為今日而言，須從八事入手。一曰，須言之有物。二曰，不摹仿古人。三曰，須講求文法。四曰，不作無病之呻吟。五曰，務去爛調套語。六曰，不用典。七曰，不講對仗。八曰，不避俗字俗語。」此即「八不主義」。《新青年》2.5(1917年1月1日)：1-10。引見《胡適文集二‧胡適文存》(北京：北京大學出版部，1998)，頁6。另，胡適於1920年撰〈中學國文的教授〉，提到文法教學的用書，最好的要算是《馬氏文

調查方言的趙元任(1892-1982)[31]、李方桂(1902-1987)[32]和劉復(半農，1891-1934)[33]等立於第一線的學者，全都沒有就此公開表達意見，更談不上展開公共論壇式的學術討論。此外，以講授文法、語法學，並以漢史研究知名的學者楊樹達，早年即以《馬氏文通刊誤》起家，頗受陳寅恪推重，也未見出面呼應[34]。總之，就學

(續)————————————

通》。不過胡適認為，「《文通》有一些錯誤矛盾的地方，不可盲從；《文通》又太繁了，不合中學堂教本之用。但是《文通》究竟是一部空前的奇書，古文文法學的寶庫。教員應該把《文通》仔細研究一遍，懂得了，然後可以另編一部更有條理，更簡明易曉的文法書。」《新青年》8卷1號(1920年9月1日)。胡適也身體力行，第二年就寫了一篇以《馬氏文通》為參考底本的〈國語文法概論〉。《新青年》9卷3-4號(1921年7月1日，8月1日)。

31 案，趙元任當年2月赴美，繼梅貽琦(1889-1962)出任最後一任清華留美學生監督處主任職，次年11月始回到北平作客，可謂不在現場；不過趙元任夫婦與陳寅恪三代世交，在陳寅恪死後趙元任、楊步偉夫婦於〈憶寅恪〉一文中僅提到一小段涉及語言學的話題：「他常說著玩兒，說《說文解字》根本就應該稱為『咬文嚼字』。第二年到了清華，四個研究教授當中除了梁任公注意政治方面一點，其他如王靜安、寅恪、跟我都喜歡搞音韻訓詁之類的問題。寅恪總說你不把基本的材料弄清楚了，就急著要論微言大義，所得的結論還是不可靠的。」這篇回憶文章並未談到「對對子」，也無漢語文法。見《清華校友通訊》新32：12，另收入《談陳寅恪》(臺北：傳記文學出版社，1978年9月)，頁26-27。

32 李方桂在語言學上的貢獻和對漢語文法的看法，請見本章第五節。

33 劉復時任北京大學教授，且1917年夏即在北大文科教授文法概論，著有《中國文法通論》，這一年由上海北新書局出版。劉小惠，《父親劉半農》(上海：上海人民出版社，2000)，附錄二〈劉半農大事年表〉，頁155，167。

34 據楊樹達《積微翁回憶錄》(上海：上海古籍出版社，1986年11月)，他於1919年始撰《馬氏文通刊誤》，此年1月正巧由商務印書館出版。「對對子」風波發生時楊樹達任清華國文系教授，與陳寅恪先生為知交。或楊氏以「對對子」及歷史語言學的比較研究，本非其所關切的學術問題，而陳寅恪所論文法當循緬藏語系的比較方法，也非楊氏所長。案，王力即指楊氏《馬氏文通刊誤》「在校訂工作上做得很好。至於涉及語

術界而言，未見有何波瀾。

　　兩年後，1934年3月，陳寅恪收到沈兼士（1887-1947）寄送的論文〈右文說在訓詁學上之沿革及其推闡〉，回信說：

> 大約中國語言文字之學以後只有此一條路可走也。「右文」之學即西洋語根之學，但中國因有文字特異之點，較西洋尤複雜，西洋人蒼雅之學不能通，故其將來研究亦不能有完全滿意之結果可期；此事終不能不由中國人自辦，則無疑也。然語根之學實一比較語言之學。讀大著所列諸方法，必須再詳考與中國語言同系諸語言，如西藏、緬甸之類，則其推測之途徑及證據，更為完備。此事今日殊不易辦，但如德人西門（西門華德，Walter Simon, 1893-1981），據高本漢（1889-1978）字典，以考西藏語，便略有發明。西門中國學問至淺，而所以能有少少成績者，其人素治印歐比較語言學，故於推測語根分化之問題，較有經驗故耳[35]。

在信中，陳寅恪特別就語言比較之學立論，建議「大著所列諸方

法理論，楊氏就不一定比馬氏高明，而且以英語語法去糾正拉丁語語法也是牛頭不對馬嘴的。」《中國語言學史》（上海：復旦大學出版社，2006年3月），頁147。

35　陳寅恪，《書信集》，頁171-172。案，西門所從事的比較漢藏語研究的著作《漢藏語字詞比較研究》，在德國漢學界具有決定性典範作用。《論述古代漢語的詞尾輔音之重建》，則首次運用歷史語言學的輔助手段重新建立古代漢語的發音方法。見王祖望編著，《歐洲中國學・德國篇》（北京：社會科學文獻出版社，2005），頁464-465。

法，必須再詳考與中國語言同系諸語言，如西藏、緬甸之類，則
其推測之途徑及證據，更為完備。」可以拿來對照的是，當時較
陳寅恪年輕一代的語言學者李方桂、林語堂(1895-1976)等，均寫
有讀後感的回信，除肯定沈兼士的「右文說」外，兩人均甚樂見
「右文說」可以糾章太炎〈成均圖〉有關「音轉」論述之不足，
但皆不及於藏緬語系的比較研究[36]。

　　吳宓為陳寅恪知友，1935年交中華書局刊行之《吳宓詩集‧
空軒詩話》指民國8年即識陳寅恪，謂：

> 「合中西新舊各種學問而統而論之，吾必以寅恪為全中
> 國最博學之人。」今時閱十五、六載，行歷三洲，廣交當
> 世之士，吾仍堅持此言。其〈與劉文典教授論國文試題
> 書〉及近作〈四聲三問〉一文，似為治中國文學者所不
> 可不讀[37]。

雖然吳宓在《大公報‧文學副刊》和《學衡》都刊登了〈與劉叔
雅論國文試題書〉，惟「似不可不讀」，此一「似」用得很緊。
但就是此一回應更在「論戰」三年之後了[38]。

36　〈李方桂致沈兼士書〉、〈林語堂致沈兼士書〉，沈兼士著，葛信益、
　　啟功整理，《沈兼士學術論文集》（北京：中華書局，2004年5月），頁
　　176-180。案，沈兼士是章太炎的學生，李、林兩位針對章太炎立論，
　　不無爭取沈兼士之微意。

37　吳雨僧（宓），《空軒詩話》（臺北：鼎文書局據中華書局影印本，1979），
　　頁20。

38　案吳宓有寫日記的習慣，也經常造訪陳寅恪。在這段期間，吳宓沒有就
　　此一「論戰」有任何記載。

第四節　沒有真正的對話

　　1939年12月9日，李方桂在北京大學文科研究所（時在昆明）以「藏漢語系研究法」演講，提及文法和漢藏語系的研究，認為比較研究是歷史研究的變相，是求歷史上的關係，這和陳寅恪的提法有相通之處，但和傅斯年的史語所旨趣更見相通，其他討論多屬語言學裡的技術難題和障礙，以及相關研究何以落後印歐語系的背景，主張與其直接作漢藏語系的比較研究，不如先比較和漢語相近的暹羅語，或和藏語相近的緬甸語。既沒有提到「對對子」，也沒有提到《馬氏文通》通不通的問題，反而認為在比較研究之前，漢語詞類在文法上就是一個不容易處理的問題，這又和陳寅恪比較研究要在文法之前的論點大相逕庭[39]。

　　直到在二十幾年後，清華國學院老同事李濟（1896-1979）在臺灣發表一篇文章：〈關於在中國如何推進科學思想的幾個問題〉，在文章中這才不點名地提到「對對子」的爭論，至此始形成學術圈內的回應，不過李濟是從中國何以沒有發展出現代學術，亦即何以沒有發展出近代科學作為討論主軸，且此時已是兩岸懸隔。李濟說：

> 中國的兒童在發蒙時期，甚至發蒙以前，就要學對對子，是人所習知的；真是四海之內，各府、各縣、各鄉、

39　李方桂，〈藏漢系語言研究法〉，瘂弦編，《中國語言學論集》（臺北：幼獅文化，1977），頁132-147。

各鎮、各村，只要是有教化的地方，有讀書種子的地方，總可以看見白鬍子的祖父帶著三四歲的孫兒，學對對子。記得清華大學有一次招生的國文題目，只是要考生對幾副對子就可以完卷。這主義（意）出於一位國際知名的教授。他的理由，據傳說，是：中國語文，無所謂文法，只是講對仗而已；能對好對子，就會做好文章。這一議論曾引起教育界的廣泛的注意。是否有人駁過他，我不知道；我個人相信，這是一個不容易駁的命題；因為它不但是洞中窾要，同時也破了神祕的中國思想這個謎。由兩千年來中國的文學——自漢朝的詞賦到清末的八股——只是一連串的好對子，我們可以看出來，讀了書的中國人的思想，也只是一連串的對子思想。

對對子本身並不是什麼有害的事務；它可以啟發人不少的美感，增加人類（中國人）生活無窮的意趣。我常設想，並自問，對對子所得的快樂，與解決幾何習題所得的快樂，是否有什麼分別？它們在精神上的價值也許是完全相同的，但是由歐幾里得的幾何學訓練，就漸漸地發展了歐洲的科學；由司馬相如的詞賦的學習，就漸漸地發展了中國的八股。八股與科學真是人類文化一副絕妙的對聯。

中國教育制度的錯誤，是在把這一訓練，當著讀書人的畢生之業；它固然可以提高人生的情操，但是，不可免地，也壓低了學習人的理性。

中國人對於文字的態度，似乎只有一小半把它當作工具看待，一大半仍滯留在舊石器時代的人對於他們畫在洞

> 穴裡的壁畫所持的態度：把它們當符咒看待，以為文字
> 具有無限威靈，可以隨便降災賜福。過去的對聯，現代
> 的標語，都可以代表這一迷信。但這還是比較容易說明
> 的。更深一層的，我們過去，確認為文有載道之事。……
> 中國的格物致知之說，始終沒有離開書本子很遠[40]。

雖然切入點都是「對對子」，李濟順帶介紹了何謂「對對子」，以及傳統教育以「對對子」啟蒙的實況，甚至也說中了陳寅恪，確實可以在陳寅恪的文章裡找到一連串的「對對子」的思想；惟李濟的文章非但和陳寅恪的訴求不同，且有誤解之處。如中國語文，只講究對仗，無所謂文法云云。陳寅恪想要就此展開中國語文文法以及歷史語言學的研究方法和取徑方向的討論；李濟著眼點則在中國何以沒有發展出現代科學，而拿「對對子」的思維對比歐幾里得的幾何學，評論前者發展出的是科舉所要求的八股文，後者發展出的卻是現代科學。李濟這篇文章原在回應李約瑟（Joseph Needham, 1900-1995）《中國科技史》提出的疑問，即中國何以沒有科學革命，何以沒有現代科學。只是李濟簡化了，也誤解了陳寅恪之於「對對子」的背景思維，並據以放大為：這就是中國文化之於科學所以和西方有不同發展路向的緣由，且逕直以為單從興趣面觀察即可高下立判，不無借題發揮之嫌。就陳寅恪的立論而言，李濟論證的陷阱還不是簡化和誤解，而在沒有準確掌握陳寅恪的命題，而是人云亦云，比類失倫。李約瑟的命題「中國何以未發展出近代科學，即何以沒有出現近代的科學革命？」

40　《自由中國》雜誌，9.9(1953年11月1日)：271-272。

此一命題是否成立，非本文主題，惟學界陸續有科技史學者提出反駁[41]，至於李濟的評論和答案，當然就離實際更遠了。

　　李濟固非陳寅恪的知音，至於陳寅恪拿辯證法正反合的概念據以為對對子可分為上中下三等的譬喻，最上等者可得諸想像且具言外之意[42]，則更少有知者。陳寅恪說，趙翼(1727-1814)《甌北詩話》舉吳梅村「南內方看起桂宮，北兵早報臨瓜步」為例，盛稱吳梅村的歌行對句之妙，皆合上等對子之條件；但陳寅恪轉而嘆息趙翼能略窺其意，而不能暢言其理[43]。此時放眼四海似更無解人。

41　美籍科學史家席文（Nathan Sivin）指中國在18世紀曾有一場天文及曆法的科學革命，而李約瑟的命題犯了「隨意假設」和「含混不清」的謬誤。請參閱席文撰、劉龍光譯、張黎補譯，〈為什麼科學革命沒有在中國發生——是否沒有發生？〉，劉鈍、王揚宗編，《中國科學與科學革命：李約瑟難題及其相關問題研究論著選》（瀋陽：遼寧出版社，2002年4月），頁499-515。韓籍科學史學者金永植指出，這個問題真正讓人不能無疑的是它的答案，他們都傾向於西歐科學發展中具有意義的因素，而未顧及科學在中國社會文化體系中的地位，忽略了思想因素。中國科學史應該與中國思想史結合在一起，新儒家（理學家）是一個特別切題的題材，因為新儒學是士人思想、價值系統的主導模式。不過到目前為此，中國科學史的研究和新儒學研究還沒有交集。金永植著，王道還譯，〈中國傳統文化中的自然知識——中國科學史研究的一些問題〉，《史學評論》9(1985年1月)：59-91。

42　陳寅恪指：「凡上等之對子，必具正反合之三階段。對一對子，其詞類聲調皆不適當，則為不對，是為下等，不及格。即使詞類聲調皆合，而思想重複，如《燕山外史》中之『斯為美矣，豈不妙哉！』之句，舊日稱為合掌對者，亦為下等，不及格。因其有正，而無反也。若詞類聲調皆適當，即有正又有反，是為中等，可及格。……若正及反前後二階段之詞類聲調，不但能相當對，而且所表現之意義，復能互相貫通，因得綜合組織，別產生一新意義。此新意義，雖不似前之正及反二階段之意義，顯著於字句之上，但確可以想像而得之，所謂言外之意是也。此類對子，既能具備第三階段之合，即對子中最上等者。」陳寅恪，〈與劉叔雅論國文試題書〉，頁255。

43　陳寅恪，〈與劉叔雅論國文試題書〉，頁255。又，褚孝泉引俄羅斯語

　　國文試題考「對對子」，以及為答辯「對對子」爭議所寫的〈與劉叔雅論國文試題書〉並非陳寅恪即興之作，而是有備而來。1965年3月，陳寅恪將此文收入《金明館叢稿二編》時，還特別寫了一篇「附記」：

　　三十餘年前，叔雅先生任清華大學國文系主任。一日過寅恪曰，大學入學試甚近，請代擬試題。時寅恪已定次日赴北戴河休養，遂匆匆草就普通國文試題，題為「夢遊清華園記」。蓋曾遊清華園者，可以寫實，未遊清華園者，可以想像。此即趙彥衛《雲麓漫鈔》玖所謂，行卷可以觀史才詩筆議論之意。若應試者不被錄取，則成一遊園驚夢也。一笑！其對子之題為「孫行者」，因蘇東坡詩有「前生恐是盧行者，後學過呼韓退之。」一聯。「韓盧」為犬名，「行」與「退」皆步履進退之動詞，「者」與「之」俱為虛字。東坡此聯可稱極中國對仗文學之能事。抑更有可言者，寅恪所以以「孫行者」為對

（續）────────────────────────────

言學大家雅可布遜（或譯雅柯布森、雅克慎，Roman Jakobson, 1896-1982）在1950年代末發表的論文〈結束語：語言學與詩學〉，指在詩中的各單位都和其他的單位形成平衡或者對照的關係，而且這些關係可能在語音、語法，或語意等層次上發生。詩的技巧和內涵因之變得繁複。且可使說者與接收者均得以進入可溝通的情境。當我們將與己有意義性互動過的事物記錄為符號後，所謂的象徵（symbol）即在雙方的詮釋之中。律詩的平仄亦然，且可產生陳寅恪所說的言外之意。褚孝泉認為陳寅恪以「對對子」測試考生，在這似乎是諧趣的小玩笑後面，是其鄭重思考的，也是檢驗國文程度最好的辦法。褚孝泉指陳寅恪的觀點早於雅可布遜，而雅可布遜在西方人文學界及思想界已產生巨大影響，可惜陳寅恪當年未能就此發揮。褚孝泉，〈從陳寅恪與劉雅叔論國文試題書談起〉，《二十一世紀》34（1996年4月）：145-149。

子題者，實欲應試者以「胡適之」對「孫行者」。蓋猢
猻乃猿猴，而「行者」與「適之」意義音韻皆可相對，
此不過一時故作狡獪耳。又正反合之說，當時惟馮友蘭
君一人能通解者。蓋馮君熟研西洋哲學，復新遊蘇聯返
國（其實是1957年7月底至8月初，七年多前的事）故也[44]。

陳寅恪所以會寫這篇附記，未必知曉人在臺灣的李濟曾發表文章
嘲弄「對對子」。其所顯示者，陳寅恪仍停留在「對對子」的話
題裡未能忘懷。此時宣稱試題中有「孫行者」，實欲考生以「胡
適之」應答（陳寅恪欲考生以「胡適之」應答，別有緣由，見下文第六
節）。然而深一層看，1965年5月已屆文化大革命前夜，在大陸廣
面動員文史學者奮力批胡的餘波中[45]，陳寅恪從犬名「韓盧」連
繫上「猢猻」，從「孫行者」，對應上「胡適之」，無異以猢猻
擬胡適之，就表面文章論，這當然是「文人狡獪」，亦可謂之「政
治正確」。雖然在出題當時不無促狹之意；但也可以看出陳寅恪
顯然有意拿韓愈和胡適並列，正意味中共愈批胡，等同反面推崇
胡適文章亦具「文起八代之衰」的作用，正符陳寅恪「相反相成」

44　陳寅恪，〈與劉叔雅論國文試題書〉，頁256-257。

45　1949年10月1日中共在北京建立政權，批胡運動即同時發動，胡適的兒
子胡思杜(1921-1957)寫公開信和父親畫清界線，不僅是陳垣、顧頡剛
和沈尹默等門生故舊而已。1954至55年，批胡運動擴大升溫，紅學專家
俞平伯因其紅樓夢研究思維來自胡適遭到批判，由郭沫若帶頭成立了
「胡適思想調查委員會」，這當然連帶地反蔣、反美。1962年2月胡適
辭世。1966年5月16日揭開了文革序幕。姚文元(1931-2005)撰文批判吳
晗(1909-1969)的《海瑞罷官》劇。此前4月13日，此後6月3日，《人民
日報》先後發表了史紹賓〈吳晗與胡適〉、〈吳晗投靠胡適的鐵證〉兩
篇文章。陳寅恪此時以「附記」提到胡適，當然很敏感。

的辯證發展。而當年陳寅恪就考生卷子中對得比較好的,首舉「王引之」,「胡適之」不過是五個標準答案中的一個,可見這中間當有意味深長的寓示。此外,陳寅恪在此還開了馮友蘭一個大玩笑,即稱當時只有馮懂正反合辯證法,蓋在大陸知識分子不是「百花齊放」就是「萬馬齊瘖」的日子裡,晚年的馮友蘭自承中共在北京建立政權後即曾寫信給毛澤東表態,聲言決心改造思想[46],則此時豈敢承受專美通解「辯證法」之名[47]。而此亦反襯陳寅恪於「對對子」和漢語語法的論述,長久以來無法釋懷的寂寥,但漢藏語系的比較研究和漢語文法的關聯卻未見再提。

第五節　《馬氏文通》與走向格義式的中國文法

惟就中國語文文法專業後來的發展實況觀察,並未應驗陳寅

---

46 馮友蘭,《三松堂自序》,頁160。

47 余英時說:「三十年代中國的黑格爾專家之中,馮友蘭的名字是連邊也沾不上的,以寅恪先生平日立言之慎,他似乎不應該隨便說這樣的外行話,所以他這裡是指馮氏在中共當權後的表現而言的。」余英時,〈古典與今典之間〉,《陳寅恪晚年詩文釋證》,頁173。但是馮友蘭的成名作《中國哲學史》在序言中有言:「吾亦非海格爾派(黑格爾)之哲學家;但此哲學史對於中國古代史所持之觀點,若與他觀點聯合觀之,則頗可為海格爾歷史哲學之一例證。海格爾謂歷史進化常經『正』『反』『合』三階級。前人對於古代事物之傳統的說法,『正』也。近人指出前人說法多為『查無實據,』此『反』也。若謂前人說法雖多為『查無實據,』要亦多『事出有因;』此『合』也。」又曰:「胡適之先生以為書中之主要觀點係正統派的,……吾正統派之觀點,乃海格爾所說之『合』,而非其所說之『正』也。」分見馮友蘭《中國哲學史》的〈自序一〉及〈自序二〉。馮友蘭,《中國哲學史》(上海:商務印書館,1947年《民國叢書》影印本),〈自序一〉,頁1;〈自序二〉,頁1。看來陳寅恪在此立言似無不慎,也非說「外行話」。

恪對《馬氏文通》不通的質疑，即中國文法宜循緬藏語系的比較
研究為之；反而是循著《馬氏文通》的路數一路走來。

　　陳寅恪評說：「往日法人取吾國語文約略摹仿印歐語之規
律，編為漢文典，以便歐人習讀。馬眉叔（建忠）效之，遂有《文
通》之作，於是中國號稱始有文法。」不過陳寅恪認為：

> 夫印歐系語文之規律，未嘗不間有可供中國之文法作參
> 考及採用者。如梵語文典中，語根之說是也。今於印歐
> 系之語言中，將其規則之屬於世界語言公律者，除去不
> 論。其他屬於某種語文特性者，若亦同視為天經地義，
> 金科玉律，按條逐句，一一施諸不同系之漢文，有不合
> 者，即指為不通。嗚呼！文通，何其不通如是耶？[48]

《馬氏文通》果然不通？趙元任在清華國學院的學生，後留學法
國的語言學者王力（1900-1986），對《馬氏文通》的觀點歷經三段
不同說法，先是認為馬建忠從拉丁文法的比較上研究中國文法，
「就不算一個最好的方法。」意味中文文法仍有取法乎上的空
間[49]，漸變為肯定《馬氏文通》的開創之功。例如1936年王力發
表〈中國文法學初探〉[50]，基本肯定陳寅恪的比較方法，即要在
漢藏語系裡比較，但認為有現實上的困難。「如果我們要從語言
比較上尋求中國的文法，與其拿印歐語系來比較，不如拿支那（又

48　陳寅恪，〈與劉叔雅論國文試題書〉，《金明館叢稿二編》，頁252。

49　王力，〈中國文法學初探〉，《清華學報》11.1（1936）：22。

50　王力自稱此文決定了他從事學術研究的方向。齊家瑩，《清華人文學科
　　年譜》（北京：清華大學出版社，1999），頁175-176。

稱漢藏或藏緬)語系來比較。但是,支那語系各族語的文法都是尚
待研究的,我們在沒有確知甲族語的文法系統以前,就沒法子拿
它的文法與乙族語的文法相比較。……支那語系的文法比較既有
困難,我們似乎不妨更求其次,拿印歐語系的文法與中國文法相
比較。」[51]

22年後,王力發表《漢語史稿》:

> 在漢語史的研究中應用歷史比較法,就是對漢藏語系諸
> 語言作比較研究,那樣做是大大有利於上古漢語研究
> 的,例如我們瞭解了現代漢藏語系中和漢語關係比較密
> 切的諸語都有複合母音的存在,就可以證明瑞典語言學
> 家高本漢所擬測的漢語上古語音系統中沒有複合母音
> 是沒有任何科學根據的。關於上古漢語的形態學問題,
> 也要等待漢藏語系的比較研究,有了滿意的結果之後,
> 才能得到完滿的解決[52]。

雖然觀點和過去基本一致,只是由文法改成了漢語史研究或漢語
形態學,把範圍擴大了,並期待漢藏語系的比較研究,能有一滿
意的結果。

等到1962年王力發表《中國語言學史》,情況有了改變。王
力說,中國語言學曾經受過兩次外來的影響,「第一次是印度的
影響,第二次是西洋的影響。」[53]而《馬氏文通》的問世,不僅

---

51 王力,〈中國文法學初探〉,頁23-25。
52 王力,《漢語史稿》(北京:中華書局,2005年8月),頁22。
53 印度的影響,可參見陳寅恪的〈四聲三問〉,僅「中國文士依據及摹擬

是中國因此「號稱」始有文法，而是：「中國真正的語法書，要算《馬氏文通》為第一部。」[54] 此和陳寅恪說「《文通》之作，於是中國『號稱』始有文法。」僅有「要算」或「號稱」的差異。但王力沒有提及「通」或「不通」的問題。

　　王力說：「十九世紀末期，歐洲語言學已經很發達了，但馬建忠似乎並沒有學過語言學，他所著的《馬氏文通》只是受了西洋「葛郎瑪」(grammar)的影響。」

> 後代的人們常說《馬氏文通》是硬套西洋語法的。但是我們應該深入研究《文通》的內容，然後作出正確的判斷。本來，在語法學的初期，以西洋語法作為模特兒，來研究語法，是不可避免的事。我們要注意的是：在當時的歷史條件下，馬建忠的著作算是傑出的，且馬氏在著作中有許多獨到之處。《馬氏文通》可以說是富於創造性的一部語法書。他開創中國語法學的功勞是很大的，正所謂「不廢江河萬古流」。照搬西洋語法的地方固然也不少，但不能因此抹殺此書的價值。
>
> 有許多人都批評他照抄西洋語法，這其實是沒有細讀他的書；……馬氏在理論上也有一些缺點，其中最重要的是缺乏歷史主義觀點。他在序文中把語法看成是「有一

<hr />

（續）

　　當日轉讀佛經之聲，分別定為平上去三聲。合入聲共計之，適成四聲。」即為全面性的影響。〈四聲三問〉，《金明館叢稿初編》，頁368。西洋的影響主要應指《馬氏文通》，以及大量西方文化的傳入和翻譯的影響。
54　王力，《中國語言學史》，頁142-143。

成之律貫乎其中，歷千古而無或少變。」[55]

　　王力在《中國語言學史》中所持的說法頗具針對性，雖然王力在其著作中從來沒有直接提到他就讀國學研究院時的導師陳寅恪，繞過了陳寅恪當初堅決不讓的觀點，即中國語法或文法的研究路徑應從藏緬語系的比較研究著手。王力在其〈中國文法學初探〉和《漢語史稿》中提到：「著手漢藏語系的比較研究不失為一個研究方向或路徑」，對陳寅恪的提法可謂局部接受與尊重。唯《中國語言學史》最晚出，以「後出轉精」論，《中國語言學史》的觀點理應優於〈中國文法學初探〉和《漢語史稿》。王力對《馬氏文通》的「格義」式文法，在《中國語言學史》中還是高度肯定，且認為批評者多數「沒有細讀他的書。」且願意給予《馬氏文通》「不廢江河萬古流」的評價，當非虛譽而已。這些觀點距陳寅恪發願要「摧陷廓清」馬氏「謬說」，其距離可謂更不可以道里計。

　　10年後，1972年7月，李方桂的學生，在文言語法上發表有專著的周法高(1915-1994)在南港史語所發表〈漢語研究的方向——語法學的發展〉，提及比較的語法(comparative grammar)研究和對照的(contrastive)研究。就周法高的定義，比較的語法研究通常只限於兩個或兩個以上有同源關係的方言或語言——或是他們的來源是同一個來源。對照則是拿中文跟英文對比，這樣比了以後，中國人學英文就比較容易；美國人學中文也比較容易。未來漢語

55　王力，《中國語言學史》，頁143-144。

語法研究的方向，周法高舉了對照的研究，不及比較的研究[56]。由於周法高出身史語所，自稱盡讀陳寅恪已刊行的著作，論學追步陳寅恪如同：「孔步亦步，孔趨亦趨」，而陳寅恪晚年撰《柳如是別傳》，周法高也撰有〈讀柳如是事考〉，若周法高所言不虛，對陳寅恪不但不會陌生，且應相當熟悉陳寅恪的學術取徑和主張[57]。周氏或不同意陳寅恪的觀點，或不願直接評述。

　　1986年，大陸語言學者呂叔湘（1904-1998）與王海棻為《馬氏文通》寫過一篇導論——〈《馬氏文通》評述〉，即以「批評過甚其辭」形容《馬氏文通》問世後的遭遇[58]。呂叔湘與王海棻還為《馬氏文通》有無陳寅恪和王力眼中的「歷史觀念」提出辯護：

56　周法高，〈漢語研究的方向——語法學的發展〉，《論中國語言學》（香港：中文大學出版社，1980），頁46。

57　周法高自稱：「余於寅恪先生，雖所學不同，然受其影響則至深且鉅。其著作已刊行者，得盡讀之。先生有『四聲三問』，余則有『說平仄』，先生精研華梵對音，余則有『切韻魚虞之音讀及其流變』……；先生有『讀哀江南賦』，余則有『顏之推觀我生賦與庾信哀江南賦之比較』；……可謂『夫子步之步，趨亦趨矣』。尤有進者，先生箋證元白詩，余則箋證錢（牧齋）吳（梅村）詩；先生精研南北朝史事，余則有『顏氏家訓彙註』；所謂『師其意不師其辭』者也。」周法高，〈讀陳寅恪先生編年事輯〉，《大陸雜誌》65.4：268。

58　呂叔湘和王海棻說：「《馬氏文通》被批評得最利（屬）害的莫過於它的模仿西方語法。馬氏自己在他的〈後序〉裡說：『則常探討畫革旁行諸國語言之源流，若希臘若拉丁之文詞而屬比之，見其字別種……皆有一定不易之律，而因以律吾經籍子史諸書，其大綱蓋無不同。』又說：『斯書也，因西文已有之規矩，於經籍中求其所同所不同者，曲徵繁引以確知華文義例之所在。』而在他的實踐中又確有牽強附會之處，於是招來了無休止的批評。其實正如他在上面引文中所說，他不僅『求其所同』，同時也『求其所不同』。在這方面，大家只注意到他在因襲西方的八個詞類之外增加了一助字，是『華文所獨』。卻很少人注意到他還在好些別的地方指出『華文所獨』。……誰說馬建忠只知道仿造西洋的葛郎瑪（grammar）的？」《馬氏文通讀本》（上海：上海教育出版社，1986），頁462。

《馬氏文通》常常挨批評的另一件事是說他缺少歷史觀念，不但是把周秦兩漢文章等量齊觀，而且連韓愈也拉扯進去，可是從班固到韓愈之間一家也不取。這個話基本上是對的，但是也不全對。例如他說：「愚考先秦諸書，「為」「所」二字連用以成受動者，實鮮見也。……案《論語》之以「斯」字解作「則」字者，猶《史記》之用「即」字也，可以覘時代之別。」……「『甫』記時，不見於周秦之書，至後世始用。」……「此種句法，《國策》以下不習見焉。」不能不承認作者是有一定的歷史觀念的[59]。

和王力一樣，呂叔湘與王海棻沒有拿陳寅恪對號入座，但針對性是有的。就王力和呂叔湘對《馬氏文通》的推崇，可以很清楚，漢語語法或說中國語文文法的發展，已經走了另一條路。

2000年，北京中國社會科學院、北京大學中文系、北京外國語大學外國語言研究所為紀念中國語法學先驅馬建忠逝世百年，舉辦了中國語言學史研討會。會中發表多篇文章回顧《馬氏文通》的影響，雖認為猶有未備和不足之處，但就《馬氏文通》開出的發展方向和領域而言，仍多持肯定態度，但會中就是沒有人談到陳寅恪對中國語文文法研究方向的質疑，更談不上沿著陳氏質疑的話題，認為宜先開拓藏緬語系的比較研究，始可談中國語文文法[60]。

59　呂叔湘，〈《馬氏文通》述評〉，《呂叔湘文集》（北京：商務印書館，2004），第3卷，頁462-464。

60　請參考《首屆中國語言學史研討會文集——《馬氏文通》與中國語言學

　　綜觀這些語言學者的觀點，陳寅恪雖已不及見此一現實，唯漢語文法確實走了另一條「格義」之路。此一現實究係中國語文文法的建立，已可繞開藏緬語系的研究，抑或後來學者無法到達陳寅恪的思想高度和學力，因此放棄了此一方向[61]？正如文法學者何容在其《中國文法論》中總結：「中國文法書，差不多都是依照歐洲文法的例，把詞分成八類，再加一類歐洲語言裏所沒有

　　史》（北京：外國語教學與研究出版社，2003）。在此文集中，語言學者林玉山指出《馬氏文通》的出版，從此中國有了語法學。「《文通》系統全面地論述了古漢語語法，一個完整的語法體系。它第一次確立了漢語的同類體系，提出了詞類劃分的標準，確定了漢語的詞類，它還論述了各種句法的結構，並設立了詞（句子成分）、次（詞組成分）、頓、讀、句等名目。此外，對各種語法現象及個別詞類也都進行了細緻的描寫。《文通》開創之功不可抹煞，但它不可避免地存在著模仿外國文法的毛病，之後又出現了一批模仿的語法著作。這就引發了1938-1943年的『文法革新討論』。開闊了語法研究的視野，開始改變採用西方語法間架來建立漢語語法學的傳統習慣，開始展現運用西方語言理論來獨立地研究漢語語法學的革新氣象，為如何根據漢語特點建立科學的漢語語法體系做了有益的探索。」上引書，頁293-294。集中另一位北大中文系學者李娟以中西比較觀點寫的論文——〈《馬氏文通》與中西語言研究傳統的關聯〉，仍然強調《文通》的開創性成就，影響所及還不僅止於漢語研究，而是帶來了把握漢語的新視角，開闢了新的研究領域，改變了中國傳統漢語研究的整個格局。此後，它所開闢的領域成為中國漢語研究的主體。雖然後人對《文通》的缺陷有許多評議，但後人所走的研究道路在很大程度上卻與《文通》相一致。上引書，頁48。

61　案，嚴耕望即有類似的看法，認為陳寅恪的史學不可學。以考證之術而言，嚴耕望指有述證、辨證兩類別。「寅恪先生的歷史考證側重後者，往往分析入微，證成新解，故其史勝處往往光輝燦然，令人嘆不可及，但亦往往不免有過分強調別解之病，學者只當取其意境，不可一意追慕仿學。」請參閱第三章第四節。嚴耕望，《治史答問・史學二陳》（臺北：臺灣商務印書館，1985年6月），頁86。另，嚴耕望，《怎樣學歷史——嚴耕望的治史三書》（瀋陽：遼寧教育出版社，2006年1月），頁195-196。

的『助詞』，而成為九類。」[62]此一助詞即是馬氏的創獲，其餘則是馬氏從西方借來的。漢語文法依然還是在《馬氏文通》的籠罩之下。

陳寅恪當年為此曾說過：

> 此義當質證於他年中國語文文學特性之研究發展以後。今日言之，徒遭流俗之譏笑。然彼等既昧於世界學術之現狀，復不識漢族語文之特性，挾其十九世紀下半「格義」之學，以相非難，正可譬如白髮盈顛之上陽宮女，自矜其天寶末年之時世裝束，而不知天地間別有元和新樣者在。亦祇得任彼等是其所是，而非其所非。吾輩固不必，且無必要與之校量也[63]。

於今視之，陳寅恪理想中的文法比較研究並未出現，格義式文法歷經後人修補，卻走出了另一條「大道」。

前面提到李濟回應陳寅恪是離題發言，惟值得省思的是：出身史語所的語言學者李方桂在其晚年的口述史《東西方語言學：美洲印第安語，漢藏語和傣語》一書的第五章〈對歷史比較語言學的主導原則和方法論的討論〉，有一段專就藏語和漢語的淵源談語法研究：

> 人們一般認為藏語與漢語有淵源關係，但它在語法上更

62　何容，《中國文法論》（臺北：臺灣開明書店，1954），頁39。
63　陳寅恪，〈與劉叔雅論國文試題書〉，頁256。

接近滿語。滿語看來也極像蒙語。蒙語更像土耳其語及
其同族語言。所以，我並不熱衷於想方設法把這種語言與
那種語言聯繫起來。我只想知道這門語言的面貌如何；是
否把它與別的語言聯繫起來，那是最次要的問題[64]。

李方桂有「非漢語語言學之父」之稱，是一純語言學者，長於南
島語系有系統的比較研究，也是藏語以及古藏語及文獻的專家，
但當李方桂說出「那是『最次要』的問題」時，已明示這半個世
紀以來，語言學者何以沒有走出陳寅恪所期待的研究路向[65]。

　　在紀念馬建忠逝世百年之前兩年，中研院史語所為成立70周
年在臺北召開了一場「邁向新學術之路：學術史與方法學的省思」
研討會。會中語言學者梅祖麟（1933-　）就歷史語言學的發展講了

64　李方桂口述，王啟龍、鄧小詠譯，李林德校訂，《李方桂先生口述史》
　　（北京：清華大學出版社，2003），頁108。此段譯文原名〈李方桂先生
　　談語言研究〉，《中央民族大學學報》1994.6：89。原審訂者為馬學良。
65　李方桂有一段話講得很明白：「這的確是我最先研究美洲印地安語時所
　　採用的方法，這種方法叫古印歐語比較法。後來情況變化了，多多少少
　　不再那麼重視歷史比較法了。」李方桂，《李方桂先生口述史》，頁103。
　　又，李方桂1951年發表有〈漢藏系語言研究法〉，《國學季刊》7：165-175；
　　或《中華文化復興月刊》7.8：12-16。李方桂生前最後一部著作為與W.
　　South Colin合編的《古代西藏碑文研究》（*A Study of the Old Tibetan
　　Inscriptions*）。又，近現代西方語言學史的發展主流，請參考語言學者
　　王士元（1933-　）的〈索緒爾與雅柯布森：現代語言學歷史略談〉，可以
　　推想陳寅恪未能趕上主流的典範轉移。此文收入劉翠溶主編，《四分溪
　　論學集：慶祝李遠哲先生七十壽辰》（臺北：允晨文化公司，2006），下
　　冊，頁669-686。還可以參考何大安（1948-　）的〈從中國學術傳統論漢
　　語方言研究的過去、現在與未來〉。何大安在結論中說：「一位偉大的
　　音韻學家，當習慣了某一種看問題的方式之後，對一些明顯的語言事
　　實，也會有視而不見，聽而不聞的時候。」此文收入《中央研究院歷史
　　語言研究所集刊》63.4（1993年9月）：713-731。引文見頁724。

幾段話,值得引述:

> 西歐十九世紀興起的歷史語言學,基本信念是語音演變
> 的規律性,也就是「語音演變沒有例外。」如果有例外
> 一定是因為另外有一套規律。按照這條原理,有親屬關
> 係的一系列語言或方言,它們之間共同詞彙的聲韻會有
> 一套對當關係。比較研究的目的就是要尋求這種對當關
> 係,以便建立這一系列語言的親屬樹(family tree),並擬
> 測祖語(proto-language)的音系和詞彙。……對傅斯年、
> 陳寅恪、趙元任、李方桂這幾位史語所的創始人來說,
> 這就是科學的歷史語言學[66]。

梅氏在講話中提到了聲韻和字彙,沒有提到語法或文法。和陳寅恪不同者,梅氏強調普遍性,陳氏則偏重歷史的特殊性。梅氏另提到了歷史學對語言學的貢獻,兩者具相輔相成的關係,並對陳寅恪於1948年發表的〈從史實論切韻〉一文給予高度評價。梅氏舉《切韻》研究來說:

> 高本漢的中古音雖然是詮釋《切韻》的音系,但《切韻》
> 到底是反映哪個時代的哪種方言,這個問題在六十年代
> 以前一直沒有弄清楚。四五十年代最流行的說法認為陸
> 法言《切韻》代表西元七世紀初的長安方言。馬伯樂

---

66 梅祖麟,〈中國語言學的傳統和創新〉,《學術史與方法學的省思——
中央研究院歷史語言研究所七十周年研討會論文集》(臺北:中央研究
院歷史語言研究所,2000年12月),頁481-482。

(Henri Maspéro, 1883-1945)〈唐代長安方言〉就說，「現存最早關於長安方言的文獻是陸法言《切韻》。」高本漢也說：「中古漢語是指《切韻》所規劃的公元六○○年的語言，基本上是陝西長安的方言，在唐代它成為全國各大城市裡文士的標準語。」

陳寅恪先生的〈從史實論切韻〉徹底地批評了《切韻》代表長安方言之說。他指出(一)按《切韻》序，陸法言論《切韻》是根據開皇初劉臻、顏之推(531-595？)等八人論難的決定。這八個人裡面，劉臻、顏之推、蕭該是南人，幼年住在金陵，其他五位是北人，四位生長在鄴城，另一位盧思道十五歲時到鄴下。這八位中沒有一位世居關中，而他們都是中年以後才到長安的。(二)陸法言論撰《切韻》所用的主要材料，完全沒有關中人的著作。因此，(甲)《切韻》不可能代表七世紀的長安方言，(乙)也不可能代表「當時某一地行用之方言」[67]。

梅氏以第二代的語言學者回顧當年，並沒有漠視陳寅恪對語言學的貢獻及其開創之功，惟陳寅恪期待藉由比較研究漢藏語系俾便建立漢語語法或文法，梅氏顯然無意處理[68]。

　　還有一個答案，應是陳寅恪早年任教清華研究院的老同事趙元任在1965年正式打印完稿的《中國話的文法》英文本。此書1968年由加州大學出版社正式出版。1979年由呂叔湘譯成中文改名

67　梅祖麟，〈中國語言學的傳統和創新〉，頁489-490。
68　梅祖麟在文中自承沒有處理漢語語法史的發展。氏著，〈中國語言學的傳統和創新〉，頁491。

《漢語口語語法》。1980年丁邦新的譯本改回原名《中國話的文法》，由香港中文大學出版。《中國大百科》對此書的評價是：

> 這是一部方法謹嚴、系統分明的大書，有很多創先勝意。這部著作以直接成分分析法作為研究語言的主要方法，顯然受了結構主義語言學的影響，可是作者持論通達，從來不拿事實遷就理論。……總之，無論從立論的深度說，還是從影響的廣泛說，《中國話的文法》都是最重要的漢語語法著作之一[69]。

這說明趙元任的文法書，主要是用成分分析法，且受結構主義語言學的影響，顯然沒有走陳寅恪所開出的路向。趙元任在此書的〈序〉中說：「我也要向別的研究這個問題的作者致謝，從馬建忠起，……。」[70]有《馬氏文通》的作者，卻沒有陳寅恪。

楊聯陞評述此書說：

> 趙先生《中國話的文法》，方法謹嚴，材料豐富，議論明通。依我看，這本權威著作，至少要管五十年。等到下一世紀，語言學再有進步，文法再有變化，也許會再出一位趙先生來另寫一本文法，不過，就是到了那個時

---

69 中國大百科全書編輯委員會語言文字編輯委員會編，《中國大百科全書‧語言文字》（北京、上海：中國大百科全書出版社，1994），趙元任條，頁515。另見趙新那、黃培雲，《趙元任年譜》（北京：商務印書館，1998），頁448，436-437。

70 趙元任著，丁邦新譯，《中國話的文法‧序》，頁2。

候，恐怕還得用這本書作參考[71]。

依楊聯陞的說法，開出中文文法研究路向的是趙元任，沒有楊聯
陞的業師陳寅恪。

第六節　「孫行者」和「三白」考題及胡適與義寧父子
──「對對子」的另一種觀察

　　當年陳寅恪以對對子入題即被視為「奇」，何炳棣回憶1939
年庚款考試放榜後：「陳鑿面容戚戚，對我說：『炳棣，對不起，
今天要你破費請我吃晚飯，讓我喝幾杯悶酒，因中英庚款考試揭
曉，我沒有考取。』隨即告我中國通史命題之『奇』為其致敗主
因。命題者事後知道是陳寅恪師。通史三題為(措辭不失原意義)：
一、評估近人對中國上古史研究之成績；二、評估近人對中國近
代史研究之成績；三、解釋下列名詞：白直、白籍、白賊。」[72]
　　何炳棣說：「乍看之下，第一、二題至公至允，毫無可非。
但……於魏晉南北朝隋唐六七百年間政治、軍事、民族、社會、

71　楊聯陞，〈趙元任先生與中國語文教學〉，蔣力編，《哈佛遺墨》（北
　　京：商務印書館，2004），頁30。引文部分原刊《清華校友通訊》8(1964)：
　　5。

72　何炳棣，《讀史閱世六十年》（臺北：允晨文化公司，2004），頁137。
　　又，「白直」有二義。一，南朝劉宋起，以白直充儀仗，有時亦充侍衛
　　軍士。此指力役。二，北朝自北齊始，以白直充品官的力役。天寶初，
　　白直總數達十萬以上，不久廢。「白籍」是東晉及南朝時，北方僑居江
　　南地區的臨時戶籍，因以白紙書寫，謂之白籍，以與江南土著民戶之「黃
　　籍」區隔，白籍民戶一般可免稅、免役。「白賊」是南朝對身無官爵的
　　庶民或白民造反者的指謂。

經濟、宗教、哲學等方面之犖犖大端，陳師命題全未涉及，僅以
至奇至俏之『三白』衡量試子之高下，甚至影響他們的前程和命
運，其偏頗失衡實極明顯。」[73] 陳寅恪出「三白」和「孫行者」，
都是很簡單的題型，雖可能為難一般考生，卻是能考出讀書尖子
的辦法[74]。對閱卷者更方便，至少答案很容易看出高下。相對其
他辦法[75]，此法易於定出去取，蓋「可藉之以選拔高才之士也」[76]。
而閱卷者良心也不致受特別痛苦，時間精力俱可節省。陳寅恪擔
任中央研究院史語所歷史組主任，幾乎不問行政事務，憚於試務
批卷，也是可以合理想像者[77]。

---

73 何炳棣，《讀史閱世六十年》，頁137。

74 據知當年對出「胡適之」的考生，後來都成知名學者。例如出任北大中
文系教授的周祖謨(1914-1995)、中國社科院歷史研究所研究員，也是
古文字學家的張政烺(1912-2005)。另一位據說是曾擔任過北大數學系
主任的段學復(1914-2005)。此外有一「劉子欽」自稱以胡適之對，得
了滿分。周祖謨，〈陳寅恪先生論對對子〉，張杰、楊燕麗選編，《追
憶陳寅恪》(北京：社會科學出版社，1999)，頁147。又周祖謨，〈往
事自述〉，《文獻》1988.3：149。又，劉以煥著，《一代宗師陳寅恪——
兼及陳氏一門》，頁214。又，梁羽生，《名聯觀止》，頁5。

75 馮友蘭回憶「對對子」話題時，有一段話可資參考：「我在清華的時候，
每年要看成千上萬本新生入學考試的國文卷子。在這些卷子中，真正好
的很少，真正壞的也不多，大多數是中流的。這些中流的卷，大都是千
篇一律，很難說那一本一定是七十分，那一本一定是八十分。看得多了，
就覺得頭昏眼花，很難抉擇。當時採取了一種辦法，一本卷子要幾個人
看，各人打各人的分數，最後把這些分數加起來平均。這種辦法可以避
免一些主觀的偏見，但還是沒有一個比較客觀的標準。」馮友蘭，《三
松堂自序》，頁69。

76 陳寅恪，〈與劉叔雅論國文試題書〉，頁255。另見褚孝泉，〈從陳寅
恪與劉雅叔論國文試題書談起〉，《二十一世紀》34：145-149。

77 陳寅恪於1930年左右致傅斯年書云：「第一組主任弟僅掛虛名，諸事悉
託其(徐中舒)辦理，……現在第一組不甚平安，皆弟不常到院，百事放
□，致有精神上之影響。忽思一法，弟下年仍然照舊擔任第一組主任之

　　再者，陳寅恪為「對對子」的爭論，轉引出漢語文法的研究
取向是否有當？這是否存在「強為解人」的嫌疑，以期轉移焦點，
不能令人無疑。早在1933年底蘇州國學會出刊的《國學論衡》，
有署名陳旭旦的文章，即對〈與劉叔雅論國文試題書〉提出質疑，
認為陳寅恪的「答辯」，「旁徵博引，累數千言，辭甚辯，人以
其名震一時，夙為故都人士尊信，故難者無以難而難自解。」[78]「對
對子」原屬傳統學子啟蒙功課[79]，只是清末以來即陸續推廣、施
行新學制，加上民初白話文和新文學成為主流，「對對子」已非
高中程度國文教材所習見，以此測試考生固可測出高才，但用於
一般考生，未必符合命題期望值，即愈能測出全體考生真實程度
者愈佳，是以原即值得檢討。陳寅恪以現代漢語文法尚未建立，
而「對對子」可以測試出考生的程度，回應外界的批評，看似有

(續)─────────────

　　虛名，仍作今年所作之事（其實無所事事）。」《書信集》，頁39。

78　陳旭旦，〈國蠹〉，《國學論衡》1期（1933年12月1日）。轉引自桑兵，
　　〈近代中外比較研究史管窺〉，《中國社會科學》2003.1：19。

79　中央研究院創院院長蔡元培在1934年和1937年，分別就其個人受教育和
　　擔任塾師的經驗說：「教國文的方法，有兩件事是與現在的教授法相近
　　的，一是對課（對對子），二是作八股文。對課與現在的造句法相近，大
　　約由一字到四字，先生出上聯，學生想出下聯來。不但名詞要對名詞，
　　靜詞要對靜詞，動詞要對動詞，而且每一種詞裡面，又要取其品性相近
　　的。……這一種功課，不但是作文的開始，也是作詩的基礎。所以對到
　　四字的時候，先生還要用圈發的法子，指示平仄的相對。平聲字圈在左
　　下角，上聲在左上角，去聲右上角，入聲右下角。學生作對子時，最好
　　用平聲對仄聲（仄聲包上去入三聲）。等到四字對作得合格了，就可以學
　　五言詩，不要再作對子了。」蔡元培，〈我所受舊教育的回憶〉、〈我
　　在教育界的經驗〉，《蔡元培文集‧教育下》（臺北：錦繡出版公司，
　　1995），頁606-607，702。引文出自頁702。又，熊秉真在其《童年憶往──
　　中國孩子的歷史》一書中，提及傳統啟蒙教育第一步是識字，第二步就
　　是作對子，第三步是口授經文。熊秉真，《童年憶往──中國孩子的歷
　　史》（臺北：麥田出版社，2000），頁98。

理；然而在語意邏輯上，文法尚未建立和以「對對子」測試程度，原是兩個不相干的命題，更無必然關聯。陳寅恪若堅信其間存在必然的關聯，應就考題能否考出學生程度論辯，而非拉高層次，從試務技術轉移到學術領域的討論，論辯因之失焦。況且陳寅恪以其比較歷史語言學的背景知識論述漢語語法的研究取徑，在當時或可備為一說，驗諸事實，看來並非主流選擇。

　　陳寅恪所以會出「對對子」的考題固不無促狹之意，且意在胡適。例如陳寅恪曾送羅家倫一副對聯「不通家法，科學玄學；語無倫次，中文西文。」若聯繫1923年科學玄學人生觀論戰，胡適撰文〈孫行者與張君勱〉嘲弄張君勱（1887-1969）就像「孫行者」也逃不掉科學的邏輯檢驗。陳寅恪顯然有意把「孫行者」還給胡適[80]。陳寅恪出於情緒的緣由不僅見諸前引陳寅恪給傅斯年的信，說下次出題還要出「對對子」。或許還可上溯至1917年胡適發表〈文學改良芻議〉對陳寅恪父親詩作有相當不敬的形容。胡適此文主張文學改良須從八事入手，第三項是須講文法，但此一文法係本《馬氏文通》格義式文法，非自成系統的文法，陳寅恪固然不可能同意。再如不用典，不講對仗，都和陳的文學觀以及文法觀相衝突，更不待言。最嚴重的是胡適在文章中提了三位在世的人物，恭維了江亢虎（1883-1954）和王國維用典使事之工[81]，獨獨以重話批判了陳寅恪的父親陳三立，且看胡適的批語：

　　　昨見陳伯嚴先生一詩云：濤園（沈瑜慶，1858-1918）鈔杜

<hr />

80　胡適，〈孫行者與張君勱〉，《努力周報》53期（1923年5月12日），1版。

81　胡適，〈文學改良芻議〉，《新青年》2.5（1917年1月1日）：7-8。

句，半歲凸千毫。所得都成淚，相過問奏刀。萬靈噤不
下，此老仰彌高。胸腹回滋味，徐看薄命騷。

此大足代表今日「第一流詩人」摹倣古人之心理。其病
根所在，在於以「半歲凸千毫」之工夫，作古人的鈔胥
奴婢。故有「此老仰彌高」之嘆。若能灑脫此種奴性，
不作古人詩而惟作我自己的詩，則決不致如此失敗矣[82]。

陳三立字伯嚴，就是陳寅恪的父親，雖口頭恭維陳三立是「第一
流詩人」，但以「奴性」形容陳三立但知摹倣的心理。胡適「文
學改良」的主張，後為呼應陳獨秀和錢玄同等人，旋即改口為「文
學革命」。蓋胡內心也早有「革命」之意[83]。然陳寅恪與胡適又
頗有交往，胡適也應酬過陳三立[84]。1931年，即「對對子」事件
發生前一年，陳寅恪還請胡適為夫人唐篔的祖父唐景崧遺墨題
跋。這應是激於九一八事變，知識分子對於日本侵略東北皆有敵
愾同仇之心，況且這也是陳寅恪出於對夫人唐篔祖父唐景崧在臺
灣領導抗日的敬意。除了胡適還不易找到題跋的恰當人選。至論
學術見解的異同，畢竟各有見地，且兩人都相對看重自身的學術

82　胡適，〈文學改良芻議〉，《新青年》2.5：3。胡適發表此文時，陳寅
　　恪在國內。據蔣天樞，陳寅恪的行蹤應在長沙、南京之間。《陳寅恪先
　　生編年事輯（增訂本）》，頁38-40。

83　胡適在《留學日記》裡，即曾擬就「文學革命宣言書」，有「與其作一
　　個作『真詩』，走『大道』，學這個，學那個的陳伯嚴、鄭蘇盦，不如
　　作一個『實地試驗』『旁逸斜出』『捨大道而不由』的胡適。」《胡適
　　日記全集》1916年7月26日〈致任叔永信〉，第2冊，頁392-393。

84　胡適和陳三立後來至少有兩次在應酬飯局中相遇，一在1928年5月4日，
　　一在1934年5月18日。胡適除第二次提到陳三立八十三歲了，精神神智
　　尚好外，無其他語。《胡適日記全集》，第5冊，頁84；第7冊，頁116。

見解及認知[85]。是以陳寅恪轉個彎拿大鬧天宮的「孫行者」問：究竟「胡適之」，又豈止是陳寅恪心中的「標準答案」而已[86]。

另一現象是陳寅恪為此所撰寫的〈與劉叔雅論國文試題書〉，其時間點，究係在出題前或引發論戰後？先看當初《大公報》刊出時的編者按語：

> 按本年清華大學入學考試國文題目，係陳寅恪教授所擬定。事前陳君曾有長函致該大學國文系主任劉文典君（叔雅），說明其出題之用意及以對聯為試題一部之理由。近日北平《世界日報》等處（及本報小公園）疊見評論此事之文字，而非難對聯者尤多。茲覓得陳君原信函，資料繁博，別有見地，爰為刊布。當可增讀者興趣也，編者識。

此信刊出時係9月5日，編者卻說此信係事前即考前即擬就之長函，見報時離考期已滿兩個月有餘，且疊見北平《世界日報》之評論和非難。何以8月15日陳寅恪受訪時不拿出此信，8月17日致傅斯年函，也沒有提到此信。12月16日《青鶴》雜誌刊出此文，文前編者按語也未及此。略曰：「義寧陳寅恪先生，為散原老人

---

85 陳寅恪和胡適在論學各方面觀點絕異，不僅是文法而已。請參汪榮祖，《史家陳寅恪傳（增訂版）》（臺北：聯經出版公司，1997），附錄三〈胡適與陳寅恪〉，頁253-277。

86 案寅恪在〈王觀堂先生輓詞〉中即有「魯連黃鷂續溪胡」句，依陳寅恪1929年另詩〈北大學院己巳級史學系畢業生贈言〉：「群趨東鄰受國史，神州士夫羞欲死。田巴魯仲兩無成，要待諸君洗斯恥。」既言「魯仲無成」，可知陳對胡適之的意見。

第五子。學問淹博，久任清華大學教授。嘗以對聯為國文試題，一時群起詰難，先生未辨也。頃友人鈔得其致劉叔雅書，復錄以示予。劉為是校國學系主任，曾屬先生擬試題。此書於命題之旨，頗多發揮，殊有趣也。」[87]

陳寅恪1970年代回憶「三十餘年前，叔雅先生任清華大學國文系主任。一日過寅恪曰，大學入學試甚近，請代擬試題。時寅恪已定次日赴北戴河休養，遂匆匆草就普通國文試題，……」看來此信非如編者按語所言係考前擬就的，而係事後之舉。把「對對子」和文法聯繫在一起的想法和具體內容，陳寅恪醞藉在胸固有年矣，但要敷衍成章也非一時之間所能竟事。不得不才有編者按語以及倒填日期之下策[88]。

第七節　小結——假西學以崇中學

「對對子」風波反映在社會話題上，熱鬧有餘，以同情的眼光看待，陳寅恪有點像是孤寂的個人，少有理解者，自覺有如夏蟲不可語冰，無有可對話者。在論學層次上陳寅恪又像是離群的隱者，只聞空谷足音，知己難覓，雖然有褚孝泉在1996年指陳寅恪有關「對對子」的論點，還早於俄羅斯語言學者雅可布遜談語

87　陳寅恪，〈陳寅恪與劉叔雅國文試題書〉，《青鶴》1.3（1932年12月16日）：1。又，《學衡》79期刊出此文時，編者吳宓未再下案語。

88　不僅《大公報》的編者案語倒填日期，《學衡》刊出時也倒填日期，在篇名之下有夾行小注：「民國二十二年七月」。但把二十一年的事又誤為二十二年。《學衡》79：1。不論《大公報》或《學衡》的編者，當時都是吳宓。又，卞僧慧是陳寅恪的及門學生也說，「託稱寫於考試之前，出題之際。」見卞編《陳寅恪先生年譜長編（初稿）》，頁142。

言與詩的功能，但雅可布遜對西方學界有重大影響，陳寅恪的想法在中土幾無回響。陳寅恪推崇王國維能夠「開拓學術之區宇，補前修所未逮」，當然也是陳寅恪的自期，以為非僅「可以轉移一時之風氣」，且可「示來者以軌則」，但在這件事上至此全告落空[89]。至論陳寅恪真正的焦慮，或更在中文的沉淪，特別是韻文和詩的傳統可能因白話文的西化而喪失，陳寅恪假西學以崇中學，當係有本於〈王觀堂輓詞〉序言的思維，即為「綱紀本理想抽象之物」，尋求一個語文的依托和承載，重要性或許更在社會經濟有形之制度之上。是以在策略上，陳寅恪就算有意在出題上取巧，事後「旁徵博引，累數千言」，「故難者無以難，而難自解。」換一個角度觀察此一爭論，即陳寅恪處理「對對子」的爭論，未嘗不無借用西方歷史語言學的知識，為漢語文法把脈的用心，期以挽救中文於沉淪。以「對對子」入題，果然引起了軒然大波，答辯文〈與劉叔雅論國文試題書〉既出，新文化運動的領導人物如胡適、傅斯年輩，均斂手無聲，沒有回應。陳寅恪固因此在表面上弭平了加諸其身的攻訐，然實受挫甚深，即「假西學以崇中學」的策略未能奏效。

至論《馬氏文通》通不通的問題，汪榮祖以為這原是文化觀的問題，表面上是西化和本位觀的差異，根源還在當時的西化觀論者，如胡適輩持一元論，而陳寅恪重視歷史看重特殊的一面而持多元論觀點，用於語法研究，陳寅恪以文化背景不同自不能套用[90]。

---

89 陳寅恪，〈王靜安先生遺書序〉，《金明館叢稿二編》，頁247。
90 汪榮祖比較陳寅恪和胡適的文化觀曾言，兩人具有完全不同的文化觀，從表面看，胡倡西化，似乎激進；陳主本位，跡近保守。但此並非中肯，而是胡主西化，但持文化一元論觀點；陳主本位，但持多元論。胡適至

若以批判的眼光對待此一失焦的「對對子」風波，面對外界之批評，請允許這麼說：如同陳寅恪為〈與劉叔雅論國文試題書〉撰寫〈附記〉時的心情，事後或可能欣然承認確有意挾其比較歷史語言學的知識，即以西學新知維護傳統文學中值得保存者，確認其價值，並重新給予肯定。

　　若就權力觀點檢視這一失去焦點的學術發展路向和文法「論戰」，證明「權勢」沒有為陳寅恪的學術「方向」服務，也未見「具有權勢者」願意為不具「群眾」支持，但具有學術意義的公共論壇服務。而陳寅恪也是以出題者的權力逕行決定出題型式，並聲言下次出題還要如此，但裡裡外外都碰到了挫折。陳寅恪以學者身分取得的出題權，顯然不足以取代位階更在其上的學術組織，由於未見學校方面以公開的方式尋求解決之道，而似有意以更大的權力攔下陳寅恪的主張，顯現當時大學所作出的裁斷接近寡頭式專制，而非尋求一個具有公共性質的學術論壇。對照另一個更具社會支持度的白話文和國語運動，在陳寅恪看來似僅重宣傳，談不上對對子和文法的討論。

　　就具有公共性質的學術議題而言，不論陳寅恪的論述有無可以商榷者，對照報紙話題的一片熱鬧談「對對子」，主流學術社群於其更嚴肅的話題即研究方向的取徑卻寂然無聲。此一現象如何解釋？或許可以用此非當時主流話題作為回答。只是主張充分運用歷史語言學的學者如傅斯年輩，雖已執民國史界牛耳，惟畢竟還

（續）────────────

　　老仍聲稱他是從《馬氏文通》讀通文法的，透露出胡的單元文化觀，認為文法是普及的；而陳寅恪認為文法具有特性，格義式的比附研究，簡直自亂宗統。汪榮祖，《史家陳寅恪傳（增訂版）》，附錄三〈胡適與陳寅恪〉，頁257-263。

缺乏充分的權力和資源，以支撐一個可以邁向成熟條件的公共論壇，對不具主流話題的討論也無興趣[91]。至於格義式漢語文法日後大行其道，與陳寅恪所期待的方向背道而馳，這只能再次證明陳寅恪當年預言：「此義當質證於他年中國語文文學特性之研究發展以後。今日言之，徒遭流俗之譏笑。」以今視昔，顯然兩頭落空。

最後借陳寅恪晚年之口結束此章：

> 抑更有可論者，中國之文學與其他世界諸國之文學，不同之處甚多，其最特異之點，則為駢詞儷語與音韻平仄之配合。就吾國數千年文學史言之，駢儷之文以六朝及趙宋一代為最佳，其原因固不易推論，然有一點可以確言，即對偶之文，往往隔為兩截，中間思想脈絡不能貫通。若為長篇，或非長篇，而一篇之中事理複雜者，其缺點最易顯著，駢文之不及散文，最大原因即在於是。吾國昔日善屬文者，常思用古文之法，作駢儷之文。但此種理想能具體實行者，端繫乎其人思想之靈活，不為對偶韻律所束縛。六朝及天水一代思想最為自由，故文章亦臻上乘，其駢儷之文遂無敵於數千年矣。……故無自由之思想，則無優美之文學，……此易見之真理，世人竟不知之，可謂愚不可及矣[92]。

---

91 案，公共論壇在當時以胡適、傅斯年、丁文江、蔣廷黻為主的知識分子即辦有《獨立評論》，不乏涉及學術性公共議題者，但《獨立評論》負責編輯者為胡適之，此時更專注的，除九一八之後迫在眉睫的政經危機外，檢視獨立論的目錄即知，主持編務的胡適之，毋寧更關切教育問題，而非文法和「對對子」的關聯或漢藏語系的研究。

92 陳寅恪，〈論再生緣〉，《寒柳堂集》，頁72-73。

第五章
「中體西用」／「西體中用」

陳寅恪的及門弟子蔣天樞說：

> 先生對歷史文化，愛護之若性命。早歲遊歷歐美各國
> 時，仍潛心舊籍，孜孜不輟，經史多能闇誦。其見聞之
> 廣，遠逾前輩張文襄，顧其論學實與南皮同調。〈觀堂
> 先生輓辭〉所謂「中體西用資循誘」者是也[1]。

蔣天樞自注：陳寅恪持此「中體西用資循誘」宗旨終身不變。且
言：「不但〈冼玉清教授修史圖〉第二詩已見意，（案，原詩：
「國魂銷沈史亦亡，簡編桀犬滋雌黃。著書縱具陽秋筆，那有名山淚
萬行。」[2]）而「迂叟當年感慨深，貞元醉漢託微吟。而今舉國皆
沈醉，何處千秋翰墨林。」尤為感慨言之[3]。

  是知陳寅恪對張之洞持「體用論」以處理知識層面的中西學
術、以及中國政治與文化所面對的一連串危機，頗具史家「同情

---

1 蔣天樞，《陳寅恪先生編年事輯（增訂本）》，頁188。
2 陳寅恪，《詩集》，頁86。
3 蔣天樞，《陳寅恪先生編年事輯（增訂本）》，頁188，234。

的了解」。依蔣天樞行文之意，陳寅恪所持「中體西用」之「體」，
應指華夏歷史文化。所以能成其大傳諸久遠，更在於華夏文化在
盛世階段如隋唐，原具一開放的文化觀，此即「有教無類」，非
僅用於不同種族和文化間的區辨，以及具有主體意義的開放態度
而已；陳寅恪以中醫為例，就明確指出中醫之體原具西體成分，
面對中西醫時，在陳寅恪看來中西醫不過是舊與新之別。然而，
陳寅恪用於張之洞身上的「中體西用資循誘」，應具雙重意涵。
體用之外，其重點或還在「資循誘」，備供循循善誘此一文化載
體之芸芸眾生。這既是方向上的導引，也是策略和步驟。推而言
之，姑不論張之洞本人是否深信其說，或可視為當日傳統知識分
子，特別是士大夫階層講究新學和倡言變法者，處理中西文化衝
突的應對策略。甚至可以說，這是「開明官僚」為了取信或安撫
守舊人士，不至於反對新學、新政的推行，或因此出現過激的抗
爭。這與部分新學人士明知「西學源出中國」的說法不可信，卻
援引以為說辭的情境類似，甚至用為護身符 [4]。重點皆在如何平
順地，先求不致造成政治上的脫序和紛擾，再圖引進西學、西藝、
西政，而有新舊調和、中西兼顧的思維和舉措。

　　但1951年陳寅恪完成的〈論韓愈〉，卻有「石破天驚」之論，

---

4 全漢昇（1912-2001）即持此看法。全漢昇引鄭觀應（1842-1922）《盛世危
　言·西學》：「今之自命正人者，動以不談洋務為高見，有講求西學者
　則斥之曰名教罪人，士林敗類。」繼引王之春《蠡測卮言·廣學校》「今
　之自命為通儒者，以洋務為不屑，鄙西學為可恥。有習其文字者，從而
　腹誹之，且從而唾罵之，甚至屏為名教之罪人。」後指出：「這種攘夷
　的態度對於西學的接受有莫大的不利。主張接受西學的人，遂不得不造
　出西學源出中國的傳說，以作他們的護身符。」全漢昇，〈清末「西學
　源出中國」說〉，《嶺南學報》4.2（1936）：94。

整個反轉晚清以來以「中體西用」論對待外來文化的主流主張，逕直出以「天竺為體，華夏為用」形容韓愈吸收佛教心性思想[5]。此一顛倒，相對於「中體西用」或傳統的「體用論」，非僅可以重新審視陳寅恪對晚清政局的看法，而且也可看出他處理中西文化和現實政治的基本態度，而其間或猶有未見闡明的曲折有待澄清。

究論陳寅恪學術思想者多矣，惟迄今未見處理〈論韓愈〉此文所論及的「天竺為體，華夏為用」。有之或一語帶過[6]，或以

---

5 周予同(1898-1981)言宋儒是「儒表佛裡」，又評韓愈〈原道〉，是唐儒欲合文學哲學為一身的顯據。想法類似「西體中用」或「天竺為體，華夏為用」。周予同，《朱熹》(上海：商務印書館，1931)，頁5。在此必要指出，此時的佛教思想已是中國化的佛教思想。

6 余英時雖認為〈論韓愈〉一文是陳寅恪的「中國文化宣言」，但未處理「天竺為體，華夏為用」。且指陳寅恪所列的六條綱領(建立道統、直指人倫、排斥佛老、呵詆釋伽、改進文體、獎掖後進)，正是吳宓所說的「中學為體，西學為用」和「中國文化本位論」。余於此處引吳宓的說法，殆不反對吳以「中體西用」形容陳寅恪對體用的想法。余英時，《陳寅恪晚年詩文釋證》，頁118-119。另，陳寅恪弟子王永興說：「對先生著作此文之苦心孤詣及認識深刻明確卓識，有所理解，謹陳述之。」惟於「天竺為體，華夏為用」不著一語。王永興，〈述陳寅恪先生〈論韓愈〉之作的重大意義〉，《上海師範大學學報(哲社版)》2003.3：1。李清良以闡釋學比較熊十力、陳寅恪和錢鍾書的闡釋思想，對陳寅恪的體用論頗有著墨，但未見處理「天竺為體，華夏為用」，僅指為那是韓愈的思想取徑，奠定後來宋代新儒學的基礎。李清良，《熊十力陳寅恪錢鍾書闡釋思想研究》(北京：中華書局，2007)，頁96-100。從事比較文學研究的學者樂黛雲(1931-)說：這是指「以『談心說性』為體，『濟世安民』為用。佛教的心性之說改造和豐富了儒家的『誠意正心』，這才出現了宋明理學數百年興盛的文化局面。」樂黛雲，〈文化更新的探索者——紀念陳寅恪先生誕生一百周年〉，《紀念陳寅恪先生百歲誕辰論文集》，頁348。李澤厚論「西體中用」，雖提到陳寅恪，但僅停留在陳寅恪看待張之洞「中體西用」的層次，完全沒有進入〈論韓愈〉的論述中。李澤厚，〈漫說「西體中用」〉，《中國現代思想史論》(北

為此乃「涉筆成趣」[7]，或說「由於時代關係，此文幾乎沒有引起學術界的注意。」[8]或從字面意義呼應，以為陳寅恪的「天竺為體，華夏為用」論是一種內在有機的關係以為解釋[9]，未有深入陳寅恪思維及其思想發展脈絡觀察者。本章即試以「體用論」的觀點及運作切入，並就時代背景發掘其間之隱微。

第一節 「體用論」及「中體西用」溯源

體用概念或指源於玄學思想，佛教史家湯用彤即指魏晉玄學，乃本體之學也。而老子本末之別即後世體用之辨，並指「體

（續）——

　　京：東方出版社，1987），頁333-334。另，李澤厚指馮友蘭讚賞「清末人」張之洞買機器辦實業，而批評「民初人」，李澤厚說這可能是受陳寅恪的影響。李澤厚，〈略論現代新儒家〉，《中國現代思想史論》，頁295-296。

7　劉夢溪，〈「一代文化所托命之人」──論陳寅恪先生的學術創獲和研究方法〉，《書目季刊》24.4：60。

8　余英時，〈陳寅恪與儒學實踐〉，《陳寅恪晚年詩文釋證》，頁292。又，美國紐約州立大學Albany校區東亞中心教授哈特門（Charles Hartman）在1986年出版其專著《韓愈》（*Han Yu and the T'ang Search for Unity*, Princeton）的扉頁獻詞，首舉陳寅恪，且在序論中指此書始於閱讀陳寅恪的〈論韓愈〉，但全書於「天竺為體，華夏為用」，不贊一詞。

9　嚴壽澂指稱，張南皮所說的「中體西用」，是一種外在關係，而寅恪先生眼中的體用，是內在有機的關係。並解釋宋世儒學是「天竺為體，華夏為用」。其意是，天竺之學重在心性，儒學則重在濟世安民；宋儒既以心性之學為根本，故可說是天竺為體，中華濟世安民之學融入其心性之說，因而是華夏為用。然而華夏的政治社會內容既經融入，則此心性之學已非天竺之舊，於是亦可說天竺心性之說為華夏濟世安民之學。明白了這一層關係，時賢「中體西用」、「西體中用」之爭，乃至「互為體用」、「創造性轉化」之類紛紛之論，皆可摧陷廓清。嚴壽澂，〈《讀陳寅恪文集》札記（三）〉，《近世中國學術通變論叢》（臺北：國立編譯館，2003），頁268。

用」對言，初見於王弼《老子注》[10]。湯用彤並指佛家講體用「乃東漢以來漸與道家合流所至」[11]。若從儒家言，王爾敏指此首見於《論語‧學而》：「禮之用，和為貴。」朱熹注：「蓋禮之為體雖嚴，然皆出於自然之理，故其為用，必從容而不迫，乃為可貴。」其後「本末」、「道器」和「體用」幾乎形成「偶詞」，是當時各家各派論述共同接受的語言[12]。案朱熹另有「理一分殊，體

10 湯用彤，〈往日雜稿〉，《湯用彤全集》，第5卷，頁187。又，體用二字對言，參見《老子王弼注》(臺北：河洛出版社，1974年10月)，頁51-55。又，陳榮捷認為：「體用的觀念絕對是王弼首創的，後來演變為中國佛教和新儒學的主要概念。」陳榮捷，《中國哲學文獻選編》(臺北：巨流圖書公司，1993)，下冊，頁446。

11 湯用彤，〈往日雜稿〉，頁188-189。

12 王爾敏，〈清季知識分子的中體西用論〉，《晚清政治思想史論》(桂林：廣西師範大學出版社，2005年11月)，頁41。另，道器、本末乃至於主輔、理事諸概念，是當時洋務派反洋務人士以及見諸輿論報章雜誌共同使用的概念架構，有其時代背景，和嚴格的哲學分析不同。參見 Joseph R. Levenson, *Confucian China and Its Modern Fate: A Trilogy* (Berkeley, 1972), pp. 59-78. 中譯本見鄭大華、任菁譯，《儒教中國及其現代命運》(北京：中國社會科學出版社，2000)，頁48-65。該書第四章即以「體」與「用」為名，指出以林則徐、曾國藩、張之洞為代表的「中體西用」論者，具有理性主義的成分，目的在保護儒教價值，也是對西方文化的一種篩選；惟不論就儒家保守派如倭仁的觀點或邏輯看，以及體用不二原則，都存在謬誤，也易受保守和激進兩方人士攻擊，終被康梁更激進的改革思想取代。又，列文森和王爾敏皆引述了《論語》「禮之用，和為貴」和朱熹的解釋，但列文森著作出版於前。日本學者島田虔次認為所謂「體用」是相對因果而言的，借用《大乘起信論》的譬如，相對於因果關係是風對波的關係，而所謂體用關係可以說是水和波的關係，並引張東蓀的說法，指體是第一性的，用是派生的，是第二性的。宋明理學重體用論，《宋元學案》首卷即特書胡瑗「明體達用」，朱熹《中庸章句》第一章云：「大本者道之體，達道者道之用。」《朱子語類》卷1第一條亦言：「在陰陽而言，用為陽，體為陰，然動靜無端，陰陽無始，不可分先後。」島田虔次著，蔣國保譯，《朱子學與陽明學》(西安：陝西師範大學出版部，1986；原著《朱子学と陽明学》，

用一源」所建構的哲學體系。典出朱熹論學答問引尹和靖(尹焞，1061-1132)語：「體用一源，顯微無間，此是最切要處。」[13] 陳來(1952-)即指朱熹係基於本體論的「體／用」模式來理解「仁」[14]。新儒家學者楊儒賓就體用之於近現代的概念有一描述：「體用是中國思想史上一組重要的概念，「體用論」是藉著「體」(本體)與「用」(作用＋功用)解釋萬物存在或精神展現的理論。「體用論」在消納異文化的過程中，往往具有篩選、重組的功能。在近現代中國，它也曾一時風光，繼續承擔著宏觀調節的工作。由於近現代中國社會特別複雜，文化特別混亂，體用論在不同領域的表現也跟著不一樣，其成敗得失，特別值得研究。」[15]

晚清號稱「同治中興」的前後，「體用論」頗受具備新知和西學的士大夫引用及看重，並以為論述洋務的依據或發為政論，談不上是哲學或宗教思辨層次的論題。例如陳寅恪的祖父陳寶箴所撰的〈河北精舍學規〉，即以體用論人才的養成。曰：要為國家造就「有體有用」之人才，「由民德而親民，體用備焉」[16]。

(續)────────────
1967)，頁2-3。又，島田虔次指稱：「中學為體，西學為用」係張之洞為挽狂瀾於既倒的救國策，反映的是宋學「明體達用」的士大夫理想。島田虔次，〈體用の歷史に寄せて〉，《塚本博士頌壽紀念佛教史學論集》，頁416。又，周策縱謂「中體西用」頗接近日本在第9世紀時菅原道真「和魂漢才」的說法，至19世紀又有佐久間象山倡言「東洋精神，西洋技藝」，福澤諭吉進而主張「和魂洋才」。周策縱，〈中外為體，中外為用──中國文化現代化芻議〉，《中國文化》9：2。

13 《朱子語類》卷11〈學五‧讀書法下〉(北京：中華書局，2004)，第1冊，頁191-192。

14 陳來，《宋明儒學論》(上海：復旦大學出版社，2010)，頁18，28。

15 楊儒賓，〈近現代儒家思想史上的體用論〉，《天人之際與人禽之辨──比較哲學研討會論文》(香港：中文大學，1997)，頁195。

16 汪叔子、張求會編，《陳寶箴集‧文錄二》(北京：中華書局，2005)，

戊戌變法改科舉，各省廣設學堂，陳寅恪夫人唐篔的祖父唐景崧
即在家鄉辦理「體用學堂」[17]。進入民國，反傳統思想高張，「中
體西用」論相形式微[18]。代之而起的則有「全盤西化論」和「中
國文化本位論」的論戰[19]。持「中體西用」論者原欲走在時代前
端推動西化，至此反被視為「中國文化本位論」的變體[20]。陳寅
恪既持「體用論」，且藉由論述韓愈的思想資源，反轉「中體西
用」為「天竺為體，華夏為用」，自應探求陳寅恪據以為論述史
事的張本及其深層意涵。

　　「中體西用」原典並非出自張之洞[21]，所以和張之洞連繫在

（續）

卷93，頁1872-1878。

17　陳流求、陳小彭、陳美延，《也同歡樂也同愁：憶父親陳寅恪母親唐篔》，
　　頁297。

18　王爾敏，〈清季知識分子的中體西用論〉，《晚清政治思想史論》，頁
　　41-59。

19　「全盤西化論」與「中國文化本位論」論戰起於1933年12月29日陳序經
　　在中山大學發表〈中國文化之出路〉演講，主張「全盤西化」。1935
　　年初，王新命等十位教授發表〈中國本位的文化宣言〉，全面論戰隨之
　　而起。案，1929年胡適撰 "Conflict of Cultures"，中譯〈文化的衝突〉，
　　刊《中國基督教年鑑》，主張 "wholesale Westernization"。1934年6月23
　　日《大公報‧星期評論》刊出胡適的中文本〈充分世界化與全盤西化〉。
　　"wholesale Westernization" 胡初譯為「全盤西化」，後改為「充分現代
　　化」或「全心全意的現代化」。

20　胡適之即持此說。原文是：「『中國文化本位的文化建設』正是『中學
　　為體西學為用』的最新式的化裝出現。」胡適，〈試評所謂「中國本位
　　的文化建設」〉，《獨立評論》145(1935年4月7日)：4。

21　「中學為體，西學為用」首見1895(光緒二十一)年4月《萬國公報》，
　　上海中西書院總教習沈毓桂(名壽康)以「南溪贅叟」署名的〈救時策〉，
　　「夫中西學問，本自互有得失，為華人計，宜以中學為體，西學為用。」
　　明確拈出「中學為體，西學為用」。《萬國公報》，75冊，頁8。另見
　　《萬國公報文選》，頁333。官方說法還在兩年後光緒二十三年，時任
　　工部尚書的孫家鼐(1827-1909)〈奏陳遵籌京師建立學堂情形摺〉，略

一起,一是和張之洞在戊戌政變前夕刊印的《勸學篇》有「舊學
為體,新學為用」、「中學為內學,西學為外學。中學治身心,
西學應世事」等語有關[22]。據《抱冰堂弟子記》,此即張之洞的
自述:

> 自乙未後,外患日亟,而士大夫頑固益深。戊戌春,僉
> 壬伺隙,邪說遂張,張乃著《勸學篇》上下卷以闢之。
> 大抵會通中西,權衡新舊。有人以此書進呈,奉旨頒行
> 天下。秋間,果有巨變[23]。

在當時而言,《勸學篇》處理「中體西用」,從概念到具體內容
都有整合之功。在策略上則主漸進,和康梁變法激進求變不同。
於新舊之間大受歡迎。近人俞大綱謂張之洞「是誠巧於為宦者
也。」即從此篇而來[24]。

　　二是梁啟超於民國建立後撰著《清代學術概論》,指張之洞

(續)───────

　　曰:「宗旨宜先定也。中國五千年來,聖神相繼,政教昌明,決不能如
　　日本捨己芸人盡棄其學而學西法。今中國京師創大學堂,自應以中學為
　　主,西學為輔,中學為體,西學為用。中學有未備者,以西學補之;中
　　學有失傳者,以西學還之。以中學包羅西學,不能以西學凌駕中學,此
　　立學之宗旨也。」此摺現藏北京第一歷史檔案館。收入北京大學、中國
　　第一歷史檔案館編,《京師大學堂檔案選編》(北京:北京大學出版社,
　　2001),頁10。

22　張之洞,《勸學篇》(上海:上海書店出版社,2002),〈外篇‧設學第
　　三〉,頁41。此版係據光緒二十四年(1898)六月湖南船山書院刻印本為
　　底本,重新排印。

23　張之洞,《抱冰堂弟子記》,《張文襄全集》(臺北:文海出版社,1963),
　　卷228,頁14a,總頁4205。

24　俞大綱,《寥音閣詩話》,《俞大綱全集‧詩文詩話卷》,頁182。

最樂道「中體西用」。並從時代背景指陳：

> 甲午喪師，舉國震動；年少氣盛之士，疾首扼腕言「維
> 新變法」，而疆吏若李鴻章、張之洞輩，亦稍稍和之。
> 而其流行語，則有所謂「中學為體，西學為用」者；張
> 之洞最樂道之，而舉國以為至言[25]。

梁啟超為晚清最能引領風潮者，其言論一如光緒間「新學
家」，倡言「維新變法」，且甚欲求新知於域外。惟倡言變法者
於戊戌之後對張之洞樂道「中體西用」，多視其為肆應危局之論，
但求「應變」而已，雖深知必要引進「西學、西藝、西政」，以
期「保國、保教、保種」；但這些主張多出於官僚心態，非真有
「變法」之心。梁啟超說：

> 蓋當時之人，絕不承認歐美人除能製造能測量能駕駛能
> 操練之外，更有其他學問，而在譯出西書中求之，亦確
> 無他種學問可見。康有為、梁啟超、譚嗣同（1865-1898）
> 輩，即生育於此種「學問飢荒」之環境中，冥思枯索，
> 欲以構成一種「不中不西，即中即西」之新學派，而已
> 為時代所不容[26]。

梁啟超輩欲成一「不中不西，即中即西」之新學派，當可視

25　梁啟超著，夏曉虹點校，《清代學術概論》（北京：中國人民大學出版
　　社，2004年9月），頁217。
26　梁啟超，《清代學術概論》，頁217-218。

為「中體西用」的變型，且有所超前，惜為時代所不容；但梁啟超總要給予「中體西用」一個歷史地位以為論述的張本。帶有調和色彩和宣傳意味的「中體西用」論，再經庚子拳變，立憲和革命並競，清室旋即覆亡，此說在民國政壇已無用武之地，於思想界亦非主流。王爾敏認為，後來有人會把「中學為體，西學為用」和張之洞再次聯想在一起的，主要是受梁啟超《清代學術概論》一書的影響[27]。

梁啟超《清代學術概論》刊行於1920年，此時陳寅恪正負笈美國哈佛大學，似不易及時獲閱；但張之洞與陳家係兩代世交，在陳寅恪心目中，張之洞屬晚清督撫中的清流。在其回憶錄〈寒柳堂記夢未定稿〉中言，祖父陳寶箴在戊戌獲譴前還曾通過榮祿推薦張之洞入軍機[28]。其舉晚清「中體西用」論，並以張之洞為主導人物，應非梁啟超一人之見而已。惟更有可言者，應在梁啟超所指出的：「蓋當時之人，絕不承認歐美人除能製造、能測量、能駕駛、能操練之外，更有其他學問；而在譯出西書中求之，亦確無他種學問可見。」梁啟超點出「中體西用」論所以受歡迎的緣由，與其說是認知問題不如說更接近民族感情問題，也是討論

---

27 王爾敏，〈清季知識分子的中體西用論〉，《晚清政治思想史論》，頁43。

28 陳寅恪，〈寒柳堂記夢未定稿〉，《寒柳堂集》，頁191-204。案，陳寶箴不止一次推薦張之洞，光緒二十四年八月初七日有〈特荐張之洞入都贊助新政各事務致總署請代電奏〉，略謂：「張之洞忠勤識略，其于中外古今利病得失，講求至為精審。本年春間曾奉旨召令入都，詢商事件，旋因沙市教案，由滬折還，今沙案早結，似宜特迅召入都，贊助新政各事務，與軍機總理衙門王大臣及北洋大臣遇事熟籌，期自強之實效。」黃彰健，《戊戌變法史研究》（臺北：中央研究院歷史語言研究所，1970），頁405。

「中體西用」所以流行一時所不可忽略的[29]。

　　就陳寅恪個人而言，由於父祖兩代皆廁身於晚清變法維新的時代變局中，侍親之餘，當飫聞其論。

第二節　陳寅恪與「體用論」

　　陳寅恪在學術論文上提到「體用論」，初見於1932年發表的〈禪宗六祖傳法偈之分析〉。舉神秀(?-706)和尚的傳法偈「身是菩提樹，心如明鏡臺。時時勤拂拭，莫使惹塵埃。」和慧能(638-713)的「菩提本無樹，明鏡亦非臺，佛性常清淨，何處有塵埃。……」並論。指「身」、「心」對應「菩提」、「明鏡」者，係一比喻及體用。以菩提樹譬身，明鏡臺譬心。身者、樹者，體也；用者：心也、鏡也。此乃天竺禪學「觀身取譬」，而為佛藏中所習見者[30]。

　　不論神秀或慧能傳法偈的「體用論」，應可視為佛教與道家合流所至[31]。傳法偈之前，華夏佛典中的具體直指體用論者，初見北朝的僧肇：

> 用即寂，寂即用，用寂體一，同出而異名，更無無用之寂而主於用也[32]。

湯用彤指：肇公之學說，一言以蔽之曰，即體即用。《物不遷論》

29　「中體西用」大受歡迎的情感結構，係承小友胡又天提供，謹此致謝。
30　陳寅恪，〈禪宗六祖傳法偈之分析〉，《金明館叢稿二編》，頁189-190。
31　湯用彤，《湯用彤全集》，第5卷，頁188-189。
32　僧肇，《物不遷論》，《大正藏》，45冊，頁154。

依即靜即動談即體即用,《不真空論》談體,《般若無知論》談
體用之關係[33]。

唐大珠慧海有一段對話以「定」與「慧」互為偶詞:

> 僧問何是定慧等學?師曰:定是體,慧是用。定使慧起,
> 慧復歸定。如水與波之一體,更無前後。此名定慧等學[34]。

這是中國佛家早期的體用無二論。近人熊十力(1885-1968)談體用
論,有「眾漚外無大海水」語,與慧海所言「如水與波之一體,
更無前後。」所持觀點亦類似[35]。但「中學為體,西學為用」,
體用各有本源,即「體」為中學,「用」為西學,而且強合「體」
與「用」於同一論述中。

兩年後陳寅恪有〈四聲三問〉,在第三答問中,陳寅恪就平
上去入四聲與宮商角徵羽五聲間之關係指出:

> 宮商角徵羽五聲者,中國傳統之理論也。關於聲之本
> 體,即同光朝士所謂「中學為體」是也。平上去入四聲
> 者,西域輸入之技術也。關於聲之實用,即同光朝士所

---

33 湯用彤,《漢魏兩晉南北朝佛教史》,《湯用彤全集》,第1卷,頁252。
34 大珠慧海,《頓悟入道要門論》卷下。又馬鳴,〔梁〕真諦譯《大乘起
信論》,有「能示摩訶衍自體、相、用故。」〔唐〕實叉難陀譯本改為,
「能顯示大乘體、相、用故。」此體用之間還有佛家的「相」。
35 熊十力以海水為例:「實體是完完全全的變成萬有不齊的大用,即大用
流行之外,無有實體。譬如大海水全成為眾漚,即眾漚外無大海水。」
景海峰(1957-)編,《熊十力選集・體用論》(長春:吉林人民出版社,
2005年),頁396。

謂「西學為用」也[36]。

在此，陳寅恪以「同光朝士」的「中學為體」、「西學為用」並
舉。由於「同光朝士」係一集體名詞，此處所指當非張之洞一人
而已。在這裡，陳寅恪要處理的是：在吸收並運用外來文化的同
時，兼能保有傳統價值，其中最重要的當屬三綱六紀等人倫大防，
政治和文化秩序也因此得以穩定。外來文化在陳寅恪筆下的「同光
朝士」眼中，僅屬實用層次者。而體用的內涵，以「聲」而論，則
「五聲」為本體，「四聲」為實用，屬二元並聯，借重實用者多。
與同光朝以西學保中學當中的倫理價值、保中學政治秩序和制度於
不墜者，皆借重「體用論」以為論述之資，可謂貌異而心同。

抗戰期間陳寅恪撰《隋唐制度淵源略論稿》，有一段「體用
論」的論證：指依隋代三大技術家宇文愷（555-612）、閻毗（546-
613）、何稠之家世事蹟推論，俱含有西域胡族血統，而又久為華
夏文化所染習，而彼事業皆藉西域家世之奇技，以文飾中國經典
之古制。故謂：

> 皆能依托經典舊文，而實施精作之，則不藉西域之工藝
> 亦不為功。夫大興、長安都城之規模取法太和洛陽及東
> 魏高齊鄴都南城，猶明堂、車服之制度取法中國之經典
> 也。但其實行營建製造而使成宏麗精巧，則有資於西域
> 藝術之流傳者矣。故謂大興長安城之規模及隋唐大輅、
> 袞冕出於胡制者固非，然謂其絕無繫於西域之工藝者，

---

36 陳寅恪，〈四聲三問〉，《金明館叢稿初編》，頁380-381。

　　　　亦不具通識之言者也。前賢有「中學作體，西學為用」
　　　　之說，若取以喻此，其最適合之義歟[37]？

這是陳寅恪直接以「中學為體，西學為用」解釋歷史事實且涉及
典章制度者。其中「不藉西域之工藝亦不為功。」及「使成宏麗
精巧，則有資於西域藝術之流傳者矣。」是則「西學」功莫大焉，
能為華夏經典所見之古制服務。至謂「前賢有『中學作體，西學
為用』之說，若取以喻此，其最適合之義歟？」無異謂「中學為
體，西學為用」古已有之，此說顯有「以古證今」且見成功的寓
意。
　　等到陳寅恪撰寫〈陶淵明之思想與清談之關係〉[38]，則借「體
用論」處理東晉清談自然和名教所受政治的影響，以及由分而合
的關係變化，並舉袁宏(328-376)《後漢紀》為證，在表明當時不
僅重名教，且因袁宏處於東晉社會學術風氣當中，既號為名士，
亦當兼明自然[39]。陳寅恪節錄袁宏論李膺(110?-169)、范滂(137-
169)等名士互為標榜之風氣：

　　　　夫人生合天地之道，感於事動，性之用也，故動用萬方，
　　　　參差百品，莫不順乎道，本乎性情者。是以為道者，清
　　　　淨無為，少思少欲，沖其心而守之，雖爵以萬乘，養以

37　陳寅恪，《隋唐制度淵源略論稿》，頁88。

38　蔣天樞指此文作於桂林。即從1942年7月到1943年春夏間，在這一階段，
　　作者先從香港逃離，輾轉至桂林，再轉成都燕京大學。《陳寅恪先生編
　　年事輯(增訂本)》，頁132-134。

39　陳寅恪，〈陶淵明之思想與清談之關係〉，《金明館叢稿初編》，頁211。

天下，不榮也。為德者……為仁者……為義者潔軌跡，
崇名教，遇其節而明之，雖殺身糜軀猶未悔也。

並據此指出：

> 知彥伯（袁宏）意古今世運治亂遞變，依老子「失道而後
> 德，失德而後仁，失仁而後義」以為解釋。「本乎性情」
> 即出於自然之意。若「為義者崇名教，雖殺身糜軀猶未
> 悔也。」意謂為義者雖以崇名教之故，至於殺身，似與
> 自然之旨不合，但探求其本，則名教實由自然遞變而
> 來，故名教與自然並無衝突，不過就本末先後言之耳。
> 大抵袁氏之所謂本末，兼涵體用之義[40]。

復繼引袁宏《後漢紀》對李膺、范滂死事之評論：

> 夫稱至治者，非貴其無亂，貴萬物得所，而不失其情也。
> 言善教者，非貴其無害也，貴性理不傷，性命咸遂也。
> 古之聖人知其如此，故作為名教，平章天下，天下既寧，
> 萬物之生全也，保生遂性，久而安之，故名教之益萬物
> 之情大也。

進而評曰：

---

40 陳寅恪，〈陶淵明之思想與清談之關係〉，頁212-213。

此節彥伯發揮自然與名教相同之旨較為明顯，文中雖不標出自然二字，但「保生遂性」即主張自然之義，蓋李、范為名教而殺身，似有妨自然，但名教元(原)為聖人準則自然而設者，是自然為本，名教為末，二者實相為體用，故可謂之同也[41]。

陳寅恪指不論「本乎性情」或「保生遂性」，都是主張「自然」之意，並以「相為體用」概括袁宏所以視「自然」與「名教」原無不同。依序，則「自然」為本，「名教」為末，前後遞變而有一呼應。「體用論」在此可視為陳寅恪論學的分析工具，從「體」推論到「用」，轉而再推論到「同」。形成一個帶有辨證意味的論述。陳寅恪進而推論：

袁氏之意以自然為本或體，名教為末或用，而阮掾對王公之問(案：此即清談「自然」與「名教」同異否最知名的回答「將無同。」[42])亦當如是解釋，可以無疑矣。

綜觀上述陳寅恪運用「體用論」的例子，大體可歸納為陳寅恪視

41　陳寅恪，〈陶淵明之思想與清談之關係〉，頁213-214。

42　這是出於清談「三語掾」即「將無同」的典故。分見於《世說新語‧文學》和《晉書‧阮瞻傳》。「將無同」的語意，陳寅恪說「將無」乃助詞，「同」即名教與自然同，但認為自來無滿意詳盡之解釋。朱慶之〈「將無」考〉指「將無」原是一個外來語詞，源出梵文的否定副詞「ma」，其基本用法是通過字面的、形式的否定，來表示實際的、委婉的肯定，以及基本傾向於肯定的輕度推測。朱慶之，《二十世紀中國文史考據文錄》(昆明：雲南人民出版社，2001年12月)，下冊，頁2027-2044。

佛家的體用是取譬而立論，以「器」見「道」，可謂體為「道」，
用為「器」的「道器型」的「體用論」。

　　「四聲」和「五聲」的對應，陳寅恪設定一為「本體」，一
為「實用」，此「體」與彼「用」原是有區別的，各有不同文化
本源。陳寅恪顯然意欲為當時士大夫接受外來文化所持心態即立
足於文化本源的論述得一歷史解釋。晚清的「中體西用」論則是
陳寅恪引為論述的張本。

　　處理「名教」與「自然」既無不同的論述，陳寅恪描述為「兼
涵體用」或「相為體用」，此一描述接近一為「本」，一為「末」
的「本末型」的「體用論」，「體」與「用」且可互為替代。這
種描述和認識，與偏重「道器型」的「體用論」，即「本質歸本
質、功能歸功能」顯有差異者又有不同，其中還存在著一個隨時
間遞變的過程。

　　惟陳寅恪持「體用論」分析東晉時人的論述，所持工具有其
客觀性，但未必同意其說，甚至可能鄙棄其人。以「將無同」之
「同」為例，陳寅恪即視其在魏晉之際「原有其政治上實際適用
之功用」[43]。故謂：

> 大抵清談之興起由於東漢末世黨錮諸名士遭政治暴力
> 之摧壓，一變其指實人物品題，而為抽象玄理之討論，
> 啟自郭林宗，而成於阮嗣宗，皆避禍遠嫌，消極不與其
> 時政治當局合作者也[44]。

43　陳寅恪，〈陶淵明之思想與清談之關係〉，頁210。
44　同上，頁202。

至於不趨赴司馬氏者,如竹林七賢之嵇康(223-263),標榜老莊和清談,除因與魏宗室有婚姻之好外[45],加上有「非湯武而薄周孔」的言論,遂遭司馬昭以不仕、不孝為口實所殺害。而「成於阮嗣宗者」,乃阮籍雖仍主自然,但言必玄遠,不評論時事、不臧否人物,以免殺身之禍。再如山濤(205-283)及王戎(234-305)、王衍(256-311)兄弟輩早歲崇尚自然,後忽變節,躋位宰執,陳寅恪即有嚴厲評論:

> 其內懟與否雖非所知,而此等才智之士勢必不能不利用一已有之舊說或發明一種新說以辯護其宗旨反覆出處變易之弱點。若由此說,則其人可兼尊顯之達官與清高之名士於一身,而無所懟忌。既享朝端之富貴,仍存林下之風流,自古名利并收之實例,此其最著者也[46]。

準此,不論是晚清的「中體西用」或魏晉之際的「將無同」,東晉的「兼涵體用」,佛家的「觀身取譬」,陳寅恪運用「體用論」的論述遍及儒、釋、道三教,而在不同時代又各有不同的變體。惟在陳寅恪眼中,「將無同」根本就是巧宦「門面語」;「兼涵體用」則僅為名士之裝飾品[47]。又,1943年7月,陳寅恪在粵北坪石中山大學文科研究所演講〈清談與清談誤國〉,聽講者張為綱

---

45 陳寅恪據《三國志》裴注引《嵇氏譜》,推算嵇康為曹操曾孫女婿。陳寅恪,〈書世說新語文學類鍾會撰四本論始畢條後〉,《金明館叢稿初編》,頁54。

46 陳寅恪,〈陶淵明之思想與清談之關係〉,頁209-210。

47 同上,頁214。

於自然和名教的關係有一簡略的記錄：「故此時清談，一以自然為體，名教為用，自然為本，名教為末。」[48]可以概見陳寅恪相當肯定以「體用」作為論述的張本，且其來有自。

基本上，在1943年之前，「體用論」是陳寅恪用於分析及解釋歷史現象的工具，一方為觀察者，一方為歷史對象，區隔明顯。偏重以局外人身分觀察歷史上的政治及文化現象，而於士大夫的無行和巧宦則有嚴酷的批判。

第三節 〈論韓愈〉和「天竺為體」

陳寅恪在《元白詩箋證稿》中略謂：

> 自古文人尊古卑今，是古非今之論多矣，實則對外之宣傳，未必合於其衷心之底蘊也。

例如：

> 沈休文(沈約，441-513)取當時善聲沙門之說創為四聲，而其論文則襲用自昔相傳宮商五音之說。韓退之酷喜當時俗講，以古文改寫小說，而自言非三代兩漢之書不敢觀。此乃吾國文學史上二大事，而其運動之成功，實皆以古為體，以今為用者。樂天之作新樂府，以詩經古詩

為體裁，而其骨幹則實為當時民間之歌曲，亦為其例。
韓白二公同屬古文運動之中心人物，其詩文議論外表內
在衝突之點，復相類似[49]。

陳寅恪於抗戰後期任教燕京大學時始撰《元白詩箋證稿》，
即「甲申(1944年)客成都」[50]之際，正是抗戰最艱難的時候。陳
寅恪舉證從劉宋沈約以迄唐代韓愈均「以古為體，以今為用」，
可以說是「中學為體，西學為用」的另一類型：倡言者都在對外
宣傳上用了投合時人心理的論調，而內心的想法、實際的作為未
必如是。在此，論述的重點由批判士大夫的出處進退，轉為分析傳
統知識分子接觸及吸收外來文化時所採取的態度和應對策略，從而
點出士大夫所以選擇「尊古」或「是古」。姑不論其是否真有「尊
古」之心，但其內心底蘊或出發點，非由「尊古」而來，實係為方
便引進外來文化。此所以陳寅恪要說：固難免「外表內在衝突」，
不必以其「互相矛盾為怪也」[51]。是以不論沈約、韓愈或白樂天，
都明白彼輩之「尊古卑今」或「是古非今」，不過是宣傳手段。此
時的陳寅恪仍以局外人身分，冷眼指出其間虛實。且進一步解釋：

然則元白諸公之所謂華夷之分，實不過今古之別，但認

---

49 陳寅恪，《元白詩箋證稿》，頁167。
50 今本《元白詩箋證稿》無序文。但陳寅恪原擬有自序，未知何以不用。
   自序署「甲申七夕陳寅恪識於成都華西壩廬」。筆者藏有此自序影本。
51 陳寅恪，《元白詩箋證稿》，頁167。又作者於同書引白樂天法曲篇注：
   「法曲雖似失雅音，蓋諸夏之聲也。故歷朝行焉。」指「其不合事實真
   相，自極明顯。特古文運動家尊古卑今，崇雅賤俗，乃其門面語，本不
   足深論也。」頁164。

輸入較早之舶來品，或以外國材料之改裝品，為真正之
國產土貨耳[52]。

等到陳寅恪撰述〈論韓愈〉，則有大變化。除重複確認韓愈於古
文運動的「古體今用」屬宣傳手段外，陳寅恪個人跳入局中代韓
愈現身說法，指〈原道〉一文是中國文化史中最有關係之文字，
不僅下開新儒學的門徑，就在當時即起了大作用，改造了章句繁
瑣之弊。此外，陳寅恪特別指出韓愈在文章中引述《大學》誠意、
正心、修家、齊家、治國之道的一段話，實為該文的中心旨意，
並加案語，略云：

> 蓋天竺佛教傳入中國時，而吾國文化史已達甚高之程
> 度，故必須改造，以蘄適合吾民族、政治、社會傳統之
> 特性，六朝僧徒「格義」之學，即是此種努力之表現，
> 儒家書中具有系統易被利用者，則為小戴記之中庸，梁
> 武帝已作嘗試矣。然中庸一篇雖可利用，以溝通儒釋心
> 性抽象之差異，而於政治社會具體上華夏、天竺兩種學
> 說之衝突，尚不能求得一調和貫徹，自成體系之論點[53]。

陳寅恪接著轉入韓愈在這方面的發現：

> 退之首先發見小戴記中大學一篇，闡明其說，抽象之心

52　陳寅恪，《元白詩箋證稿》，頁149。

53　陳寅恪，〈論韓愈〉，《金明館叢稿初編》，頁322。

> 性與具體之政治社會組織可以融會無礙，即盡量談心說
> 性，兼能濟世安民，雖相反而實相成，天竺為體，華夏
> 為用，退之於此以奠定後來宋代新儒學之基礎，退之固
> 是不世出之人傑，若不受新禪宗之影響，恐不克臻此[54]。

然則韓愈之「天竺之體」從何而來？陳寅恪指韓愈的發現分明是
從《小戴禮·大學》一篇而來，至於受新禪宗的影響，陳寅恪並
無明確的證據，以故用字相當謹慎，謂「『若』不受新禪宗之影
響，『恐』不克臻此」。再者，陳寅恪處理〈論韓愈〉有關道統
的一段，有關禪宗的影響，所舉也非直接證據：

> 退之自述其道統傳統淵源固由孟子卒章所啟發，亦從新
> 禪宗所自稱者摹襲得來也[55]。

又說：

> 退之從其兄會謫居韶州，雖年頗幼小，又歷時不甚久，
> 然其所居之處為新禪宗發祥地，復值此新學說宣傳極盛
> 之時，以退之幼年穎悟，斷不能於此新禪宗學說濃厚之
> 環境氣氛中無所接受、感發。

並再次強調：

54　陳寅恪，〈論韓愈〉，頁322。
55　同上，頁320。

> 然則退之道統之說表面上雖由孟子卒章之言所啟發，實
> 際上乃因禪宗教外別傳之說所造成，禪學於退之影響亦
> 大矣哉[56]！

從上述引文可以感覺陳寅恪用「斷不能……無所接受、感發」的
論斷，僅來自「禪宗宣傳極盛」和「退之幼年穎悟」，這只能說
是「自由心證」，是陳寅恪的判斷，甚至可以聯想及於此一判斷
原是基於陳寅恪的成長經驗和個人「別識」（認同）[57]。但若從陳
寅恪以「體用論」形容韓愈的「天竺為體，華夏為用」來觀察，
似更應看重陳寅恪之所以會認為韓愈有關心性論的思想係得之
於「天竺」者，非僅明白標出「天竺為體，華夏為用」而已。

　　早在1919年12月14日，吳宓在其日記中即記錄有陳寅恪關於
「論韓愈」的談話：

> 漢晉以還，佛教輸入，而以唐為盛，唐之文治武功，交
> 通西域，佛教流布，實為世界文明史上，大可研究者。
> 佛教於性理之學Metaphysics獨有深造，足救中國之缺
> 失，而為常人所歡迎。惟其中之規律，多不合於中國之
> 風俗習慣。如祀祖、娶妻等。故昌黎等攻闢之。然闢之而
> 另無以濟其乏，則終難過之。於是佛教大盛。

又說：

56　同上，頁321。
57　此處所以將「別識」和「認同」並舉，請見第二章注22。

宋儒若程若朱，皆深通佛教者，既喜其義理之高明詳
盡，足以救中國之缺失，而又憂其用夷變夏也。乃求得
而兩全之法，避其名而居其實，取其珠而還其櫝。採佛
理之精粹以之注解四書五經，名為闡明古學，實則吸收
異教。聲言尊孔闢佛，實則佛之義理，已浸漬濡染。與
儒教之宗傳，合而為一。此先儒愛國濟世之苦心，至可
尊敬而曲諒之者也。故佛教實有功於中國甚大[58]。

李錦繡即以吳宓筆下的「取珠還櫝」解釋〈論韓愈〉文中的「天
竺為體，華夏為用」[59]，就新儒家的開創言，韓愈和宋儒的思想
背景均有禪宗的影響，但所處的時代畢竟有所不同，再就佛門中
人看，韓愈和宋儒「闢佛」即大不同，非可一概而論[60]。從1919
年12月對吳宓的談話，到1951年撰〈論韓愈〉，已歷三十餘年，
陳寅恪先以「取珠還櫝」形容宋儒闢佛卻採用佛家義理之學，避
其名而居其實；韓愈雖闢佛，卻「無以濟其乏」。30年後卻另以
「體用論」，即「天竺為體，華夏為用」形容韓愈取資於佛家心
性之學。這在陳寅恪相當重視的「擬人必於其倫」不能不說有一
巨大的變化。

58　吳宓，《吳宓日記(1917-1924)》（北京：三聯書店，1998年3月），II冊，
　　頁102-103。

59　李錦繡，〈陳寅恪學案〉，楊向奎等著，《百年學案》（瀋陽：遼寧人
　　民出版社，2003），頁382。

60　例如紀昀引五臺僧明玉語：「闢佛之說，宋儒深而昌黎淺，宋儒精而昌
　　黎粗。然而披緇之徒畏昌黎而不畏宋儒，銜昌黎而不銜宋儒也；蓋昌黎
　　所闢，檀施供養之佛也，為愚夫婦言之也；宋儒所闢，明心見性之佛也，
　　為士大夫言之也。」紀昀，《閱微草堂筆記》，卷18，〈姑妄聽之(四)〉
　　條。

沈約持天竺善聲沙門之說而為四聲，韓愈受佛教文學「俗講」影響以古文寫小說，均採「尊古卑今」說詞，在陳寅恪看來都是策略，無關沈、韓兩人接受外來文化的實際。此乃陳寅恪以局外人的身分觀察歷史，同情也理解沈、韓之說不免有外在和內在之衝突。但陳寅恪撰〈論韓愈〉既已入局代韓愈現身說法，自不宜再運用「尊古卑今」的宣傳策略，而是要能寫出實際情況，寫出韓愈內心的想法，不宜出現矛盾。是以陳寅恪並非反對韓愈的「古為今用」，而是直指韓愈的思想資源別有淵源，且有所取捨。以「天竺為體，華夏為用」來形容韓愈對佛教心性之學的真實態度和作法，說出陳寅恪看到以及感受到的歷史場景。

在陳寅恪看來，韓愈者，「乃用先秦、兩漢之文體」，「改作當時民間流行之小說，欲藉之一掃僵化不適用於人生之駢體文。作此嘗試而能成功者，故名雖復古，實則通今」[61]。從字面上看「復古通今」當然無法概括歷史真相，若要入局看，其實是「以『今』為體，持『古』為用」。

由於韓愈的「天竺為體」僅限於取用其思想資源，天竺之「用」遭韓愈力排之，且要僧侶還俗，人其人，而且要「火其書、廬其居，明先王之道以導之」[62]。蔣天樞在《編年事輯》中，有一段話在初版中刪去，修訂再版時恢復，即：「韓愈闢佛，所闢者印度出家生活，至其保衛中國文化社會之固有制度，所不闢也。」[63]是以韓愈闢佛僅闢出家生活，而非闢佛家思想，而且還要取用為「保衛中國文化社會之固有制度」。蔣天樞的這段話，旨在解釋陳寅

---

61 陳寅恪，〈論韓愈〉，頁329-330。
62 同上，頁322。
63 蔣天樞，《陳寅恪先生編年事輯（增訂本）》，頁150。

恪以「天竺為體」解釋韓愈取用佛家者僅止於思想資源,即精神思想層次的「體」。這是思維方式和資源的替代和充實,謂之思想革命亦無不可。

依前此陳寅恪之於「體用論」的運用,不論其用於批判「巧宦」若阮籍、王衍者流,或就袁宏的史論,指其不過是修飾「三語掾」的門面語;或指沈約、韓愈、白樂天的「尊古卑今」純是宣傳手段;若再加上晚清「光宣朝士」的眼光,韓愈〈原道〉應可適用於「中學為體,西學為用」或「華夏為體,天竺為用」。至此倒裝為「天竺為體,華夏為用」,不僅是論證和思想上的大變化,而且意味著陳寅恪之於歷史解釋,有了新的心境。一是史家身分的調整,打通了局外和局內之隔。而這又和時代變局大有關聯,寫〈論韓愈〉時,已無必要兼顧「資循誘」,以為緩衝和宣傳,而是實實在在地呈現實況。換言之,「中體西用」在陳寅恪的認知裡原就帶有「西體中用」的成分。

第四節 「體用論」與文化本位

1934年,陳寅恪撰〈馮友蘭中國哲學史下冊審查報告〉。近年闡揚陳寅恪史學思想者多據此文以立言,或取此文以為引證。注意力多集中於其中心旨意,即一方面必要吸收外來文化,但不能或忘本來民族之地位,兩者雖相異,但實具相反相成之作用。而這或應是陳寅恪心目中如何就中國文化本位對待異文化的認知,且係針對馮友蘭《中國哲學史》的第二篇,馮友蘭宣稱中國的舊思想即經學思想,無法再承載西洋新學以至崩潰,並以「舊瓶新酒論」形容「舊瓶」破了。但就陳寅恪的認知觀點,與馮友

蘭用來取譬的「酒」和「瓶」恰恰相反[64]。若就「體用論」涵藏的「道器」、「本末」觀念疏理，此為陳寅恪以「體用」觀點論證其思想的濫觴，而有「新瓶舊酒論」。取意由「西學」來承載「中學」，且非有西學不能保中學。唯「新瓶舊酒」本意為要推銷舊酒，不能不取一宣傳手法，既可說服守舊者中學仍在瓶內，另以新瓶之新，吸引趨新者以期一嘗舊酒，並接受之。惟體用之間，在陳寅恪看來既具相反相成的作用，當有一個互動過程和必要的時程。依序應先有「西體中用」的階段才能轉入「中體」為本的「中國文化本位」的階段。是以歷經「西體中用」以為過渡，

---

64 馮友蘭的「舊瓶新酒論」在《中國哲學史》第二篇第一章〈汎論經學時代〉有兩段論述，一講西洋中古哲學：「其時(指中古)哲學家亦非不常有新見，然即此等新成分與新見，亦皆依傍古代哲學諸系統，以古代哲學所用之術語表出之。語謂舊瓶不能裝新酒，西洋中古哲學，非全無新，不過因其新酒不極多，或不極新之故，故仍以之裝於古代哲學之舊瓶內，而此舊瓶亦能容受之。及乎近世，人之思想全變，新哲學家皆直接觀察真實，其哲學亦一空依傍，其所用之術語，亦多新造，蓋至近古，新酒甚多又甚新，故舊瓶不能容受，舊瓶破而新瓶代興。」馮友蘭定義的「經學時代」，自董仲舒以下均屬之。由於哲學家之新見即新酒或不極多或不極新，而舊瓶又富於彈性，舊瓶尚能酌量擴充其範圍。但「直至最近，中國無論在何方面，皆尚在中古時代。中國在許多方面，不如西洋，蓋中國歷史缺一近古時代。近所謂東西文化之不同，在許多點上，實即中古文化與近古文化之差異。此亦非由於中國人之格外不長進，實則人之思想行為之改變，多為適應環境之需要。已成之思想，若繼續能應環境之需要，人亦自然繼續之；即時有新見，亦自然以之比附於舊系統之上；蓋舊瓶未破，有新酒自當以舊瓶裝之。必至環境大變，舊思想不足以應時勢之需要，應時勢而起新思想既極多極新，舊瓶不能容，於是舊瓶破而新瓶代興。中國與西洋交通後，政治社會經濟學術各方面皆起根本的變化。然西洋學說之初東來，中國人如康有為之徒，仍以之附會於經學，仍欲以舊瓶裝此絕新之酒，然舊瓶範圍之擴張，已達極點，新酒又至多至新，故終為所撐破。」馮友蘭，《中國哲學史》，頁492-496。

也就成了必要[65]。就陳寅恪的觀點,中國文化所以能成其大者,不論儒家或道教就在於能大力吸收、篩選外來文化,吸收「西體」並改造之,再轉化為「中體」。

「西體」所以必要改造,拒絕改造則絕難長久。陳寅恪說:

> 釋伽之教義,無父無君,與吾國傳統之學說,存在之制度,無一不相衝突,輸入之後,若久不變易,則絕難保持。是以佛教學說,能於吾國思想史上,發生重大久遠之影響者,皆經國人吸收改造之過程。其忠實輸入不改本來面目者,若玄奘唯識之學,雖震動一時之人心,而卒歸於消沈歇絕。近雖有人焉,欲然其死灰,疑終不能復振,其故匪他,以性質與環境互相方圓鑿枘,勢不得不然也[66]。

陳寅恪繼以道教和新儒家為例指出:

> 六朝以後之道教,包羅至廣,演變至繁,不似儒教之偏重政治社會制度,故思想上尤易融貫吸收。凡新儒家之學說,幾無不有道教,或與道教有關之佛教為之先導。如天台宗者,佛教宗派中道教意義最富之一宗也。其宗

---

65 馮友蘭對陳寅恪以「新瓶舊酒」回應「新酒舊瓶」當然不可能沒有「理解」,唯未見馮友蘭有所回應。且馮友蘭應有機會看到《歷史研究》刊出的〈論韓愈〉文,對陳寅恪的「天竺為體,華夏為用」,或許更有新的「理解」。由於此非本文目的,僅略誌數語。

66 陳寅恪,〈馮友蘭中國哲學史下冊審查報告〉,《金明館叢稿二編》,頁283-284。

徒梁敬之與李習之之關係，實啟新儒家開創之動機。北
宋智圓提倡中庸，……其年代猶在司馬君實作中庸廣義
之前，似亦於宋代為新儒家之先覺。……舉此一例，已
足見新儒家產生之問題，猶有未發之覆在也[67]。

此未發之覆，即後來之〈韓愈論〉中的「西體中用」論。陳寅恪
復又指出：

至道教對輸入之思想，如佛教摩尼教等，無不盡量吸
收，然仍不忘其本來民族之地位，既融成一家之說以
後，則堅持夷夏之論，以排斥外來之教義，此種思想上
之態度，自六朝時亦已如此。雖似相反，而實足以相成。

更重要的是下面一段：

竊疑中國自今日以後，即使能忠實輸入北美或東歐之思
想，其結局當亦等玄奘唯識之學，在吾國思想上，既不
能居最高之地位，且亦終歸於歇絕者，其真能於思想上
自成系統，有所創獲者，必須一方面吸收輸入外來之學
說，一方面不忘本來民族之地位。此二種相反相成之態
度，乃道教之真精神，新儒家之舊途徑，而二千年吾民
族與他民族思想接觸史之所昭示者也。

---

67 陳寅恪，〈馮友蘭中國哲學史下冊審查報告〉，頁284。

當然，「西體中用」是陳寅恪的判斷，但就其論證過程看，「西體中用」乃一必要的過渡，此即上引「雖似相反，實足以相成」，「既融成一家之說以後，則堅持夷夏之論」的由來，先要有一個全面且大力吸收及改造的過程，「必須吸收輸入外來之學說」，有一個思想革命。而此又非持一開放的心態才能成其大。閉關鎖國，或從心態上拒絕外來文化，即沒有「西體」此一命題可言，沒有外來思想資源可為補充和挹注。總之，「中體西用」在陳寅恪看來，偏於「資循誘」，是一種「宣傳手段」；而「西體中用」則是過渡階段文化體質的改良，且須盡量吸收，否則無法把「中西之間」，融成一家之說。而這正是陳寅恪所期待的「雖似相反，而實足以相成」。進一步言，此「相反」者，一時之間可能違逆民族情緒也。「相成」者，成就其所不忘之民族地位之謂也。

再就陳寅恪的「新瓶舊酒論」觀察：

> 寅恪平生為不古不今之學，思想囿於咸豐同治之世，議論近乎湘鄉南皮之間，……殆所謂「以新瓶而裝舊酒」者。誠知舊酒味酸，而人莫肯酤，姑注於新瓶之底，以求一嘗，可乎[68]？

此一「新瓶舊酒論」，正是「體用論」的另一變型。既是「中體（舊酒，為內為本）西（新瓶，為外為末）用」，以求一嘗當可視為「資循誘」，以中學仍在，從而宣導之；至於「西體中用」所以成立者，則可視為「道問學」，因西學乃必要吸收者。就陳寅恪而言，平生

68　陳寅恪，〈馮友蘭中國哲學史下冊審查報告〉，頁285。

為學、運思到發為議論，皆有其一貫之道，非僅舊學邃密，且長年留學歐美吸收西學，亦可視為相反相成「體用論」的運用[69]。從1934年的「新瓶舊酒論」轉入1950、1951年的時態，「影底河山初換世」[70]，陳寅恪此時的心情正如其詩：

> 迂叟當年感慨深，貞元醉漢託微吟。
> 而今舉國皆沈醉，何處千秋翰墨林。

陳寅恪詩題常如同詩序，上引詩的詩題為：

> 廣雅堂詩集有詠海王村句云「曾聞醉漢稱祥瑞，何況千秋翰墨林。」昨聞客言琉璃廠書肆業者悉改業新書矣[71]！

舊書店改賣新書，當指出傳統文化不敵，而「虛經腐史」[72] 馬列社會主義及其意識形態當道矣。「西體中用」中的「西體」之於「中用」，特別是強加意識形態於所有學術研究，而無其他選擇，

---

69 德國漢學學者施耐德處理陳寅恪對外來文化的態度時，即曾主張可用「體用」的模式來說明陳寅恪的思想。施耐德，《真理與歷史》，頁123，注1。

70 陳寅恪，〈庚寅廣州中秋作〉，《詩集》，頁74。

71 詩及詩題均作於1951年。《詩集》，頁81。

72 「虛經腐史」典出陳寅恪〈經史〉詩。全詩：「虛經腐史意何如，谿刻陰森慘不舒。競作（或作「見說」）魯論開卷語，說瓜千古笑秦儒。」見《詩集》，頁86。余英時解「虛經」為列禦寇沖虛真人，「腐史」為司馬遷。合之為「馬列」。見《陳寅恪晚年詩文釋證》，頁289-290，367。又，胡文輝對「虛經腐史」的古典、今典及全詩有更詳盡的解釋。胡文輝，〈陳寅恪詩箋釋二題〉，《古今論衡》8：118-124。

更遑論傳統中學有無出路。持〈論韓愈〉文並觀,陳寅恪也只有
感慨系之。

第五節　從〈闢韓〉至〈論韓愈〉

　　從1894年甲午至次年乙未,中國連番受挫日本,洋務運動證
明徹底失敗。出身海軍且時任北洋水師學堂總教習的嚴復,目擊
北洋海軍一敗塗地,震撼尤深。嚴復為此從1895年初起,連續在
天津《直報》發表〈論世變之亟〉、〈原強〉、〈救亡決論〉等
時論文章,倡言富強、自由、群學等概念,而〈闢韓〉一文,則
借韓愈這篇文章〈原道〉立論,「恨其於道、於治淺也,知有一
人,而不知君臣之倫出於不得已、不知有億兆也。」直指「秦以
來之為君,正所謂大盜竊國者耳。國誰竊,轉相竊之於民而已。」
從而引介西方政治觀念:「是故西洋之言治者,曰:國者斯民之
公產也。王侯將相者,通國之公僕隸也。」[73]論議激進,或為當
時清廷官員所僅見。〈闢韓〉一文在近現代思想史上固不若嚴復
引進「天演論」,造成全面影響;但於當時士大夫的閱讀印象,
當屬驚世駭俗。在觀念上,其於政治體制,動搖帝制不可能沒有
影響。梁啟超在上海主持《時務報》,1897年4月轉載〈闢韓〉,
譚嗣同評曰:「好極!好極!」並致書汪康年打探署名「觀我生
室主人」者,是否就是嚴又陵[74]。湖廣總督張之洞則是另一個極

73　《嚴復集》,第1冊,卷上,頁35-36;王慶成、葉文心、林載爵編,《嚴
　　復編年文集》(臺北:辜公亮文教基金會,1998),頁74;又,周振甫選
　　注,《嚴復選集》(北京:人民文學出版社,2004),頁89-93。

74　蔡尚思等編,《譚嗣同全集》(北京:中華書局,1981),頁349。

端,將之視為「洪水猛獸」,且親自撰文駁斥,以屠守仁名義刊於《時務報》第30冊,嚴復因此「幾罹不測」[75]。嚴復不但「闢韓」,而且反對以「中體西用」對待中西文化。庚子拳亂後廣設學堂之議和「中體西用」之說大興,嚴復為此撰文反對,強調教育當務之急在西學,兼論「中體西用」的不通。在〈與《外交報》主人論教育書〉中曰:「夫中國之議學堂久矣,雖所論人殊,而總其大經,則不外『中學為體、西學為用』也。」繼引金匱裘可桴之言曰:

> 體用者,即一物而言之也。有牛之體,則有負重之用;有馬之體,則有致遠之用。未聞以牛為體,以馬為用者也。中西學之為異也,如其種人之面目然,不可強謂似也。故中學有中學之體用,西學有西學之體用,分之則並立,合之則兩亡。議者必欲合之而以為一物,且一體而一用之,斯其文義違舛,固已名之不可言矣,烏望言之而可行乎[76]!

嚴復不反對「體用論」,且言「自由為體,民主為用」;但認為僅止於「一『體』適用」,民主自由若移至中土,則「民智既不足以舉之,而民力民德又弗足以舉其事」[77]。牛馬不同體,用亦

---

75 孫應祥,《嚴復年譜》(福州:福建人民出版社,2003),頁89-90。又,皮后鋒,《嚴復大傳》(福州:福建人民出版社,2003),頁122。

76 嚴復,〈與《外交報主人》論教育書〉,《嚴復集》第3冊《書信》,頁558-559。又,《嚴復選集》,頁145-146。

77 嚴復,〈原強〉,《嚴復集·詩文卷上》,頁11-15。

不同，中體西用不通，西體中用也不通，但不妨害中國向西方學習。依嚴復的思維，並不存在「西體中用」或「中體西用」的命題[78]。而著重在西學之輸入要講究方法，不宜在語文上設限。曰：「總而論之，今日國家詔設學堂，乃以求其所本無，非以急其所舊有。中國所本無者，西學也，則西學為當務之急明矣。且既治西學，自必用西文西語而後得其真。」[79]

從甲午至庚子前後近十年之間，嚴復和康梁等維新人士走得比較近，立場相對開放和激進；但就清濁分，嚴復獲庇於榮祿、王文韶、裕祿(1844?-1900)，和袁世凱(1859-1916)有交往，可歸濁流；號稱清流的開明官僚如張之洞輩，反視嚴復為危險分子，反映出晚清政治光譜的複雜詭譎。

陳寅恪自言：「寅恪以家世之故，稍稍得識數十年間興廢盛衰之關鍵。」且「父執姻親多為當時勝流。」嚴復或非陳寅恪當年「得接其丰采，聆其言論，默而識之」[80]者，但嚴復當年和其父兄陳三立及陳衡恪頗見來往[81]，嚴復發表〈闢韓〉文時即已結

---

78 賀麟(1902-1992)曾就體用爭論在哲學上的紛歧，於1940年代撰文指出兩原則：一、體用不可分離，體用必然合一，凡用必包含其體，凡體必包含其用。二、體用不可顛倒，體是本質，用是表現。體是規範，用是材料，不能以用為體，不能以體為用。可以用於解釋嚴復此時的「體用論」。賀麟，《文化與人生》，《民國叢書》第二編(上海：上海書店，1989，據1947年版影印)，頁43-44。

79 《嚴復集・書信》，頁562。又，《嚴復選集》，頁151。

80 本段以上引文均見〈寒柳堂記夢未定稿〉，《寒柳堂集》，頁187-188。

81 陳三立和嚴復甚有交往，為嚴復譯著《群己權界論》、《社會通詮》贈詩寄意。嚴復游英、過60歲生日也都有贈詩，1913癸丑年復有〈答嚴幾道京師見寄〉，1921辛酉年，嚴復過世則有挽詩。見《散原精舍詩文集》(上海：上海古籍出版社，2003)，頁83，113，138，340，372，616-617。1930年1月，嚴復致熊季廉(名元鍔)書有：「義寧公子，復夙所欽遲，

交的契友如夏曾佑(1863-1924)，陳寅恪至老仍能憶其音容言論及
學說[82]，嚴復既屬當日傾動天下之勝流，同為戊戌獲譴人士，其
言行學說當為陳寅恪所熟知，而陳寅恪以留日公費學生插班復旦
公學，時任復旦監督者正是嚴復[83]。陳寅恪以清流、濁流區隔晚
清士大夫，嚴復在陳寅恪心目中或可能涇渭夾雜，時清時濁。但
嚴復壯年時反韓愈〈原道〉兼反「中體西用」論，此兩者，則顯
非撰〈論韓愈〉文時年逾花甲的陳寅恪在心境上所能首肯[84]；但
可以相信陳寅恪的學養，對嚴復應有理解的同情，嚴復晚年也不
致引以為忤[85]。從〈闢韓〉到〈論韓愈〉，一讟韓愈〈原道〉助

(續)

而緣慳一面。其節操真足令人敬嘆。囊(曩)小兒璈過秣陵，極蒙青睞，
家書一再道之，愧負深知，無以仰答也。」1904年10月再致書熊元鍔說：
「頗思載遊白下，一訪伯嚴。此今日元遺山不可不晤也。」孫應祥，《嚴
復年譜》，頁195，230。據1906年7月16日鄭孝胥日記：「嚴又陵、陳
伯嚴、趙仲宣來。夜赴陳伯嚴之約於迎春二秦美雲家，座惟又陵、仲宣
及漢陽萬欣陶。」轉引自孫應祥，《嚴復年譜》，頁279。

82　俞大維，〈我的自述——「超以象外，得其環中」〉，李元平，《俞大
維傳》，頁9-10。陳寅恪曾在課堂上說：「今日坊間教科書，以夏曾佑
《中學歷史教科書》為最好，作者以公羊今文家的眼光評論歷史有獨特
見解。」卞孝萱，〈懷念陳寅恪先生〉(未刊稿)，轉引自蔣天樞，《陳
寅恪先生編年事輯(增訂本)》，頁94。陳家祖孫三代對公羊今文學家論
政如康有為，頗有保留。此事可參見陳寅恪，〈讀吳其昌撰梁啟超傳書
後〉，《寒柳堂集》，頁167。但於夏曾佑論學則頗有肯定。

83　蔣天樞於《陳寅恪先生編年事輯(增訂本)》光緒十八年條，陳寅恪插班
考入上海吳淞復旦公學，僅指校長為李登輝(1873-1947)，漏載監督為
嚴復。

84　陳寅恪1945年自陳：「余少喜臨川新法之新，老同涑水迂叟之迂。」論
學、論治隨年齡增長，在性情和態度上都有調整。陳寅恪，〈讀吳其昌
撰梁啟超傳書後〉，頁168。

85　嚴復43歲時撰〈闢韓〉，言論激進，戊戌後以至晚年轉趨保守。1912
年，60歲的嚴復獲派任京師大學堂總監督，即計畫將大學堂的經、文兩
科合為國學科一門。其理由是：「將大學經文兩科合併為一，以為完全

長君王專制；一取韓愈〈原道〉對華夏文化的維護，而有「西體中用」論。陳寅恪和嚴復所見不同，正如兩人登廬山，大有「橫看成嶺側成峰」的況味，然亦存在時代推移的痕跡。陳寅恪62歲時撰〈論韓愈〉，當有感於嚴復壯年時撰述〈闢韓〉的時代背景，及此下的時會轉移。在嚴復為挽中國之危機提出建言，既有其個人仕途上的不得意，更有其學術上特別是來自西方政治思想的不得已[86]。在陳寅恪則為中共政權初立，以史家身分表述唐代開國以及文化發展的歷史經驗，期待新政權能用韓愈之心對待華夏文化及此一文化所承載的價值。

第六節　〈論韓愈〉的現實背景

　　據蔣天樞《陳寅恪先生論著編年目錄》，陳寅恪於1951年春，完成〈論唐高祖稱臣突厥事〉論文。秋天，完成〈論隋末唐初所謂「山東豪傑」〉。冬天，完成〈論韓愈〉[87]。這一年何以會緊

(續)────────────

講治舊學之區，用以保持吾國四五千載聖聖相傳之綱紀彝倫道德文章於不墜，……故今立斯科，竊欲盡從吾舊，而勿雜以新；且必為其真，而勿循其偽。……以往持此說告人，其不瞠然於吾者，獨義寧陳伯子（三立，字伯嚴），故監督此科者，必得伯子而後勝其職。」《嚴復集》，第3冊，頁604-605。嚴復此議未果行，惟由此可知，嚴復和陳寅恪父親陳三立在舊學改革上意見相近。陳寅恪的〈論韓愈〉在感情上不過是為父執輩揚棄舊時從新之說，類似陳寅恪本人「少喜臨川新法之新，老同涑水迂叟之迂。」

86　嚴復於1885年首應福建鄉試落第，其間兩應順天鄉試落第，1893年應福建鄉試又落第。又，1895年初致其弟嚴觀瀾信中有：「北洋當差，味同嚼臘。近想舍北就南，冀或乘時建樹耳。」緊接著就在《直報》上接連發表文章。《嚴復集》，第3冊，頁731。

87　《陳寅恪先生編年事輯(增訂本)》，頁201。案，馬幼垣指蔣天樞《陳

接著完成此「三論」唐史的文章，頗耐尋味。且陳寅恪稱史論文章有助於考史，早在1930年評論馮友蘭《中國哲學史》上冊時即曾言：

> 史論者，治史者皆認為無關史學，而且有害者也[88]。然史論之作者，或有意，或無意，其發為言論之時，即已印入作者及其時代之環境背景，實無異於今日新聞紙之社論時評。若善用，皆有助於考史[89]。

陳寅恪還列舉宋、明史論諸大家的史論文章說，都是當時政論：

> 故蘇子瞻之史論，北宋之政論也。胡致堂之史論，南宋之政論也。王船山之史論，明末之政論也。今日取諸人論史之文，與舊史互證，當日政治社會情勢，益可借此增加瞭解[90]。

準此，陳寅恪此時撰就的「三論」文章，當可視同對當時政

（續）

　　寅恪先生編年事輯（增訂本）》於陳寅恪論文編目「漏誤摭拾皆是。」但未指其編年文有誤者。馬幼垣，〈陳寅恪已刊學術論文全目初稿〉，《陳寅恪與二十世紀中國學術》，頁590-642。

88　像重視史料的傅斯年即宣稱：「我們反對疏通，我們只是要把材料整理好，則事實自然顯明了。」「我們證而不疏，……材料之內使他發現無遺，材料之外我們一點也不越過去說。」〈歷史語言研究所工作之旨趣〉，《中央研究院歷史語言研究所集刊》1.1：8。又，《傅斯年全集》，第3卷，頁9-10。

89　陳寅恪，〈馮友蘭中國哲學史上冊審查報告〉，頁280-281。

90　同上，頁281。

治社會情勢之評論[91]。「唐史三論」前兩論均刊於《嶺南學報》，〈論韓愈〉則要等到1954年才見《歷史研究》刊出。不論此「三論」對中共高層有無實質影響，但應可藉以窺見時代情勢以及陳寅恪本人之懷抱。

1949年10月1日中共建政，14日解放軍進入廣州。此前6月30日毛澤東〈人民民主專政〉一文定稿，決定了對蘇聯的「一邊倒」外交政策[92]，1950年1月下旬，簽訂《中蘇友好互助同盟條約》，屈辱條件和1945年的《中蘇友好同盟條約》幾無二致[93]。緊接著於6月25日爆發朝鮮戰爭。這一仗前後打了兩年九個月，簽訂停戰協議已是1953年7月。這是藏身嶺南大學的陳寅恪，從校園內部及生活周遭就可以了解、感受到的歷史大變局，加上「抗美援朝」的全面動員和宣傳，陳寅恪在心境上不可能置身事外，更不可能不牽動史家思維，不僅是大學院系調整而已。再就陳寅恪的生平而言，這也是一個大變動。1945年對日抗戰勝利前夕，陳寅恪撰〈讀吳其昌撰梁啟超傳書後〉末段論晚清以來世局演變和個人觀察曰：

---

91 任繼愈(1916-2009)即稱：「陳先生說：『……蘇子瞻之史論，北宋之政論也；胡致堂之史論，南宋之政論也，王船山之史論，明末之政論也。』我們可以按陳先生的論點補一句：『陳寅恪之史論，近代中國之政論也。』揆諸中國國情，中國的史論與政論本不可分。史觀指導政論，政論又體現史觀。司馬光以來，此傳統一貫相承，未曾終絕。」任繼愈，〈陳寅恪先生史學述略稿序〉，王永興，《陳寅恪先生史學述略稿》，序頁2。

92 毛澤東，《毛澤東選集》(北京：人民出版社，1991)，第4卷，頁1477-1478。

93 據指此一條約內容基本上和1945年由國民政府外交部長王世杰(1891-1981)簽訂的《中蘇友好同盟條約》「沒有二致」。凡是國民政府不得不接受的屈辱條件，毛澤東儘管私底下痛詆「喪權辱國」，也不得不繼續接受。陳永發，《中國共產革命七十年》(臺北：聯經出版公司，2001，2版)，上冊，頁548-551。

自戊戌政變後十餘年，而中國始開國會，其紛亂妄謬，
為天下指笑，新會（梁啟超）所嘗目睹，亦助當政者發令
而解散之矣。自新會歿，又十餘年，中日戰起。九縣三
精，飆回霧塞，而所謂民主政治之論，復甚囂塵上。余
少喜臨川新法之新，而老同涑水迂叟之迂。蓋驗以人心
之厚薄，民生之榮悴，則知五十年來，如車輪之逆轉，
似有合於所謂退化論之說者。是以論學論治，迥異時
流，而迫於時勢，噤不得發[94]。

這是一段既精簡又很沉痛的當代史論，特別是「迫於時勢，
噤不得發」一語，道盡陳寅恪心裡的鬱悶，而有「此時悲往事，
思來者，其憂傷苦痛，不僅如陸務觀所云，以元祐黨家話貞元朝
士之感已也」[95]。六年後出現新局，連推「唐史三論」，當然是
有為而言。此或陳寅恪自言：「嘗讀元明舊史，見劉藏春（即劉秉
忠，1216-1274）、姚逃虛（姚廣孝，1335-1418）皆以世外閒身而與人
家國事。況先生少為儒家之學……。」[96]

對照〈論唐高祖稱臣〉和毛澤東的「一邊倒」，以及《中蘇
友好互助同盟條約》的簽約背景，和李淵（618-626）領受突厥所賜
的「狼頭纛」並無不同。余英時即指陳寅恪對中共是有期待的，
期望毛澤東能效法李世民，從稱臣突厥轉而為天可汗。許冠三也
有類似的看法，並認為這是陳寅恪的「影射史學」[97]。

94　陳寅恪，〈讀吳其昌撰梁啟超傳書後〉，頁168。
95　同上。
96　同上，頁166。
97　余英時，〈陳寅恪的學術精神和晚年心境〉，《陳寅恪晚年詩文釋證》，

　　然而，陳寅恪從來是「拒絕」共產主義的，且與俄國人相關。石泉(原名劉适)回憶1940年代後期在北京時：「陳師有一次談到共產主義和共產黨時說：『其實我並不怕共產主義，也不怕共產黨，我只是怕俄國人。……我去過世界許多國。歐美、日本都去過，唯獨未去過俄國，只在歐美見過流亡的俄國人，還從書上看到不少描述俄國沙皇警探的，他們很厲害，很殘暴，我覺得很可怕。』」[98] 1948年陳寅恪離開北京前夕，亦曾對浦江清表示「不贊成俄國式共產主義。」[99] 這實際上意味著他也不贊成中共式的共產主義，因為中共在根源上是蘇共的直系分支[100]。陳寅恪的學生金應熙1958年批判陳寅恪時云：「陳先生既然把社會主義思想錯誤地看成東歐的思想，他就在暗中憂慮馬克思主義在中國的廣泛傳播會『用夷變夏』，引致中國文化(實則是中國封建文化)的滅亡。所以他在解放後寄北京友人的詩中說：『名園北監仍多士，老父東城剩獨憂！』這種思想，也就是陳先生在解放以來所以對馬克思主義採取深閉固拒態度的思想基礎。我們不能不指出，這種思想在今天，是比較張之洞寫《勸學篇》的時候更為反

(續)──────

　　頁25-26。許冠三，《新史學九十年》(臺北：唐山出版社，1996)，上冊，頁258-259。案，「影射史學」原係用來描述文化大革命後期在當權派「四人幫」(江青、張春橋、姚文元、王洪文)直接影響下所出版的「歷史」著作的特徵，即「藉古諷今，影射比附，弄虛作假，斷章取義」。余英時認為「影射史學」深深地植根於中國政治現實和理論中，中共內鬥激化，致使歷史成為政治的武器。詳見余英時著、李彤譯，《十字路口的中國史學》(上海：上海古籍出版社，2004)，頁1-12。據以上所引，許冠三以「影射史學」形容陳寅恪的史論，顯屬唐突。

98 石泉、李涵，〈追憶先師寅恪先生〉，《紀念陳寅恪教授國際學術討論會文集》，頁62。

99 浦江清，《清華園日記‧西行日記(增補本)》，頁246。

100 陳寅恪有詩「海國粧新效淺顰」，即指中共係從蘇聯移植過來的。

動的。」[101] 這一反面的批判也有助於對當時陳寅恪心境的理解。其於「唐史三論」心情更複雜，在矛盾、否定和痛苦中期待新政權能有新格局。

固然1951年陳寅恪開了一門「唐史研究」，難謂此非教學相長的成果[102]；不過，對照史實，中蘇在1950年元月下旬簽訂的友好互助同盟，以及在蘇聯壓力下發起「抗美援朝」運動，其所反映的，不僅僅是中共政權向蘇聯一邊倒[103]，而且此一歷史變局還可上溯至抗戰末期，美英蘇為收拾二戰後局面向蘇聯承諾的《雅爾達密約》，當時陳寅恪即有詩作表達個人的失望和無奈[104]。爾後中共既在國共內戰中勝出，陳寅恪也唯有將希望轉向中共領導人，此後不要再看到「稾街翻是最高樓」、「收枰一著奈君何」[105]

---

101 金應熙，〈批判陳寅恪先生的唯心主義和形而上學的史學方法〉，《理論與實踐》1958.10：10-14。

102 陳寅恪女兒陳流求、陳美延共同具名的〈「唐史講義」「備課筆記」整理後記〉有一段話可資佐證：「觀察母親筆錄之父親授課大綱，許多專題其細目編排書寫已初具成文形式，由此推測父親在備課時即構思論文雛形，欲授課後整理成文刊行。如論唐高祖稱臣於突厥事、……論韓愈等皆是。」《講義與雜稿》，頁498。

103 毛澤東於1949年6月發表〈論人民民主專政〉：「中國人找到馬克思主義，是經過俄國人介紹的。在十月革命以前，中國人不但不知道列寧、史達林，也不知道馬克思、恩格斯。十月革命一聲炮響，給我們送來了馬克思列寧主義。……走俄國人的路——這就是結論。……必須一邊倒。」《毛澤東選集》，第4卷，頁1477-1478。

104 陳寅恪對雅爾達密約的詩作在當時即有〈乙酉七七日聽人說水滸新傳適有客述近事感賦〉，云：「誰締宣和海上盟，燕雲得失涕縱橫。」相關詩篇接著有〈玄菟〉、〈余昔寓北平清華園嘗取唐代突厥回紇土蕃石刻補正史事今聞時議感賦一詩〉、〈漫成〉、〈乙酉八月二十七日閱報作〉，有關國共之爭的詩作有〈報載某至重慶距西安事變將十年矣〉、〈成都秋雨〉等。以上皆1945年夏秋間所作。《詩集》，頁46-51。

105 「稾街翻是最高樓」出自陳寅恪1951年〈改舊句寄北〉詩，此句係從1947

的局面。

〈論唐高祖稱臣於突厥事〉文起首即說：

> 吾民族武功盛，莫過於漢唐。然漢高祖困於平城，唐高
> 祖亦嘗稱臣於突厥，漢世非此篇所論，獨唐高祖起兵太
> 原時，實稱臣於突厥，而太宗又為此事謀主，後來史臣
> 頗諱飾之，以至此事之始末不明顯於後世。
> 夫唐高祖太宗迫於當時情勢不得已而出此，僅逾十二三
> 年，竟滅突厥而臣之，大恥已雪，奇功遂成，又何諱飾
> 之必要乎？茲略取舊記之關於此事者，疏通證明之，考
> 興亡之陳跡，求學術之新知，特為拈出一公案，願與當
> 世好學深思讀史之有心人共參究之也[106]。

陳寅恪「願與當世好學深思讀史之有心人共參究之也。」這已說
明陳本人「有意」願與「有心人」參究。意有所指幾乎已呼之欲
出，甚至不排除就是要中共高層「毛劉」[107]見前賢而思齊，「僅
逾十二三年，竟滅突厥而臣之。」

在文章結語中，陳寅恪說：

(續)───────────
　　年春「棄街長是最高樓」詩句演化而來。棄街原指漢代長安蠻夷邸的所
　　在，陳寅恪以此代指美軍，至此改指蘇聯。《詩集》，頁59、85。又「收
　　杆一著奈君何」句，出自陳寅恪於1945年聽聞雅爾達密約出賣外蒙與東
　　北利權事，中國方面除了接受別無選擇，而有感賦。《詩集》，頁48。
106 陳寅恪，〈論唐高祖稱臣於突厥事〉，《嶺南學報》11.2(1951)：1。
　　又，《寒柳堂集》，頁108。
107 陳寅恪口述、汪籛記錄，〈對科學院的答覆〉中有「請毛公或劉公給一
　　允許證明，以作擋箭牌」語。陸鍵東，《陳寅恪的最後二十年》(北京：
　　三聯書店，1995)，頁112。又，《講義與雜稿》，頁463-465。

嗚呼！古今唯一之「天可汗」豈意其初亦嘗效劉武周輩
之所為耶？初雖效之，終能反之，是固不世出之人傑之
所為也。又何足病哉！又何足病哉[108]！

此處「初雖效之，終能反之。」效者指唐太祖、太宗父子曾效劉
武周輩向突厥稱臣，是以才連番感觸「又何足病哉！」單就兩份
中蘇友好條約論，不能不說中共繼國民政府向蘇聯「稱臣」，固
「初『已』效之」，但下一步怎麼走？能否「終能反之」？在當
時，這確是一個絕大的考驗。

「唐史三論」的第二論是〈論隋末唐初所謂「山東豪傑」〉，
其中有一重點旨在闡明唐太宗對待中央軍之外的旁系軍人「山東
豪傑」，不但平天下需要有魏徵其人為之聯繫，天下既定，也要
有魏徵者維持局面。自晚清以來，兵為將有之局逐漸坐大，自北
洋軍系以迄黃埔兩大軍系，加上解放軍內部不同系統的軍頭，都
會是天下既定後的隱憂、隱患，對各軍系以及調動部署和人事安
排，非僅必要有一「魏徵」擔任此職。

在〈論韓愈〉文中，陳寅恪以「不世出人傑」推崇韓愈，而
古今唯一之「天可汗」唐太宗在陳寅恪〈論唐高祖稱臣〉文中，
也是「不世出人傑」，一文一武，「唐史三論」出了兩位「不世
出人傑」，可謂前後輝映，然而中共能不能再出一兩位「不世出
人傑」，這當然是一個期待。陳寅恪所以將李世民和韓愈兩人等
量齊觀者，且都放在同一年的「唐史三論」當中，從選題到撰述，
不能不說必有內在關聯者在，且同受陳寅恪個人的內在理路或心

---

108 《嶺南學報》11.2：9；又，《寒柳堂集》，頁120-121。

靈深處所思所想所導引。在中共向蘇共一邊倒當中,馬列主義意
識形態也隨之成為社會主義中國的主流思維,在全面「宗朱頌
聖」[109]的當下,撰論〈論韓愈〉當有所寄意已經相當分明,即希
望中共不但能擺脫蘇聯附庸的地位,更要能從文化和意識形態上
自樹新義[110]。其以韓愈為例,就在韓愈雖受新禪宗的影響,但能
揚棄佛家禪理,證實韓愈確是「不世出之人傑」。

再者,陳寅恪在〈論韓愈〉文第一段交代文章體例說:

> 今出新意,仿僧徒詮釋佛經之體,分為六門,以證明昌
> 黎在唐代文化史上之特殊地位[111]。

何謂「新意」?體例上的「新意」既明,「仿僧徒詮釋佛經之
體」固屬「西體」而「陳用」,當更宜有一論述上的「新意」。
或如陳寅恪於1934年所言:「新儒家產生之問題,猶有未發之覆
在也。」[112]此時提出「天竺為體,華夏為用」具「石破天驚」之
「新意」,或可備供一解。其後陳寅恪撰《柳如是別傳》,談到
錢牧齋箋注杜甫詩曰:「細繹牧齋所作之長箋,皆借李唐時事,
以暗指明代時事,並極其用心抒寫己身在明末政治蛻變中所處之

---

109 陳寅恪,《詩集》,頁78。
110 案:余英時認為陳寅恪以〈論韓愈〉一文作為「中國文化宣言」,只要
中共接受其中的六項綱領,他是願意與之合作的。並補充說:「民族文
化的『大防』守住了,其他一切都可以商量。」余英時,《陳寅恪晚年
詩文釋證》,頁119。
111 陳寅恪,〈論韓愈〉,頁319。
112 陳寅恪,〈馮友蘭中國哲學史下冊審查報告〉,頁284。

環境。實為古典今典同用之妙文。」[113] 但牧齋所作箋注或遭刪削，或偶著「錢箋」，但增刪其內容，割裂改易。陳寅恪則幾近直書其事，或亦早有所見，且〈論韓愈〉僅及於「是古而論今」，雖屬史論文章，但究竟與「是古非今」或「借古諷今」有別，不必有所避忌。

第七節 「體用論」的實踐矛盾——以中醫為例

「西學為體，華夏為用」還可見諸陳寅恪在個人生活中的實踐。陳寅恪在家傳〈寒柳堂記夢稿〉中言：

> 先曾祖以醫術知名於鄉村間，先祖先君遂亦通醫學，為人療病。寅恪少時亦嘗瀏覽吾國醫學古籍，知中醫理論方藥，頗有由外域傳入者。然不信中醫，以為中醫有見效之藥，無可通之理。若格於時代及地區，不得已而用之，則可。若矜誇以為國粹，駕於外國之上，則昧於吾國醫學之歷史(指有由外域傳入者)，殆可謂數典忘祖歟[114]？

此言中醫相傳之神醫和藥神，多見諸佛藏，例如《三國志・魏書》所見神醫華佗，實為民間比附印度神話故事，以藥神目之。又說：

---

113 陳寅恪，《柳如是別傳》，下冊，頁1021。

114 以上引文見陳寅恪，〈寒柳堂記夢未定稿〉，頁188。

自來宗教之傳播，多假醫藥天算之學以為工具，與明末
至近世西洋之傳教師所為者，正復相類，可為明證，吾
國舊時醫學，所受佛教之影響甚深，如耆域（或譯耆婆）
者，天竺之神醫，其名字及醫方與其他神異物語散見於
佛教經典，如柰女耆婆經、溫室經等及吾國醫書如巢元
方病源候論、王燾外臺祕要之類，是一例證[115]。

是以1930年代有關中醫之論戰[116]，在陳寅恪看來，立於中醫一方
者，都是「西體中用」者而不自覺，幾近數典而忘祖，在《隋唐
制度淵源略論稿》中談到西域音樂的輸入，引《隋書‧音樂志》：
「西涼樂，至魏周之際遂謂之國伎。今曲項瑟琶、豎頭箜篌之徒
並出自西域，非華夏舊器。」並就此引伸評論：

河西文化影響北魏遂傳至隋之例證，其系統淵源，史志
之文尤明顯矣。至云魏周之際遂謂之國伎，則流傳既
久，渾亡其外來之性質，凡今日所謂國粹者頗多類此，
如國醫者是也[117]。

---

115 陳寅恪，〈崔浩與寇謙之〉，《金明館叢稿初編》，頁127-128。
116 國醫議題非本文重點。相關論戰首見1934年8月5日，《大公報》發表傅
斯年撰〈所謂國醫〉，《獨立評論》115號於26日轉載。傅文主要指中
醫無病理，缺診斷，而與近代科學不相容。並謂若仍有中醫、西醫之爭，
係教育之失敗。中醫群起發難抗議，傅再撰〈再論所謂「國醫」〉等回
應文章。論戰文字相關文獻參見《傅斯年全集》，第5卷，頁431-457。
另可參《獨立評論》115至122號刊載之相關評論，包括主編胡適之的案
語。
117 陳寅恪，《隋唐制度淵源略論稿》，頁132。

上面的話，是1939-1940年間事。到撰述《元白詩箋證稿》還念念不忘中醫的「西體中用」，但行中醫者竟無自覺。

> 然則元白諸公之所謂華夷之分，實不過今古之別，但認輸入較早之舶來品，或以外國材料之改裝品，為真正之國產土貨耳。今世侈談國醫者，其無文化學術史之常識，適與相類，可慨也[118]。

取〈寒柳堂記夢稿〉對讀，當可知陳寅恪所謂「數典忘祖」者為何，兼可理解陳寅恪對國醫的態度。置入「體用論」的思維框架，在陳寅恪眼中，中醫的內容有不少是舶來品，所謂「國粹」，不過輸入較早而已。

據蔣天樞在〈陳寅恪先生傳〉中說：「一九六二年，夏六月初十日，右腿骨跌折，住進中山二醫院。因年老未動手術。當時樞曾建議請上海中醫骨科專家治療，（時王子平、魏指薪最有名。曾親聞魏言，常到外地給首長療疾。）先生不肯，致斷腿終未能復原。先生生平不信中醫，在成都視網膜剝離時，如不動手術，倘獲名醫，服中藥亦可奏效。一時手術之疏，致終身無復明之道，重可傷矣。」[119]拒絕中醫看診及處方，寧捨有可能改善「目盲足臏」的機會，對照陳寅恪自言：「若格於時代及地區，不得已而用之，則可。」不能不說陳寅恪的拒絕中醫「重可傷矣！」言行之間也不無矛盾。

---

118 陳寅恪，《元白詩箋證稿》，頁149。
119 蔣天樞，〈陳寅恪先生傳〉，《紀念陳寅恪先生百年誕辰學術論文集》，頁8；又，蔣天樞，《陳寅恪先生編年事輯（增訂本）》，頁231。

第八節　小結

　　吳宓日記1961年8月30日有：「寅恪兄之思想主張，毫未改
變，即仍遵守昔年『中學為體，西學為用』之說（中國文化本位
論），⋯⋯但在我輩個人如寅恪者，則仍確信中國孔子之儒道之
正大，有裨於全世界，而佛教亦純正。我輩本此信仰，故雖危行
言殆，但屹立不動，決不從時俗為轉移，⋯⋯云云。」[120] 以上是
吳宓親聆陳寅恪談話的心得，但其於陳寅恪「中學為體，西學為
用」以及「中國文化本位論」的理解，似仍有隔，還未能搔著陳
寅恪的癢處。在陳寅恪看來「中體西用」原具「西體中用」的實
質，其內容還要視施用情況再決定留用與否。「中體西用」也是
宣傳手段，其內容未必符合言說者的本心和底蘊。而陳寅恪所以
拈出「天竺為體，華夏為用」不過是闡明史實，既發沈約、韓愈、
白居易千載之覆，也點出「中體西用」原具「資循誘」的成分。
史實真相一經點破，則豁然可通。「初雖效之，終能返之」，此
乃陳寅恪對中共政權的期待。在期待中，陳寅恪默認全面引進馬
列主義此一外來文化和意識形態是一現實，視馬列主義如同韓愈
所面對的「心性之學」，乃當下影響人心的思維方法，但期能大
力改造並融入中國文化[121]。「西體中用」當可視為吸收外來文化

---

120 吳學昭，《吳宓與陳寅恪》，頁143。
121 案，大陸學者如丁守和等有關馬克思主義或馬列主義在中國的傳播，以
　　及由毛澤東提出的「馬克思主義中國化」以期擺脫共產國際和蘇聯的影
　　響，和陳寅恪〈論韓愈〉的論點在思維基礎上不同，既和傳統是斷裂的
　　和體用也不相干。中共政權藉由馬克思主義中國化的命題，既在宣揚毛
　　澤東思想，也有意強化意識形態的輿論陣地，非本書所關注。

的過渡和策略，陳寅恪期待中共政權能出現「石破天驚」的效應，縮短此一過渡期。惟此一期待於1953年12月1日由陳寅恪口授，由汪籛筆錄的〈對科學院的答覆〉一文，明白宣示已告結束。其辭曰：

> 我認為不能先存在馬列主義的見解，再研究學術[122]。

比較諷刺的是《歷史研究》刊出〈論韓愈〉時，已是1954年5月，成了「淪落文章」，「自家公案自家參」[123]。「體用論」自〈論韓愈〉文後，不論是「中體西用」或「西體中用」，從未在陳寅恪的詩文中復見，可以推知陳寅恪已了然不必再以史論文章對現實政治有所獻替，更談不上藉由「體用論」有若何可「資循誘」的設想。

　　雖然，1953年9月，就是在作出〈對科學院的答覆〉前三個月，陳寅恪有〈書世說新語文學類鍾會撰四本論始畢條後〉文，初為油印打字本，1956年6月始見刊於《中山大學學報》[124]。其

---

122 《講義與雜稿》，頁464。

123 案，《歷史研究》於1954年創刊，陳寅恪雖掛名編委，〈論韓愈〉於當年5月第2期始刊出。但《歷史研究》創刊號即有陳寅恪的〈記唐代李武韋楊婚姻集團〉，排名在郭沫若、胡繩、侯外廬之後。〈論韓愈〉文，則排在第7篇，還在向達等人之後，僅在楊樹達、王毓銓之前。〈論韓愈〉文可謂先發後刊，顯然未受重視。陳寅恪有詩「文章我自甘淪落」，在詩題中引陳端生所著《再生緣》卷17第65回中語：「惟是此書知者久，浙江一省遍相傳。髫年戲筆殊堪笑，反勝那，淪落文章不值錢。」《詩集》，頁99。「自家公案自家參」出自陳寅恪1953年秋「次韻答龍榆生」詩。《詩集》，頁98。

124 蔣天樞，〈陳寅恪先生論著編年目錄〉，《陳寅恪先生編年事輯(增訂本)》，頁202。

間談及士大夫出處進退的「體用論」謂：

> 東漢外廷之士大夫，既多出身於儒家大族，如汝南袁氏
> 及弘農楊氏之類，則其修身治家之道德方法亦將以之適
> 用於治國平天下，而此等道德方法皆出自儒家之教義，
> 所謂「禹貢治水」，「春秋決獄」，以及「通經致用」，
> 「國身通一」，「求忠臣於孝子之門」者，莫不指是而
> 言。凡士大夫一身之出處窮達，其所言所行均無敢出此
> 範圍，或違反此標準者也。此範圍即家族鄉里，此標準
> 即仁孝廉讓。以此等範圍標準為本為體，推廣至於治民
> 治軍，為末為用。總而言之，本末必兼備，體用必合一
> 也[125]。

這應是陳寅恪借由歷史故實，重申知識分子當如傳統士大
夫，在出處進退上必要有一標準。此蓋有所為而言，暗諷當時多
數知識分子俯就中共政權，在意識形態上專斷學術倫理和是非，
與中學西學之「體用論」沒有直接關聯。其於〈對科學院的答覆〉
的最後一段話說：

> 你（汪籛）要把我的意見不多也不少地帶到科學院。碑文
> （清華大學王國維先生紀念碑銘）你帶去給郭沫若看。郭沫
> 若在日本曾看到我的（輓）王國維詩。碑是否還在，我不

---

125 陳寅恪，〈書世說新語文學類鍾會撰四本論始畢條後〉，《金明館叢稿
初編》，頁51。

知道。如果做得不好，可以打掉，請郭沫若來做，也許
更好。郭沫若是甲骨文專家，是「四堂」(指羅振玉雪堂、
王國維觀堂、郭沫若鼎堂、董作賓彥堂)之一，也許更懂得
王國維的學說。那麼我就做韓愈，郭沫若就做段文昌，
如果有人再做詩，他就做李商隱也很好。我(寫)的碑文
已流傳出去，不會湮沒[126]。

而這段引文的重點正是，「那麼我就做韓愈！」並拿郭沫若
類比段文昌，甚至郭也可以像李商隱一樣，寫詩肯定。蓋李商隱
有〈韓碑〉詩：「公(指韓愈，實指陳寅恪所寫記念碑銘文)之斯文
若元氣，先時已入人脾臟」[127]，明白表示其個人已不在意碑石可
能遭遇湮沒的命運[128]。而是更看重個人進退和歷史令名。

綜觀陳寅恪取用「體用論」的論述，並無一個前後一致、準
確的定義，而是隨著描述對象不同而有不同的表述。既可以是體
用兼備論者有本有末，也可以是二元並立的，乃至可以相反相
成，看似無法自成一個圓滿的體系；然則，何以濟之，陳寅恪以
其高度精準的史家能耐，於錯綜複雜的歷史事件中，往往能出以
極高明時空定位，人、事、時、地、物，令其各歸其位，釐清事
件發展的線索，既可獲致清晰的圖像，更能得一最具說服力、也

---

126 陳寅恪，〈對科學院的答覆〉，陸鍵東，《陳寅恪的最後二十年》(三
　　聯版)，頁112-113。
127 李商隱詩〈韓碑〉。又，蘇東坡〈臨江小驛〉詩：「淮西功業冠吾唐，
　　吏部文章日月光。千年斷碑人膾炙，不知世有段文昌。」
128 不過楊聯陞說，陳寅恪似很在意此事：「聞當年受迫害時，曾屢以此碑
　　下落為問。」但此說還必要有一確認。楊聯陞，〈打像為誓小考〉，《紀
　　念陳寅恪先生誕辰百年學術論文集》，頁282。

最接近事件真相的解釋。藉由「體用論」的偶詞分合,以開放而活絡的文字運用,以期方便表述一樁歷史的或特殊事件,於思維運作,特別是尋求對應時,反而會是一長處。雖然這無法符應哲學體系對認知論的要求,必要能有一完整體系,只能視「體用論」為一常識性的表述[129]。然而,這只能觀察到陳寅恪思維運作的表相。

王國維曾言:

> 學之義不明於天下久矣。今之言學者,有新舊之爭,有中西之爭,有有用之學與無用之學之爭。余正告天下曰:學無新舊也,無中西也,無有用無用也,凡立此名者,均不學之徒,即學焉,而未嘗知學者也。……余謂

---

129 賀麟對「體用論」的不同表述,有一段話值得參考。即必要區隔常識和哲學意義的體用。而一般講體用二字,乃是意義欠明晰且有點玄學味的名詞。「中學為體,西學為用」、「全盤西化」、「中國文化本位」的爭論多屬實用性的武斷,缺乏邏輯批評的功夫。常識性的體用如「中學為體,西學為用」,大體就是以主輔關係定之。反之,一個西方學者研究中國學問,他未嘗不可抱「西學為體,中學為用」的主張。其實中國留學生之治西學者,亦大都以西學為主,中學為輔,亦可謂為以「西學為體,中學為用」,完全與張之洞的路徑相反。常識中的體用是相對的,是以個人的需要為準而方便抉擇的,是無邏輯必然性的。但若中學是指天人性命之形而上學,指精神文明,而西學指聲光化電船堅砲利之學,指物質文明。則理論上精神文明為物質文明之體,而物質文明為精神文明之用,如是「中學為體,西學為用」不僅為常識的應一時之需要之方便說法,而成為有必然性的有哲學意義的說法了。而哲學上的體用根本不同於科學上的因果,不可混為一談。從黑格爾精神和文化的關係言,則體用不可分,也不可顛倒,且文化各部門要有有機的統一性。是以「中體西用」、「西體中用」皆不可通。賀麟,《文化與人生》,《民國叢書》2編43冊,頁28-37。

中西二學，盛則俱盛，衰則俱衰，風氣既開，互相推助。
且居今日之世，講今日之學，未有西學不興，而中學能
興者；亦未有中學不興，而西學能興者。……中國今日
實無學之患，而非中學西學偏重之患。……學問之事本
無中西，彼鰓鰓焉慮二者之不能並立者，真不知世間有
學問事者矣[130]。

這固是極其超然的高論，雖然王國維治學不論國學、史學乃
至四裔或戲曲文學率皆以「中學為主」；「然不敢蹈世人之爭
論，……而亦不能不自白于天下者也。」[131]陳、王相較，在思想
發展上，王國維這一段論述係以處理知識問題方式跳脫中西異
同，但若逃不掉價值觀的衝突，即本位立場的局限，也就不可能
免除中學與西學之間的體用爭論，在王國維個人而言，學術獨立
之義，固得以顯豁，但其個人所遭遇的價值衝突依然存在。

陳寅恪則不同。陳寅恪在〈馮友蘭《中國哲學史下冊》審查
報告〉的結尾中有一句話：「寅恪平生為不古不今之學，思想囿
於咸豐同治之世，議論近乎湘鄉南皮之間。」[132]持此一「不古不
今」的雙重否定兼具對稱意義的偶詞，既可通解「不中不西」、
「亦中亦西」之學[133]，與王國維所持處理知識問題的觀點原無二
致，而其實踐與運作更可見諸「體用論」，見諸「中學為體，西

---

130 王國維，〈國學叢刊序〉，《王國維遺書・觀堂別集》（上海：上海書
   店出版社，1966），第3冊，頁202-208。
131 同上，頁208。
132 陳寅恪，《金明館叢稿二編》，頁285。
133 請參閱本書附錄一，〈陳寅恪的「不古不今之學」新探〉。

學為用」以及「西學為體，中學為用」。前論各章「假設」與「辯證」乃至於歷史語言學的比較方法，皆可概括在內。然則，若如前論所言，與其單從表相看陳寅恪的「體用論」，不若進一步思考「不古不今」和「體用論」之間，可能存在的思想內涵。蓋此兩組語詞，原具極大的彈性且富於變化，是一可以隨機調整的思維對應模組，其最大的特徵，當在於陳寅恪的內在思維，謝絕二分法的二元對立思維模式。不論「不古不今」或「不中不西」之學，換一個角度看，都是一種對二分法的謝絕，有禮貌的拒絕。反觀陳寅恪所處的時代背景，不論激進或保守，趨新或守舊，極易流於二元對立的慣性思考，而這正是中國近現代史特別是思想界和學術界，一再陷於矛盾和衝突的寫照。如果能從這裡感知到陳寅恪以「體用論」處理外來文化的思維模式和反應策略，以及「平生為不古不今之學」，則是一個可資繼續探討陳寅恪思想發展與思想史的新起點。

第六章

結論

　　本書主旨在探求史家陳寅恪學術思想發展的淵源和軌跡，以期通過史實的考掘，追蹤史家成長的背景、環境影響，以及史家思想的論學思維和學術發展之間的關聯，重新呈現史家陳寅恪過去長期為人所忽視的一些側面，補充和增強對史家陳寅恪的理解和認識。

　　陳寅恪自幼即嗜好閱讀，也能廣泛接觸其所喜好的讀物，從而涵養陳寅恪在文史方面的學術積累。由於他是世家子，自幼即親受父母及祖輩和師友的陶冶，但因父祖皆列名戊戌黨人，所以也為陳寅恪帶來長期的陰影和危機感；此一危機感和挫折又強化了陳寅恪對知識的渴求，非僅欲得一解答，更欲尋得道統的寄託。

　　世家子的身分，讓陳寅恪在文化和家國認同上，更關注歷史上世家和政治的關聯，以及環境對個人成長的影響。而這些或多或少都有個人投射的移情作用。而客觀的認識史實，以古典反映今典，更是陳寅恪為其父祖輩在政治上的遭遇尋求參考坐標。這就是陳寅恪父祖輩皆列名戊戌黨人、但反對康有為變法的歷史解答。

擺脫家國危機陰影,以求知尋求出路,是陳寅恪自幼就由來自家庭的思考和安排,並成為小留學生赴日求學。何以選擇史學並成為史家,應是陳寅恪來自童幼即表現出「事業記文史」的性向。身為世家子的他更有必要為其父祖在湖南所銳意推行的新政,從歷史上的興亡成敗找到佐證。此又非僅是個人在學術上的興趣而已。

為創造史家的身分和地位,應是解釋陳寅恪留學國外十七年的一個重要線索。以陳寅恪的早慧和國學根柢,僅以取得西方大學頒授的學位以為現代「功名」,或不是一件難事,但陳寅恪卻走了另外一條路,但也因此而更受尊重和推崇。非僅吳宓驚其博學,陳寅恪返國後任教清華國學院,挾其東方語言學的學識發為論述,旋即取得大師級的王國維和陳垣看重,以及日本關西京都大學東洋學界的重視,胡適、傅斯年也認為他是當時最淵博的學者。這些在在證明陳寅恪選擇廣泛地學習東方語文有其眼光,設定了一個由西方漢學轉入史學的門徑。「讀書必先識字」,不但漢字,域外文字也要能掌握,這在當時學界幾乎找不到第二人有此廣面的學識基礎。一般以西學為標榜的文史留學生或僅得其方法論,但少有人有此域外語文能耐。傳統讀書人更驚奇陳寅恪既擁西學專業,又不廢中學,陳寅恪不但就此樹立了學者地位,也擁有了強而有力的詮釋威信。而這也是陳寅恪為馮友蘭《中國哲學史》所寫的審查報告、為陳垣史著撰述的序言、為王國維自沉所寫的輓詞、輓聯、銘文和〈王靜安先生遺書序〉,能為時人推重,雖逾半世紀,仍為學者樂道的原由。蓋能結合中學和西學,推陳出新,言人之所未能言,有西學新知的鑑賞和批判能力,又能掌握中國古典,符應中國文化精神。而此又非僅為學術而學

術，或僅擁有中學或西學知識所能達到的。

　　是以陳寅恪留學德國，在蘭克史學還是東方語文的可能選擇中，固然看不到蘭克史學的痕跡，從戰後德國柏林大學僅存的學籍資料，可以看到的學習記錄多是東方語文學的課程，也就不足為異。中央研究院歷史語言研究所創建之初，創所所長傅斯年強調的蘭克史學和史料學，或謂陳寅恪也受影響，於今已有學者陸續證實可能被誇大了。

　　從東方語文學和西方漢學，打開陳寅恪和西方學術的接觸面，與其說更接近西方的現代方法論或社會科學，不如說陳寅恪通過對西方古典文學的研讀，更有機會上接希臘古典文化，有機會取中國傳統文化的思維模式和西方古典的方法論如辯證法的思維模式作一對照，互相證發。希臘柏拉圖的辯證法是知識論證的思想運作模式，其所設定的「假設」或「假定」，是為論證立論，並就此不斷修正，以期更接近真理。這就是「假設法」。這和胡適推動的方法論，倡言「大膽的假設，小心的求證」固大異其趣；在學術源流上更是涇渭分明。胡適的方法論取自美國杜威思想，屬因果律的直線思考，立論但求明白而簡單；而陳寅恪則有取於希臘古典文化，有辯證的反覆論述，先備異說，再由外圍而漸近核心。源流不同，取徑不一，論學自屬異趣。這些一得之愚，都是前賢研究陳寅恪未及深入者。

　　陳寅恪的「假設」和論學辯證，幾乎貫穿其一生論學歷程，惟其隱而不顯，僅能於少數文章若〈與劉叔雅論國文試題書〉中，略窺其於辯證法有所闡述，例如「既能備具第三階段之合，即對子中最上等者。趙甌北詩話盛稱吳梅村歌行中對句之妙，其所舉之例，如『南內方看起桂宮，北兵早報臨瓜步。』等，皆合上等

對子之條件。」這是指辯證法正反合三階段,如何進入「合」的境界的一個判準;但這只是陳寅恪論學當中方法示例之一而已。通過「假設」和「辯證」,先備眾說,再求結論,這是陳寅恪另一明示方法的論述,然而前賢例如胡適即以為這是陳寅恪行文冗長,不足取法,而未能理解史實皆積漸而來,履霜而堅冰至,既非歷史的偶然或必然,而要講究其間關聯,更非出以單純的因果律所能斷。

陳寅恪的「假設」和「辯證」,有一個側面值得注意,乃陳寅恪通過「假設」所獲得的結論,和其所欲論述的旨意未必一致。這裡有「權威」轉移的現象,即以高明的考據,以期取信讀者,然其在某些論述上,一躍而為史論,不論成立與否,和前段「假設」未必有直接關聯,這固然可視為「合」,但不無牽強之處。就算史論部分成立,也僅能視為兩段不同的論述。例如陳寅恪在〈論再生緣〉當中,一再考證《再生緣》作者陳端生的丈夫「范菼」究竟是「秀水范菼」或「會稽范菼」,實於陳端生的創作高下和女性自覺並無直接關聯。讀者但見陳寅恪「喜聚異同」的興味和考證的功夫而已。

「對對子」可以有辯證思維,但「對對子」講究文字和音韻的結合,這是中國語文的的特色,也和中國人的語法或文法直接相關。陳寅恪負責清華大學入學考國文試卷,以「對對子」入題,引發爭議,但前賢論及「對對子」時多取考題中的「孫行者」該怎麼對為話題,未見陳寅恪所欲論述的中文文法和歷史語言學比較研究的取徑問題。本書檢得當年北平《世界日報》和天津《大公報》有關此一爭議的報導和評論,北平《世界日報》這一部分史料,從未見諸研究或引述,當可視為新史料的發掘成果。已有

學者如北京大學教授羅志田即據新出土史料撰有多篇文章，從而觸發了新的研究領域。

　　更值學術史或思想史研究者注意的，厥為陳寅恪所倡議的文法研究和歷史語言學的發展路徑和中文文法的建立，未因「對對子」的話題而受重視，這不僅是陳寅恪個人論學思想的挫折，更關係到當時人文學術發展的取向。陳寅恪批判當時主導中文文法研究和傳習的《馬氏文通》不通，但半個多世紀以來，《馬氏文通》依然備受研究中文文法的學者重視。這和白話文大量接受西式語文和句型有一定關聯。但中文文法走上陳寅恪眼中「格義」式的文法，對中國傳統文化的認知當然有直接影響，本文發現前賢於此皆未及處理，而這又不僅涉及陳寅恪論學思想而已。再者，陳寅恪於「對對子」和歷史語言學的比較研究，應另有設想，即「假西學以崇中學」，取西方的歷史語言學，以挽救中文或漢語免於沉淪，不致盡為西化的白話文所取代。此或本於陳寅恪〈王觀堂輓詞〉序言，即「綱紀本理想抽象之物，然不能沒有依托，以為具體表現之用。」除有形的社會、經濟制度外，陳寅恪更有見於：語文之於文化的承載，猶在社會經濟制度之上。

　　「中學為體，西學為用」是晚清以來談變法、談應對西方文化挑戰，代表官僚階層若張之洞輩，乃至官方所正式肯定者。本文所欲關心的不在討論「中體西用」在當時的影響，而是發現陳寅恪支持「中體西用」此一論述有其思想淵源，進而發現陳寅恪在學術論證中，還是一位慣於使用傳統「體用論」者。其所涉及的面向和領域相當廣，其中最具「石破天驚」意義者，為1951年陳寅恪假〈論韓愈〉的文章，提出「西體中用」論，此即「天竺為體，華夏為用」。蓋陳寅恪認為中共政權初立，固無從避開來

自北方的政治現實，必要有一妥協和善意，同時也可為「中學」所不足者，向「西學」學習，以期加速擺脫附從於前蘇聯的附庸地位。這原是陳寅恪在中共建政後於1951年完成的「唐史三論」中，最重要的一篇。前賢或視此為涉筆成趣，或以為未見重於學界，忽略了其中隱藏的意義。而1951年的「唐史三論」究其用心，當係為中共政權代籌，期望中共政權能在短期內獨立自主，回歸華夏文化主體。相信陳寅恪的經世用心，中共高層必有一定程度的理解。

貫穿陳寅恪一生學術志業的精神，殆為「獨立之精神，自由之思想」，且為時賢所推許。此不但見諸悼王國維自沉的輓詞當中，並下一轉語：「吾國文化之定義，具於《白虎通》三綱六紀之說，其意義為抽象理想最高之境，猶希臘柏拉圖所謂Eîdos者。」而此「抽象理想最高之境」，固屬西方古典於學術上的探求，其於王國維身上所闡揚的「獨立之精神，自由之思想」，亦係由此而來。若論其學術淵源，當可見信係來自希臘古典文化之精義和辯證法大有可資探討的關聯。「獨立之精神，自由之思想」，此後又疊見於1953年的〈對科學院的答覆〉、1954年的〈論再生緣〉以及1975年費十年之力完稿的《柳如是別傳》，既反覆闡明此係其個人治學的核心理念，又有意就明清兩代女中人傑河東君（柳如是）和陳端生對性別尊嚴的自覺和文采，特別予以表彰。在「廢殘難豹隱」，無從擺脫現實環境的限制下，陳寅恪較諸絕大多數的知識分子更見堅持個人核心價值，或隱或顯地藉由詩文抒發個人的批判，不能不說與其思想淵源和發展有直接關聯。今天所以有「陳寅恪熱」，也當視為「其來有自」，非一朝一夕之故。

陳寅恪在中學和西學之間曾就學術立場評論「舊派失之

滯」，「新派失之誣」，然其自述平生為「不古不今之學」又當何解？除附錄〈陳寅恪「不古不今之學」新探〉外，本書各章之間，特別是自第三章論述「辯證法」，第四章論述「對對子」及「歷史語言學的比較方法」，第五章論述「體用論」，以期釋證其學術淵源及其實踐，兼可在陳寅恪身上看到：中學和西學之間，原可形成一有機聯繫，本書也因此得有一具體架構。是以本書除探求陳寅恪學思發展外，或亦可為陳寅恪的名言「平生為不古不今之學」備一新解。至於本書所能貢獻者，也是筆者的自我期許，舉其大者有三：新史料、新觀點、新視野，稍供讀者對陳寅恪有一新的認識。

徵引書目

一、史料

(一)陳寅恪及家人作品附年譜

卞僧慧，《陳寅恪先生年譜長編(初稿)》，北京：中華書局，2010。

汪叔子、張求會編，《陳寶箴集》，北京：中華書局，2003。

胡守為編，《陳寅恪論文選》，北京：中華書局，1998。

陳三立著，李開軍校點，《散原精舍詩文集》，上海：上海古籍出版社，
　　　　2003。

陳小從，〈庭聞憶述〉，《紀念陳寅恪先生百年誕辰學術論文集》，南
　　　　昌：江西教育出版社，1994。

———，《圖說義寧陳氏》，濟南：山東畫報出版社，2004。

陳美延、陳琉求主編，《陳寅恪集》十三種十四冊，北京：三聯書店，
　　　　2001-2002。依出版時間序分別為：《柳如是別傳》上中下三
　　　　冊、《寒柳堂集》、《隋唐制度淵源略論稿·唐代政治史述論
　　　　稿》、《元白詩箋證稿》、《詩集·附唐篔詩存》、《書信集》、
　　　　《金明館叢稿初編》、《金明館叢稿二編》、《讀書札記一集》、
　　　　《讀書札記二集》、《讀書札記三集》、《講義及雜稿》。

———主編，《陳寅恪先生遺墨》，廣州：嶺南美術出版社，2005。

陳寅恪，〈吾國學術之現狀及清華之職責〉，《清華大學二十週年紀念

特刊》，北京：清華大學，1931。

陳寅恪，〈西夏文佛母大孔雀明王經夏梵藏漢合璧校釋序〉，《中央研究院歷史語言研究所集刊》，1本4分(1931年4月)。

────，〈與妹書〉，《學衡》，20期(1932年8月)。

────，〈元微之遣悲懷詩之原題及其秩序〉，《清華學報》，10卷3期(1935年7月)。

────，〈讀秦婦吟〉，《清華學報》，11卷4期(1936年10月)。

────，〈論唐高祖稱臣於突厥事〉，《嶺南學報》，11卷2期(1951年6月)。

萬繩楠整理，《陳寅恪魏晉南北朝史講演錄》，中和：雲龍出版社，1996。

劉隆凱，《陳寅恪「元白詩證史」講席側記》，武漢：湖北教育出版社，2006。

蔣天樞，《陳寅恪先生編年事輯(增訂本)》，上海：上海古籍出版社，1997。

(二)同時人日記、信函、回憶

石泉、李涵，〈追憶先師寅恪先生〉，《紀念陳寅恪教授國際學術討論會文集》，廣州：中山大學出版社，1989。

何炳棣，《讀史閱世六十年》，臺北：允晨文化公司，2004。

吳學昭整理，《吳宓日記》，北京：三聯書店，1998。

李方桂，〈李方桂致沈兼士書〉，沈兼士著，葛信益、啟功整理，《沈兼士學術論文集》，北京：中華書局，2004。

────口述，王啟龍、鄧小詠譯，李林德校訂，《李方桂先生口述史》，北京：清華大學出版社，2003。

李璜，〈憶陳寅恪登恪昆仲〉，《大成雜誌》(香港)，49期(1977年12月)。

周祖謨，〈往事自述〉，《文獻》，37期(1988年7月)。

季羨林，〈回憶陳寅恪先生〉，錢文忠編，《陳寅恪印象》，上海：學

林出版社，1997。

林語堂，〈林語堂致沈兼士書〉，沈兼士著，葛信益、啟功整理，《沈兼士學術論文集》，北京：中華書局，2004。

俞大綱，《寥音閣詩話》，《俞大綱全集》（詩文詩話卷），臺北：幼獅圖書公司，1987。

俞大維，〈俞大維先生自述──「超以象外，得其環中」〉，李元平，《俞大維傳》，臺中：臺灣日報社，1992。

────，〈談陳寅恪先生〉，《談陳寅恪》，臺北：傳記文學出版社，1978。

胡頌平編，《胡適之先生晚年談話錄》，臺北：聯經出版公司，1984。

夏承燾，《天風閣學詞日記》，杭州：浙江古籍、浙江教育出版社，1998。

浦江清，《清華園日記‧西行日記》（增補本），北京：三聯書店，1999。

曹伯言整理，《胡適日記全集》，臺北：聯經出版公司，2004。

陳流求、陳小彭、陳美延，《也同歡樂也同愁：憶父親陳寅恪母親唐篔》，北京：三聯書店，2010。

陳智超編注，《陳垣來往書信集》（增訂本），北京：三聯書店，2010。

馮友蘭，《三松堂自序》，北京：人民出版社，1998。

楊樹達，《積微翁回憶錄》，上海：上海古籍出版社，1986。

顧頡剛，《顧頡剛日記》，台北：聯經出版公司，2007年3月。

────，《古史辨第一冊‧自序》，北平：樸社，1926，臺灣影印本。

〔日〕倉石武四郎著，榮新江、朱玉麒輯注，《倉石武四郎中國留學記》，北京：中華書局，2002。

（三）檔案及公私文獻與相關著作

王　力，〈中國文法學初探〉，《清華學報》，11卷1期（1936年1月）。

────，《漢語史稿》，北京：中華書局，2005。

────，《中國語言學史》，上海：復旦大學出版社，2006。

王　弼著，〔日〕石田羊一郎刊誤，《老子王弼注》，臺北：河洛出版社，

1974。

王　震編，《徐悲鴻文集》，上海：上海畫報出版社，2005。

王永興，《陳門問學叢稿》，南昌：江西人民出版社，1993。

王汎森、杜正勝主編，《傅斯年文物資料選輯》，臺北：中央研究院歷
　　史語言研究所，1995。

王泉根，〈吳宓年表〉，《追憶吳宓》，北京：社會科學文獻出版社，
　　2001。

王國維，〈國學叢刊序〉，《王國維遺書‧觀堂別集》，上海：上海書
　　店出版社，1966。

王慶成、葉文心、林載爵編，《嚴復編年文集》，臺北：辜公亮文教基
　　金會，1998。

毛澤東，《毛澤東選集》，北京：人民出版社，1991。

北京大學、中國第一歷史檔案館編，《京師大學堂檔案選編》，北京：
　　北京大學出版社，2001。

池田溫，〈陳寅恪先生和日本〉，《紀念陳寅恪教授國際學術討論會文
　　集》，廣州：中山大學出版社，1989。

牟潤孫，〈從《通鑑胡注表微》論援庵先師的史學〉，《勵耘書屋問學
　　記：史學家陳垣的治學》，北京：三聯書店，1987年。

何　容，《中國文法論》，臺北：臺灣開明書店，1954。

吳雨僧（吳宓），《空軒詩話》，臺北：鼎文書局，1979，據中華書局影
　　印本。

吳　宓，《吳宓自編年譜》，北京：三聯書店，1995。

呂叔湘，〈《馬氏文通》述評〉，呂叔湘，《呂叔湘文集》，北京：商
　　務印書館，2004。

呂叔湘、王海棻編，《馬氏文通讀本》，上海：上海教育出版社，1986。

李方桂，〈漢藏系語言研究法〉，《國學季刊》，7期，又，《中華文
　　化復興月刊》，7卷8期（1974年8月），頁12-16。

李清良，《熊十力陳寅恪錢鍾書闡釋思想研究》，北京：中華書局，2007。

李　堅，〈《陳寅恪詩集》中的悲觀主義色彩淺釋〉，胡守為主編，〈《柳如是別傳》與國學研究〉，杭州：浙江人民出版社，1995。

杜維運，〈姚從吾先生全集——歷史方法論——後記〉，姚從吾，《歷史方法論》，臺北：正中書局，1971。

汪榮祖，〈長使書生淚滿襟：悼念周一良先生〉，《載物集：周一良先生的學術與人生》，北京：清華大學出版社，2003。

周振甫選注，《嚴復選集》，北京：人民文學出版社，2004。

胡文輝，〈新發現陳寅恪遺物印象記〉，《收藏·拍賣》（廣州），創刊號（2004年1月）。

胡　適，〈文學改良芻議〉，《新青年》，2卷5號（1917年1月1日）。

———，"Conflict of Cultures"（中譯：〈文化的衝突〉），《中國基督教年鑑》，1929。

孫應祥，《嚴復年譜》，福州：福建人民出版社，2003。

徐伯陽、金山合編，《徐悲鴻年譜》，臺北：藝術家出版社，1991。

高平叔、陶英惠主編，《蔡元培文集》，台北：錦繡出版公司，1995。

張之洞，《張文襄全集》，臺北：文海出版社，1963。

———，《勸學篇》，上海：上海書店出版社，2002。此版係據光緒24年（1898）6月湖南船山書院刻印本為底本重新排印。

張致遠，《張致遠文集》，臺北：國防研究院出版部，1967。

梁啟超，夏曉虹點校，《清代學術概論》，北京：中國人民大學出版社，2004。

郭沫若，《郭沫若古典文學論文集》，上海：上海古籍出版社，1985。

陶希聖，《潮流與點滴》，臺北：傳記文學出版社，1964。

章培恆，〈《陳寅恪先生編年事輯》後記〉，蔣天樞，《陳寅恪先生編年事輯》，上海：上海古籍出版社，1997。

傅斯年，〈歷史語言研究所工作之旨趣〉，《中央研究院歷史語言研究所集刊》，1本1分（1928年10月）。

湯用彤，〈往日雜稿〉，《湯用彤全集》，卷五，石家莊：河北人民出

　　　　版社，2000。

賀　麟，《文化與人生》，上海：上海書店，1989。

馮友蘭，《中國哲學史》，上海：商務印書館，1947。

楊聯陞，《哈佛遺墨》，北京：商務印書館，2004。

楊鍾羲，《雪橋詩話》，北京：北京古籍出版社，1989。

熊十力，《體用論》，景海峰編，《熊十力選集》，長春：吉林人民出
　　　　版社，2005。

趙新那、黃培雲，《趙元任年譜》，北京：商務印書館，1998。

齊家瑩，《清華人文學科年譜》，北京：清華大學出版社，1999。

劉小惠，《父親劉半農》，上海：上海人民出版社，2000。

劉桂生，〈陳寅恪、傅斯年留德學籍材料之劫餘殘件〉，《北大史學》，
　　　　4輯（1997年8月）。

歐陽哲生編，《胡適文集》，2冊、5冊，北京：北京大學出版社，1998。

───編，《傅斯年全集》，長沙：湖南教育出版社，2003。

潘光旦，《中國伶人血緣之研究》，《潘光旦文集》，北京：北京大學
　　　　出版社，2000。

蔡尚思等編，《譚嗣同全集》，北京：中華書局，1981。

盧冀野，《盧前筆記雜鈔》，北京：中華書局，2006。

錢仲聯主編，《清詩紀事》，南京：鳳凰出版社，2004。

戴鎦齡，〈梁宗岱與胡適的不合〉，趙白生編，《中國文化名人畫名家》，
　　　　北京：中央編譯出版社，1995。

譚　獻，《篋中詞》，《續修四庫全書》，1732冊，上海：上海古籍出
　　　　版社，2002年據光緒八年刻本。

嚴　復，〈原強〉，《嚴復集》，1冊，北京：中華書局，1986。

───，〈與《外交報主人》論教育書〉，《嚴復集》，3冊，北京：
　　　　中華書局，1986。

───，〈闢韓〉，《嚴復集》，1冊，北京：中華書局，1986。

顧　潮，《顧頡剛年譜》，北京：中國社會科學出版社，1993。

〔希〕柏拉圖，王曉朝譯，《柏拉圖全集》，北京：人民出版社，2005。

〔希〕亞里士多德，苗力田主編，《亞里士多德全集》，北京：中國人民
　　　大學出版社，1993。

（四）報紙及期刊雜誌

《大公報・文學副刊》（天津），1932年9月5日。

《大公報》（天津），1932年8月31日，9版。

《世界日報》（北平），1932年8月7日、8日、10日、13日、15日、16日、
　　　19日12版。又，8月15日7版。

《自由中國》（臺北），9卷9期（1953年11月1日）。

《努力周報》，53期（1923年5月12日），1版。

《青鶴》（上海），1卷3期（1932年12月16日）。

《新民叢報》，第1號，臺北：藝文印書館，1966，據光緒28年（1902）
　　　新民叢報編印本影印。

《新青年》（北京），8卷1號（1920年9月1日），上海：上海書店，1988
　　　年，合訂影印本。

《新青年》（北京），9卷3、4號（1921年7月1日、8月1日），上海：上海
　　　書店，1988年，合訂影印本。

《獨立評論》（北平），115號（1934年8月26日）。

二、近人著作

（一）中文專書

方朝暉，《「中學」與「西學」——重新解讀現代中國學術史》，保定：
　　　河北大學出版社，2002。

王祖望編著，《歐洲中國學・德國篇》，北京：社會科學文獻出版社，
　　　2005。

王爾敏，《史學方法》，臺北：東華書局，1977。

王爾敏，《晚清政治思想史論》，桂林：廣西師範大學出版社，2005。

皮后鋒，《嚴復大傳》，福州：福建人民出版社，2003。

余英時，《歷史與思想》，臺北：聯經出版公司，1976。

———，《文化：中國與世界》，第1輯，北京：三聯書店，1987。

———，《現代儒學論》，香港：八方文化公司，1996。

———，《陳寅恪晚年詩文釋證》，臺北：東大圖書公司，1998。

———，《朱熹的歷史世界》，臺北：允晨文化出版社，2003。

吳定宇，《學人魂——陳寅恪傳》，臺北：業強出版社，1996。

吳學昭，《吳宓與陳寅恪》，北京：清華大學出版社，1992。

李元平，《俞大維傳》，臺北：臺灣日報社，1992。

李玉梅，《陳寅恪之史學》，香港：三聯書店，1997。

李澤厚，《中國現代思想史論》，北京：東方出版社，1987。

李錦繡，〈陳寅恪學案〉，楊向奎等著，《百年學案》，瀋陽：遼寧人
　　　民出版社，2003。

杜正勝、王汎森主編，《新學術之路》，臺北：中央研究院歷史語言研
　　　究所，1998。

杜維運，《與西方史家論中國史學》，臺北：東大圖書公司，1981。

———，《聽濤集》，臺北：弘文館，1985。

宋德熹，《陳寅恪中古史學探研——以《隋唐制度淵源略論稿》為例》，
　　　板橋：稻香出版社，1999。

汪榮祖，《史家陳寅恪傳》（增訂版），臺北：聯經出版公司，1997。

———，《史學九章》，臺北：麥田出版社，2002。

侯宏堂，《「新宋學」之建構——從陳寅恪、錢穆到余英時》，合肥：
　　　安徽教育出版社，2009。

姚小平主編，《首屆中國語言學史研討會文集——《馬氏文通》與中國
　　　語言學史》，北京：外國語教學與研究出版社，2003。

胡文輝，《陳寅恪詩箋釋》，廣州：廣東人民出版社，2008。

胡守為編，《《柳如是別傳》與國學研究》，杭州：浙江人民出版社，

1996。

胡守為編，《陳寅恪與二十世紀中國學術》，杭州：浙江人民出版社，
　　2000。

唐振常，《承傳立新——陳寅恪先生之學》，香港：商務印書館（香港），
　　2000。

桑　兵，《國學與漢學——近代中外學界交往錄》，杭州：浙江人民出
　　版社，1999。

———，《晚清民國的國學研究》，上海：上海古籍出版社，2001。

張廣智、周兵，《心理史學》，臺北：揚智文化公司，2001。

許冠三，《新史學九十年》，臺北：唐山出版社，1996。

陳　來，《宋明儒學論》，上海：復旦大學出版社，2010。

陳永發，《中國共產革命七十年》（修訂版），臺北：聯經出版公司，2001。

傅　杰編，《二十世紀中國文史考據文錄》，昆明：雲南人民出版社，
　　2001。

湯用彤，《漢魏兩晉南北朝佛教史》，《湯用彤全集》，石家莊：河北
　　人民出版社，2000。

黃彰健，《戊戌變法史研究》，臺北：中央研究院歷史語言研究所，1970。

楊國樞、文崇一、吳聰賢、李亦園合著，《社會及行為科學研究法》，
　　臺北：東華書局，1980。

熊秉真，《童年憶往——中國孩子的歷史》，臺北：麥田出版社，2000。

劉以煥，《一代宗師陳寅恪——兼及陳氏一門》，重慶：重慶出版社，
　　2001。

———，《國學大師陳寅恪》，重慶：重慶出版社，1996。

劉克敵，《陳寅恪與中國文化》，上海：上海人民出版社，1999。

潘逸民，《陳方恪先生編年輯事》，北京：中國工人出版社，2005。

盧建榮，《陳寅恪學術遺產再評價》，台北：時英出版社，2010。

嚴耕望，《治史答問》，臺北：臺灣商務印書館，1985年6月。

嚴壽澂，《近世中國學術通變論叢》，臺北：國立編譯館，2003。

蘇雲峰，《從清華學堂到清華大學(1911-1929)──近代中國高等教育研究》，臺北：中央研究院近代史研究所，1996。

羅志田，《近代讀書人的思想世界與治學取向》，北京：北京大學出版社，2009。

〔日〕島田虔次著，蔣國保譯，《朱子學與陽明學》，西安：陝西師範大學出版部，1986，原著《朱子学と陽明学》，1967。

〔日〕實藤惠秀著，譚汝謙、林啟彥譯，《中國人留學日本史》，香港：中文大學出版部，1982。

〔英〕卡爾‧波普爾(Karl Raimund Popper)著，傅季重、紀樹立等譯，《猜想與反駁》，上海：上海譯文出版社，1986。

〔英〕麥肯齊(Robert Mackenzie)著，李提摩太(Timothy Richard)、蔡爾康譯，《泰西新史攬要》，上海：上海書店，2002。

〔德〕施耐德(Axel Schneider)著，關山、李貌華譯，《真理與歷史：傅斯年、陳寅恪的史學思想與民族認同》，北京：社會科學文獻出版社，2008。

〔德〕策勒爾(Eduard Zeller)著，翁紹軍譯，《古希臘哲學史綱》，濟南：山東人民出版社，1992。

（二）外文專書

Erikson, Erik. *Young Man Luther: A Study in Psychoanalysis and History.* New York: Norton, 1962.

Levenson, Joseph R. *Confucian China and Its Modern Fate: A Trilogy.* Los Angeles: University of California Press, 1972.

Wang, Fan-shen. *Fu Ssu-nien: A life in Chinese History and Politics* Cambridge: Camgridge University Press, 2000.

Hartman, Charles. *Han Yu and the T'ang Search for Unity.* Princeton University Press, 1986.

（三）中文期刊論文

毛漢光，〈陳寅恪傳〉，《國史擬傳》，第5輯（1995）。

王士元，《索緒爾與雅柯布森：現代語言學歷史略談》，劉翠溶主編，《四分溪論學集：慶祝李遠哲先生七十壽辰》，台北：允晨文化公司，2006。

王永興，〈述陳寅恪先生《論韓愈》之作的重大意義〉，《上海師範大學學報（哲社版）》，2003年3期。

王爾敏，〈陳寅恪著「元白詩箋證稿」讀後〉，《食貨》，復刊2卷10期（1973年1月）。

全漢昇，〈清末的「西學源出中國」說〉，《嶺南學報》，4卷2期（1935年6月），頁57-102。

余英時，〈章學誠文史校讎考論〉，《中國文化》，10期（1994年8月），頁27-36。

何大安，《從中國學術傳統論漢語方言研究的過去、現在與未來》，《中央研究院歷史語言研究所集刊》，63本4分（1993年9月）。

汪榮祖，〈蘭克史學真相〉，《食貨》，復刊5卷1期（1975年4月）。

周法高，〈柳如是事考〉，《錢牧齋柳如是佚詩及柳如是有關資料》，臺北：作者自印本，1978。

———，〈漢語研究的方向——語法學的發展〉，《論中國語言學》，香港：中文大學出版社，1980。

———，〈讀陳寅恪先生編年事輯〉，《大陸雜誌》，65卷6期（1982年12月）。

周策縱，〈中外為體，中外為用——中國文化現代化芻議〉，《中國文化》，9期（1994年2月）。

周樑楷，〈傅斯年和陳寅恪的歷史觀點——從西方學術背景所作的討論〉，《臺大歷史學報》，20期（1996年11月），頁101-128。

季羨林，〈紀念陳寅恪先生教授國際學術討論會閉幕詞〉，《紀念陳寅

恪教授國際學術討論會文集》，廣州：中山大學出版社，1989。

季羨林，〈從學習筆記本看陳寅恪先生的治學範圍和途徑〉，《紀念陳寅恪教授國際學術討論會文集》，廣州：中山大學出版社，1989。

———，〈紀念陳寅恪先生百年誕辰學術論文集序〉，王永興主編，《紀念陳寅恪先生百年誕辰學術論文集》，南昌：江西教育出版社，1994。

林正弘，〈胡適與殷海光的科學觀〉，《自由民主的思想與文化：紀念殷海光逝世20周年學術研討會論文集》，臺北：自立晚報社文化出版部，1990。

施耐德，《道史之間：為中國尋找現代認同的兩位中國史家》，《中國文化》，17、18期合刊（2001年3月）。

胡文輝，〈陳寅恪詩箋釋二題〉，《古今論衡》，8期（2002年7月）。

唐長孺，〈孫吳建國及漢末江南的宗部與山越〉，《魏晉南北朝史論叢》，北京：三聯書店，1955。

席　文、劉龍光譯、張藜補譯，〈為什麼科學革命沒有在中國發生——是否沒有發生？〉，劉鈍、王揚宗編，《中國科學與科學革命：李約瑟難題及其相關問題研究論著選》，瀋陽：遼寧出版社，2002。

桑　兵，〈近代中外比較研究史管窺——陳寅恪《與劉叔雅論國文試題書》解析〉，《中國社會科學》，2003年1期。

———，〈陳寅恪與中國近代史研究〉，《晚清至民國的國學研究》，上海：上海古籍出版社，2001。

殷祝勝，〈陳寅恪的學術淵源及其演變〉，南京大學博士論文，未刊稿，1997。

馬幼垣，〈陳寅恪已刊學術論文全目初稿〉，《陳寅恪與二十世紀中國學術》，杭州：浙江人民出版社，2000。

張國剛，〈陳寅恪留德時期柏林的漢學與印度學——關於陳寅恪先生治

學道路的若干背景知識〉,《陳寅恪與二十世紀中國學術》,
杭州:浙江人民出版社,2000。

張廣智,〈傅斯年、陳寅恪與蘭克史學〉,《二十一世紀的中國史學和
比較歷史思想會議論文集》,上海:復旦大學出版社,2004。

梅祖麟,〈中國語言學的傳統和創新〉,《學術史與方法學的省思——
中央研究院歷史語言研究所七十周年研討會論文集》,臺北:
中央研究院歷史語言研究所,2000。

陳弱水,〈一九四九年前的陳寅恪:學術淵源與治學大要〉,《新學術
之路:中央研究院歷史語言研究所七十周年紀念文集》,上冊,
臺北:中央研究院歷史語言研究所,1998。

———,〈現代中國史學史上的陳寅恪——歷史解釋及相關問題〉,《學
術史與方法學的省思:中央研究院歷史語言研究所七十周年研
討會論文集》,臺北:中央研究院歷史語言研究所,2000。

楊儒賓,〈近現代儒家思想史上的體用論〉,《天人之際與人禽之辨——
比較哲學研討會論文》,香港:中文大學出版社,1997。

褚孝泉,〈從陳寅恪與劉雅叔論國文試題書談起〉,《二十一世紀》,
34期(1996年4月)。

劉克敵,〈略論陳寅恪對新文化運動的態度與意見〉,《文藝理論研究》,
1997年6期。

———,〈對對子與中國文化精神〉,《東岳論叢》,2000年1期。

劉後濱、張耐冬,《陳寅恪的士大夫情結與學術取向》,《中國文哲研
究所集刊》,23期(2003年9月)。

劉夢溪,〈「一代文化所托命之人」——論陳寅恪先生的學術創獲和研
究方法〉,《書目季刊》,24卷4期(1991年3月)。此文分上下
篇,下篇為25卷1期(1991年6月)。

蔣天樞,〈陳寅恪先生傳〉,《紀念陳寅恪先生誕辰百年學術論文集》,
北京:北京大學出版社,1989。

錢文忠,〈略論寅恪先生之比較觀及其在文學研究中之運用〉,王永興

編,《紀念陳寅恪先生百年誕辰學術論文集》,南昌:江西教育出版社,1994。

羅志田,〈陳寅恪的文字意趣札記〉,《中國文化》,22期(2006)。

〔美〕彼德・洛溫柏格著,張同濟譯,郝名瑋校,〈納粹青年追隨者的心理歷史淵源〉,《史學理論研究》,1996年3期、4期。

〔韓〕金永植著,王道還譯,〈中國傳統文化中的自然知識──中國科學史研究的一些問題〉,《史學評論》,9期(1985年1月)。

(四)外文期刊論文

Demievill, Paul, "Necrologie:Tch'en Yinlo", *Toung Pao*, 26(1971).

Schneider, Axel, "Between *Dao* and History: Two Chinese Historians in Search of a Modern Identity for China", in *Chinese Historiography In Comparative Perspective, History and Theory, Theme Issue* (October 1996), pp. 54-73.

小野川秀美,〈陳寅恪目錄〉,《東洋史研究》,2卷2號(1936年12月)。

小川茂樹,〈顧頡剛目錄〉,《東洋史研究》,2卷6號(1937年8月)。

島田虔次,〈體用の歷史に寄せて〉,《塚本博士頌壽紀念佛教史學論集》,京都:塚本博士頌壽記念會,1961。

三、類書

中國大百科全書編輯委員會語言文字編輯委員會編,《中國大百科全書・語言文字》,北京、上海:中國大百科全書出版社,1994年。

附錄一
陳寅恪「不古不今之學」新探[*]

一　前言

1934年，陳寅恪在〈馮友蘭《中國哲學史下冊》審查報告〉的結尾中有一句話：

> 寅恪平生為不古不今之學，思想囿於咸豐同治之世，議論近乎湘鄉南皮之間[1]。

第二年，為陳垣撰〈陳垣西域人華化考序〉有：

> 寅恪不敢觀三代兩漢之書，而喜談中古以降民族文化之

---

[*]　本文原題：〈陳寅恪的不古不今之學〉，見《中國中古史集刊》，6期（2006年12月），頁195-212。近5年來，既有新出史料，認知較前加深，推陳出新，篇幅亦有所擴充。

[1]　陳寅恪，〈馮友蘭中國哲學史下冊審查報告〉，《金明館叢稿二編》（《陳寅恪集》版，北京：三聯書店，2001），頁285。

史[2]。

史家汪榮祖在《史家陳寅恪傳》中以「為不古不今之學」立有四篇專章[3]，並謂：

> 陳寅恪自謂「平生為不古不今之學」。所謂「不古不今」指國史中古一段，也就是他研究的專業[4]。

陳寅恪的弟子周一良說：

> 關於不古不今之學，汪榮祖教授在他的《史家陳寅恪傳》中已有明確解釋，認為是指中國歷史的中古一段，亦即魏晉到隋唐這一時期[5]。

周一良並以陳寅恪在清華開課情況作出解釋：

> 清華大學一九三二年秋季的學程說明中，說「以晉初至唐末為一整個歷史時期」，當係陳先生所擬定，據傳陳先生還曾說過，漢以前歷史材料太少，問題不易說清

2　陳寅恪，〈陳垣元西域人華化考序〉，《金明館叢稿二編》，頁270。

3　汪榮祖，《史家陳寅恪傳(修訂版)》(臺北：聯經出版公司，1984)，標有「為不古不今之學」者共有四章，細分為：第六章「佛教史考證」、第七章「唐史研究」、第八章「詩史互證」、第九章「六朝史論」。

4　《史家陳寅恪傳》，頁80。

5　周一良，〈紀念陳寅恪先生〉，《紀念陳寅恪教授國際學術討論會文集》(廣州：中山大學出版社，1989)，頁10。

楚，宋以後印刷術發明，書籍大量廣泛流通，材料又太
多，駕馭不易，所以選取魏晉到隋唐材料多少適中的一
段作為研究對象。如果此話屬實，也可以幫助解釋為何
陳先生選擇了這個不古不今的段落[6]。

馮友蘭在紀念陳寅恪的文章中則說：

「不古不今之學」，是說他研究唐史[7]。

依馮、周兩人說法，汪榮祖的解釋當屬正解。

然而此說的時效或只及於1940年代清華改制為大學後至
1960年代初的一段。此前陳寅恪開的課程及發表的論文，多集中
於西方漢學或東方學領域的論題，雖多與中古有關，但非國史中
古所能概括。任教廣州中山大學期間，陳寅恪專注於陳端生和柳
如是的相關研究猶勝其他；以時代論，陳寅恪的研治重心已轉入
明清易代之際以及陳寅恪心目中的乾隆盛世[8]。

余英時論述陳寅恪的學術精神，取「喜談中古以降民族文化
之史」為言，雖未直接談起「不古不今之學」，但寓意及指涉皆
集於中古以降漢民族與其他異族的接觸與交往，以及外國文化如
佛教傳入中國後的種種影響，不出汪榮祖概括的範疇[9]。

6　《史家陳寅恪傳》，頁10-11。
7　馮友蘭，〈懷念陳寅恪先生〉，《紀念陳寅恪先生誕辰百年學術論文集》
　　（北京：北京大學出版社，1989），頁18。
8　陳寅恪，〈論再生緣〉，《寒柳堂集》（《陳寅恪集》版，北京：三聯
　　書店，2001），頁83。陳寅恪說：「有清一代，乾隆最稱承平之世。」
9　余英時，〈陳寅恪的學術精神和晚年心境〉，《陳寅恪晚年詩文釋證（增

二 不古不今之學與經學

不論陳寅恪對其個人的期待,或論其學術規模和識見,「不古不今之學」或應有更大的指涉空間,學者如逯耀東認為:

> 所謂「不古不今之學」,一般解釋是指寅恪先生後來專治的魏晉隋唐而言,不過,對於「不古不今之學」,或可另作超越今古文經學,專治乙部之學解[10]。

逯耀東舉陳寅恪〈楊樹達論語疏證序〉所說:「平生頗讀中華乙部之作,間亦披覽天竺釋典,然不敢治經。」其不敢治經之背景,逯耀東引陳寅恪自言:「曩以家世因緣,獲聞光緒京朝勝流之緒論,其時學術風氣,治經頗尚《公羊春秋》,……後來今文《公羊春秋》之學,遞演為改制疑古,流風所被,與近四十年間變幻之政治,浪漫之文學,殊有連繫。此稍習國聞之士所能知者也。」[11]

逯耀東以「不古不今」聯繫經今古文學,在陳寅恪眼中,以誇誕之人治經學,往往「譬如圖畫鬼物,苟形態略見,則能事已畢,其真狀之果肖似與否,畫者與觀者兩皆不知也。」轉論清代史學之不振,則因「史學之材料大都完整而較備具,其解釋亦有

(續)──────────────
　　訂新版)》(臺北:東大圖書公司,1998),頁20。
　10　逯耀東,〈陳寅恪的「不古不今」之學〉,《胡適與當代史學家》(臺北:東大圖書公司,1998年1月),頁201-202。
　11　同上,頁202。

所限制，非可人執一說，無從判決其當否也。」[12] 逯耀東指出此為陳寅恪專治史學而非經學之緣由。

而「不古不今之學」的精神所在，則在融會「古事今情」[13]。惟就「不敢觀三代兩漢之書，而喜中古以降民族文化之史」，推定「就是所習言的『不古不今』魏晉隋唐之史了。」[14] 這是基於陳寅恪對清代樸學的批評而得的結論。黃清連推演師說，認為「不古不今之學」除經今古文之外，指陳寅恪常用「舊派」、「古學」、「中學」和「新派」、「今學」、「西學」，兩組對稱的學術思潮或持其說的學術團體，這兩組或還分別可以加上「舊酒」、「舊瓶」和「新酒」、「新瓶」[15]。兩組學術思潮或群體的治學方法，最大的差別在於「解釋」之有無或適當與否。「舊派」之失在於沒有「解釋」，「新派」之失是「解釋不當」，或「過度解釋」。陳寅恪所關心的是「解釋」之有無或適當與否，所謂「不古不今之學」，不必從他「研究的專業」的時代斷限上強分古今；不必從學術流派中「舊學」或「中學」中強分古文之學或今文之學乃至漢宋之爭[16]；不必從本土或外來學說強分中

12　逯耀東，〈陳寅恪的「不古不今」之學〉，頁202-203。

13　同上，頁204。

14　同上，頁203。另，劉墨也主張「陳寅恪的『不古不今之學』實為延續晚清經學陣營中古文、今文之學。」劉墨，〈不古不今之學──陳寅恪學術思想的一個新闡釋〉，《江西社會科學》2004.4：209。

15　黃清連，〈不古不今之學與陳寅恪的中古史研究〉，《結網三編》（板橋：稻香出版社，2007），頁175。

16　此處黃清連原文為：「不必從學術流派中『舊學』或『中學』中的漢宋之學強分古文之學或今文之學。」黃清連，〈不古不今之學與陳寅恪的中古史研究〉，頁177。案，經今古文和漢宋之爭原是學術史上的兩件事，宜有明確區隔。

西、古今、新舊、科玄。陳寅恪所說的是一種兼攝、調和的既非
古學、亦非今學的「不古不今之學」、「不舊不新之學」、「不
中不西之學」。事實上,也可以說是「亦古亦今之學」、「亦舊
亦新之學」、「亦中亦西之學」[17]。

三　不古不今之學與國史

　　大陸文革後崛起的學者近年對陳寅恪「平生為不古不今之
學」頗有討論。桑兵認為:「或以為『不古不今』指國史中古一
段,與陳的內心追求不相吻合,陳因家世關係迴避晚清史可以理
解,但志在宋代史學的通達,必不肯自囿於所謂中古一段。綜觀
其一生治學,上至魏晉,下迄明清,均有極其深入而影響重大的
成就。即使對先秦兩漢和晚清史,雖鮮有專文,但偶爾涉及的二
三論斷,較一般專門研究者猶勝一籌。」[18]逯耀東指「不古不今」
和經學的今古文有關,桑兵進一步舉錢穆《劉向歆父子年譜》、
《先秦諸子繫年》頗受陳寅恪欣賞,於經今古文觀點與錢穆頗有
相通之處,隱然以此為「不古不今」之今典[19]。

　　桑兵另引陳寅恪的學生楊聯陞所記〈隋唐史第一講筆記〉和
王鍾翰的回憶文章,指陳寅恪的治史重心與方法,隨各時段史料
類型性質的不同而有變化[20]。在楊聯陞的筆記中,陳寅恪1930年

17　黃清連,〈不古不今之學與陳寅恪的中古史研究〉,頁177。
18　桑兵,〈陳寅恪與清華研究院〉,《晚清民國的國學研究》(上海:上
　　海古籍出版社,2001),頁155。
19　同上,頁164-166。
20　同上,頁179-180。

代主治中古史，乃因「研上古史，證據少，只要能猜出可能，實甚容易。因正面證據少，反證亦少。近代史不難在搜集材料，事之確定者多，但難在得其全。中古史之難，在材料之多不足以確證，但有時足以反證，往往不能確斷。」[21]而王鍾翰回憶陳寅恪在成都燕京大學講學時的談話，似指治中古史易於見功力，「治史以中古史為先，以上古史證據不足，孰能定之？至於近現代史，文獻檔冊，汗牛充棟，史料過於繁多，幾無所措手足。是知先生治史以治中古史為易於見功力之微旨，非以上古與近現代史為不可專攻也。」[22]

楊聯陞的筆記和王鍾翰的說法，看似略有出入，實則大不相同。楊說指各個不同斷代的史料有不同情況，以中古史料確證為難；而王鍾翰則在說明陳寅恪所以偏重中古，在於史料不至於太少不能確斷，又不至於太多，難以處理，且易於呈現史家的功力。然而這些均僅及於陳寅恪治學的史料條件和限制，仍局限於時代斷限上，很難聯繫上陳寅恪的學思觀點。

李錦繡則跳脫了「不古不今」和「中古史」以及經學或史學之間的糾纏，強調「不古不今之學」應就文章的上下文看，即陳寅恪的議論「近乎曾湘鄉張南皮之間」，且「論學論治，迥異時流」。指「不古不今之學」體現了陳寅恪的中西觀、古今觀。而康有為的「託古改制」為借古諷今，以古說今，其後衍為疑古，乃因今而疑古；至於胡適之倡言整理國故，則「任何古書古字，

---

21 楊聯陞，〈陳寅恪先生隋唐史第一講筆記〉，《談陳寅恪》（臺北：傳記文學出版社，1970），頁32。

22 王鍾翰〈陳寅恪先生雜憶〉，《紀念陳寅恪教授國際學術討論會文集》頁52-53。

絕無依據,皆可隨其偶然興會,而為之改移。」而此兩者皆有違
學術探求真實之旨,是以陳寅恪標舉「田巴魯仲兩無成」[23]。這
是陳寅恪「不古不今之學」在論學方面的含義,而更重要的在於
論治,康有為託古改制,是以西方觀念附會中國歷史;胡適之全
盤西化,是拋棄中國傳統文化之地位,各走極端,無益於中國政
治文化之再造。而陳寅恪之「不古不今之學」亦即中西匯通之學,
其核心在於一方面吸收輸入外來之學說,一方面不忘本來民族之
地位,而這也是陳寅恪對二千年來中外思想文化交流史的總結[24]。

　　羅志田有〈陳寅恪的文字意趣札記〉一文,於「不古不今之
學」廣引各家說法。可以注意的是羅志田引杜牧(803-852)〈獻詩
啟〉「某苦心為詩,力求高絕,不務奇麗,不涉習俗;不古不今,
處於中間。」[25]繼引清華國學院第二屆學生陳守寔回憶陳寅恪1928
年言:「整理史料,隨人觀玩,史之能事已畢;文章之或今或古,

23　「田巴魯仲兩無成」,陳寅恪,〈北大學院己巳級史學系畢業生贈言〉,
　　《詩集》(《陳寅恪集》版,北京:三聯書店,2001),頁19。案,田巴
　　指齊辯士田巴,可一日服千人,但為魯仲連所折服。魯仲連和田巴事蹟
　　見《史記‧魯仲連傳‧正義》所引《魯仲連子》。韓愈〈昌黎集‧嘲魯
　　連子〉:「魯連細而黠,有似黃鷂子。田巴兀老蒼,憐汝矜爪觜。」上
　　引取材自胡文輝,《陳寅恪詩箋釋》(廣州:廣州人民出版社,2008),
　　卷上,頁67,78。
24　李錦繡,〈陳寅恪學案〉,楊向奎《百年學案》(瀋陽:遼寧人民出版
　　社,2003),上冊,頁378-382。
25　杜牧〈獻詩啟〉見《樊川文集》(臺北:漢京文化公司,2004),頁241。
　　另可參考清洪亮吉於《北江詩話》(北京:人民文學出版,1998)中言杜
　　牧:「文不同韓、柳,詩不同元、白,復能於四家外詩文別成一家,
　　可云特立獨行之士矣。」見《北江詩話》,卷1,頁3。此固可視為杜牧
　　追摹且思超越的對象。陳寅恪於韓、柳、元、白之親切,或僅次於陳端
　　生和柳如是,應可在此補一注解,意即「不古不今之學」要能別成一家,
　　且要能特立獨行。

或馬或班，皆不必計也。」[26]惟羅文在探求陳寅恪的文字精神和意趣，涉及陳寅恪學思且特具新意的是引《莊子‧大宗師》成玄英疏，指「不古不今」意即獨來獨往，「最接近先生的一貫抱負和對獨立精神之追求。」[27]

其後羅志田更撰〈陳寅恪的「不古不今之學」〉，除擴大既有篇幅外，還涉及陳寅恪對中西體用關係的整理；相較上古史的學者，羅志田認為陳寅恪處理中古史隱約出於「法後王而不道久遠之事」，兼有致用之意[28]。

比觀各家對「不古不今之學」的不同說法及解說，或可概括為陳寅恪經常強調的所謂「通解」；但「通解」必出於全史或通史的眼光。至論陳寅恪所謂「不敢觀三代兩漢之書」、「不敢治經」之正解和今典，或在譏刺那些「儉腹之妄庸鉅子自稱不讀唐以後書者」[29]。自稱不讀唐以後書，當指研究唐以前史。其中兼屬鉅子型的學者，且與陳寅恪處於同一時代的史家，推敲其人或可列入胡適、顧頡剛，後期則不外乎郭沫若。但張廣達另有推敲，認為這既是陳寅恪的謙虛，也是有感於王國維在國史上的學術成就，有如李白登黃鶴樓感嘆：「崔顥題詩在上頭」[30]。

26　陳守寔，《學術日錄》，收入《中國文化研究集刊》（上海：復旦大學出版社，1984），1輯，頁422，民國17年正月初5日。桑兵也引了陳守寔這一段話。惟認為此語反諷成分甚高，但求史料之整理而無視文體，絕非陳寅恪的本意，此或在譏諷當時的「史料即史學」反對疏通，在調門上唱得太高，兼評新文體白話文或新文學運動。

27　羅志田，〈陳寅恪的文字意趣〉，《中國文化》22(2006)：6。

28　羅志田，〈陳寅恪的「不古不今之學」〉，《近代史研究》6(2008)：24-44。

29　陳寅恪，《柳如是別傳》（《陳寅恪集》版），頁1167。

30　張廣達就王國維所達到的學術成就，認為：「陳寅恪聲稱兩漢以上書不

　　與陳寅恪「兩代姻親，三代世交，七年同學」的俞大維，對
陳寅恪的治學重心則有一概括且全面的說法，不宜忽略：

> 他研究的重點是歷史。目的是在歷史中尋求歷史的教
> 訓。他常說「在史中求史識。」因是中國歷代興亡的原
> 因，中國與邊疆民族的關係，歷代典章制度的嬗變，社
> 會風俗、國計民生，與一般經濟變動的互為因果，及中
> 國的文化能存在這麼久遠，原因何在？這些都是他研究
> 的題目[31]。

　　就俞大維上述所言，陳寅恪的研究範疇幾乎涵蓋了國史的全
部，無從斷代；若就問題意識言，陳寅恪欲就：「中國文化能存
在如此久遠，原因何在？」給出詮釋和答案，也就是「在史中求
史識」。再如陳寅恪早期對於梵文和巴利文等文字的研究，非欲
專攻，而是為了研究佛教對我國一般社會和思想的影響。至若：
「《唐代政治史述論稿》及《隋唐制度淵源略論稿》，在他看來
不過是整個國史研究的一部分而已。」俞大維以「情屬至親，誼
兼師友」的身分追憶，陳寅恪處在「齊州之亂何時歇，吾儕今朝
皆苟活」的時代，非僅《新蒙古史》只能是一個心願，更談不上
寫成一部《中國通史》或《中國歷史的教訓》[32]。據此，若要概

（續）
　　敢觀，既是謙虛，可能也是鑒於王國維的工作的水準，類似『崔顥題詩
　　在上頭』」。張廣達，〈王國維的西學和國學〉，《史家・史學與現代
　　學術》（桂林：廣西師範大學出版社，2008），頁28。
31　俞大維，〈紀念陳寅恪先生〉，《談陳寅恪》，頁3。
32　同上，頁9-12。另，陳寅恪應聘英國牛津大學中文教授，曾於1942-1943
　　年期間，擬議以英文撰寫一套三卷本，一千五百頁並附詳細地圖和索引

括陳寅恪「平生所學」，則中古一段史實之外還有國史全體，以及陳寅恪心目中的中國文化何以能存在如此久遠的答案。但作為今典，陳寅恪的「不古不今之學」，除論學論治，對當時學界有所批評外，應更有個人所追求的境界。

四　不古不今／不今不古

「不古不今」和「不今不古」皆為陳寅恪所用，但要注意到這兩者的差別絕大。「不今不古」的原典，出自漢儒揚雄《太玄》卷三第一「首」，「更」：

> 次五[33]童牛角馬，不今不古。測曰：童牛角馬，變天常也[34]。

唐王涯注：

> 五居盛位而當夜，是改更之道大不得其所。牛反童之，馬反角之，不今不古，無其事也[35]。

（續）————————————

　　的中國歷史，應即是「中國通史」的英文版。程美寶、劉志偉，〈虛席以待背後——牛津大學聘任陳寅恪事續論〉，《陳寅恪與二十世紀中國學術》（杭州：浙江人民出版社，2000），頁696。

33　次五是《太玄》的贊文。若易有六十四卦，玄有八十一首。易每卦六爻，玄每首九贊。次五是第五贊，又，易有象，玄有測。見司馬光，〈說玄〉，收入《新編諸子集成》的《太玄集注》（北京：中華書局，2003），「司馬光」條，頁3。

34　揚雄撰、司馬光集注，《太玄集注》，頁60。

35　同上。

司馬光注：

> 無角曰童。小人得位，妄變法度，反易天常，既不適於
> 今，又不合於古，若劉歆、王莽之類是也[36]。

至若「不古不今」則可見成玄英疏《莊子・大宗師》「朝徹
而能見獨」：

> 夫至道凝然，妙絕言象，非無非有，不古不今，獨來獨
> 往，絕待絕對。睹斯勝境，謂之見獨[37]。

另，成玄英疏「無古今而後能入於不死不生。」曰：

> 古今，會也。夫時有古今之異，法有生死之殊者，此蓋
> 迷途倒置之見也。時既運運新新、無今無古，故法亦不
> 去不來、無死無生者也[38]。

此即前引羅志田文謂：「此解很像陳寅恪心中之所寄。」蓋

---

36 《太玄集注》，頁60。
37 成玄英疏，《南華真經注疏》（北京：中華書局，1998），頁148。按朝
  徹出於〈大宗師〉，茲引此段文字如下：「以聖人之道，告聖人之才，
  亦易矣。吾猶守而告之，參日，而後能外天下；已外天下矣，吾又守之
  七日，而後能外物；已外物矣，吾又守之九日，而後能外生；已外生矣，
  而後能朝徹；朝徹而後能見獨，見獨而後能無古今，無古今而後能入於
  不死不生。」
38 成玄英，《南華真經注疏》，頁148-149。

成玄英疏所謂「不古不今，獨來獨往」，正凸顯「無古今」乃「見獨」之後的境界。並謂：「二者相連，最接近先生的一貫抱負和對『獨立精神』的追求。而『時既運運新新，無今無古；故法亦不去不來，無死無生。』陳寅恪於〈讀哀江南賦〉中提到以古典述今事，其境界往往可達「同異俱冥，今古合流之幻覺化境也。」在各種不同詮釋中，羅志田認為宜置於前列[39]。惟陳寅恪晚年撰《柳如是別傳》，形容錢牧齋詩「用事精切，實不可及」，且「不獨用古，亦更寫今。」[40] 應更貼近陳寅恪的心情。

　　固然成玄英疏解道家語，「不古不今，獨來獨往」和儒家「童牛角馬，不今不古」皆涉及「古」、「今」，宜有部分相似，惟唯異趣更大。陳寅恪研究天師道和政治的關係兼及道家對書法的講究，引用道家《真誥》中語，以「不今不古」形容書法[41]。俞大維言：「對於所謂玄學，寅恪先生的興趣甚為淡薄。」「因寅恪先生不喜歡玄學，在子書方面除有關典章制度者外，他很少提及。但他很喜歡莊子的文章。」[42] 喜歡莊子的文章，未必同意成玄英對《莊子》的疏解。對「不古不今之學」所能承載的意涵，陳寅恪或寧兼選儒家之解，而非僅道家之言。

　　例如清代閻若璩(百詩)，於其《古文尚書疏證》中有言：

39　羅志田，〈陳寅恪的文字意趣〉，頁6。

40　陳寅恪，《柳如是別傳》，頁536。

41　案，陳寅恪在〈天師道與濱海地域之關係〉一文中，引《真誥》卷19〈第六‧敘錄〉語，「不今不古，能大能細。」惟此語在形容楊君義的書法，「筆力規矩，並於二王。」此雖與本文無大關涉，但能大能細，即指能自出機杼隨時變化，而別具意象，信亦為陳寅恪所欣羨。

42　俞大維，〈紀念陳寅恪先生〉，頁3，7。

後知晚出之《書》，蓋不古不今，非伏非孔，而欲別為一家之學者也。嗚呼！悠悠千年學者如林，乃復無一人焉，為之考辨及此[43]。

　　閻百詩此語原指偽古文尚書所以別創一格，乃出於必欲成一家之學者也。取陳寅恪〈贈蔣秉南序〉：「一日偶檢架上舊書，見有易堂九子集，取而讀之，不甚喜其文，唯深羨其事」對讀[44]，閻若璩感嘆「悠悠千年學者如林，乃復無一人焉。」或更為陳寅恪所「深羨」、所「自待」[45]，即必欲「別為一家之學者」。而陳寅恪雖說「不敢觀三代兩漢之書」，實則於「三代兩漢之書」是很有心得或讀後感的。陳寅恪曾向俞大維說：「無論你的愛憎好惡如何，詩經、尚書是我們先民智慧的結晶，乃人人必讀之書。」其於尚書經今古文的看法即甚有見地，「認為古文尚書，絕非一人可杜撰，大致是根據秦火之後，所傳零星斷簡的典籍，採取有關尚書部分編纂而成，所以我們要探索偽書的來源，研究

43　閻若璩，《尚書古文疏證》（上海：上海古籍出版社，1987），卷2，第23則，頁195。《國朝漢學師承記》和《清史列傳》均將此段文字引入。見〈閻若璩〉，《國朝漢學師承記》（北京：中華書局，1983），卷1，頁7。〈閻若璩傳〉，《清史列傳》（北京，中華書局，2005年10月），第17冊，卷68，頁5461。《清史列傳》或即本《漢學師承記》。至若閻若璩本人自言：「善夫歐陽永叔之言曰：『自孔子沒至今二千年之間有一歐陽修者為是說矣！』愚亦謂：自東晉至今一千三百五十六年有一閻若璩者為是說矣。」其於《古文尚書疏證》的自負亦可見一斑。《古文尚書疏證》，卷2，第17則，頁4-5。

44　《寒柳堂集》，頁182。

45　陳寅恪有：「此豈寅恪少時所『自待』及異日他人所望於寅恪者哉？」〈贈蔣秉南序〉，《寒柳堂集》，頁182。

其所用資料的可靠性，方能慎下結論。」[46]

　　據此可以推想經常看《通志堂經解》、《皇清經解》和《皇清經解續編》[47]，且重視從目錄學尋求門徑的陳寅恪，應很熟悉《皇清經解續編》收入閻若璩的《尚書古文疏證》[48]。當可備為解釋陳寅恪「不古不今之學」可能取法前人開創學術研究新局的「今典」之一。

　　再往前溯，能背誦《三通》序文[49]的陳寅恪當很熟悉鄭樵在其《通志・總序》中說的壯語：「雖採前人之書，必成一家之言。」[50]此「必成一家之言」的「必」字當是陳寅恪所追求者，且往往見諸其不同文章中，或表出「千載而後遂得以發其覆」[51]，或「發三百年未發之覆」[52]。至少「當較乾嘉諸老，更上一層」[53]。

46　以上兩段引文見俞大維，〈紀念陳寅恪先生〉，頁3-4。又，陳寅恪曾說：「閻百詩在清初以辨偽觀念，陳蘭甫在清季以考據觀念，而治朱子之學，皆有所創獲。」其於閻百詩的學術成就是很有掌握的。陳寅恪，〈馮友蘭中國哲學史下冊審查報告〉，《金明館叢稿二編》，頁282。

47　俞大維，〈紀念陳寅恪先生〉，頁6。陳寅恪在《柳如是別傳》中引王應奎《柳南隨筆・顧仲恭大詔深於經學》條云：「吾聞吳祭酒梅村嘗問宗伯曰，有何異書可讀？曰，十三經注疏耳。」《柳如是別傳》，頁603。《續皇清經解》的編者是晚清攻訐陳寶箴施行新政的王先謙，雖然陳寅恪本人對王先謙的學問也略有微詞，暗示王先謙作學問不盡老實。

48　俞大維，〈紀念陳寅恪先生〉，頁6。又，吳宓於1919年11月10日日記中：「陳君寅恪來，謂宓欲治中國學問，當從目錄之學入手，則不至茫無津埃（疑為涯），而有洞觀全局之益。」《吳宓日記》（北京：三聯書店，1998），Ⅱ，頁90。

49　俞大維，〈紀念陳寅恪先生〉，頁6。俞大維說：「他也重視《三通》，《三通》序文，他都能背誦。」

50　鄭樵，〈通志總序〉，《通志》（上海：商務印書館，1935），第1冊，頁1。

51　陳寅恪，《唐代政治史述論稿》（《陳寅恪集》版），頁188。

52　《柳如是別傳》，頁288。另有「或可發此數百年未發之覆歟？」語，

至於司馬遷的「究天人之際，通古今之變，成一家之言。」[54]當屬有志史學撰述欲求「圓而神」[55]的共識。

至若陳寅恪在《隋唐制度淵源略論稿・敘論》中說：

> 此書本為供初學讀史者參考而作，其體裁若與舊史附麗，則於事尤便，故分別事類，序次先後，約略參酌隋唐史志及通典、唐會要諸書，而稍為增省分合，庶幾不致盡易舊籍規模，亦可表見新知之創獲，博識通人幸勿以童牛角馬見責也[56]。

「以童牛角馬見責」，此當係前引司馬光所言「若劉歆、王莽之類是也。」以陳寅恪用典之講究，以及陳寅恪此時所處的學術史背景，就古典言，似還可加上王安石變法；就今典而言，應係指清末公羊學盛行以來，講變法而有意「變天常」者也，對照康有為以公羊學說倡言改革，幾乎若合符節。至論「舊籍之規模」相當於傳統知識系統及著書體例，「新知之創獲」則可視同自晚清以來，不論方法或觀念均深受西學影響，而有新的認識與理解。

在《隋唐制度淵源略論稿》內文中，陳寅恪即以「童牛角馬，

(續)————————
　　《柳如是別傳》，頁951。
53　陳寅恪，〈與妹書〉，《書信集》（《陳寅恪集》版），頁1。
54　〈報任安書〉，《漢書》卷62〈司馬遷傳〉（北京：中華書局，1962），第3冊，頁2735。
55　章學誠，《文史通義・書教下》：「《易》曰：筮之德圓而神，卦之德方以智。間嘗竊取其義以概古今之載籍，撰述欲其圓而神，記注欲其方以智也。」
56　陳寅恪，《隋唐制度淵源略論稿》（《陳寅恪集》版），頁4-5。

不今不古」來形容古無其事，今亦不通，是以裴政為南朝將門及刑律世家，其與盧辯之摹做《周禮》，為宇文泰文飾胡制，以致「貽譏通識」。陳寅恪進一步解釋說：此「殆由亡國俘囚受命為此，諒非其所長及本心也。」[57]

陳寅恪在書中藉「童牛角馬，不今不古」還有一段論述：

> 唐玄宗欲依周禮太宰六典之文，成唐六官之典，以文飾太平。帝王一時興到之舉，殆未嘗詳思唐代官制，近因（北）齊隋，遠祖漢魏，與周禮之制全不相同，難強為傳會也。故以徐堅之學術經驗，七次修書，獨於此無從措手，後來修書學士不得已乃取唐代令式分入六司，勉強遷就，然猶用功歷年，始得畢事。今觀六典一書並未能將唐代職官之全體分而為六，以象周禮之制，僅取令式條文按其職掌所關，分別性質，約略歸類而已。其書只每卷之首列敘官名員數同於周禮之序官，及尚書省六部之文摹做周禮，比較近似，至於其餘部分，則周禮原無此職，而唐代實有其官，儻取之以強附古經，則非獨真面之迥殊，亦彌感駢枝之可去。徐堅有見於此，是以無從措手，後來繼任之人固明知其如是，但以奉詔修書，不能不敷衍塞責，即使為童牛角馬，不今不古之書，亦有所不能顧，真計出無聊者也[58]。

57　《隋唐制度淵源略論稿》，頁55。

58　同上，頁109。

據此，「童牛角馬，不今不古」在陳寅恪而言實具貶意，但甚同情徐堅的處境。按一般成書通例，《隋唐制度淵源略論稿》的〈敘論〉或成於書稿既竟之後，「不今不古，童牛角馬」，所以會復見於〈敘論〉，蓋此於陳寅恪實已玩誦再三。

程千帆對陳寅恪「不古不今之學」所作的解釋，頗受學界重視，也值得進一步疏解，其文曰：

> 「不古不今」這句話出在《太玄經》，另外有句話同它相配的是「童牛角馬」，意思是自我嘲諷，覺得自己的學問既不完全符合中國的傳統，也不是完全跟著現代學術走，而是斟酌古今，自成一家，表面上是自嘲，其實是自負。根據他平生的實踐，確實也做到了這一點，即不古不今，亦古亦今，貫通中西，繼往開來[59]。

案《太玄經》原文講的是「不今不古」，程千帆誤認為就是「不古不今」，由於兩者的古典解釋完全不同，就有必要弄清楚；再就今典言，陳寅恪處理「不古不今」和「不今不古」也是有講究的，就算成玄英講「不古不今」可能係由「不今不古」而來，前舉杜牧論詩也有「不今不古，處於中間」的自我標定。然程千帆致信給學生張三夕，其後蔡鴻生和羅志田接續引用、肯定[60]，

---

59 程千帆，《閑堂書簡・致張三夕》（上海：上海古籍出版社，2004），頁330。

60 蔡鴻生，〈金明館教澤的遺響〉，劉隆凱整理，《陳寅恪「元白詩證史」講席側記》（湖北：湖北教育出版，2005），頁200。蔡鴻生另指，不古不今之學是陳寅恪先生的夫子自道，有人認為這是指中國歷史的中古一段，此說是按字面直解，似未發其底蘊。又有人聯繫至近代經學今古文

這就不能不有所辨明。依《太玄》原典，「不今不古」者，變天常也，司馬光即用來形容劉歆、王莽者流；「不古不今」就成玄英言，可與「獨來獨往」相通，於陳寅恪則在求索國史通解而欲為一家之言也。「不古不今」和「不今不古」，就陳寅恪而言，各有不同意涵，完全沒有相通之處。拿「童牛馬角」來相配「不古不今」，不論依揚雄的原典或陳寅恪的今典，自是扞格難通。

　　總之，「不今不古」的「不得其所」和「不古不今」的但求通解以成一家之言，非僅異趣，更有大不同。此亦可強化前引李錦繡的主張，要從上下文觀察陳寅恪對‘於晚清以來學者論學論治的觀點為何；至此，傳統和現代，古與今在陳寅恪已構成一有機的聯繫，而為會通之學；而非「不今不古」既不合古，又不適今的自嘲。

　　近人論陳寅恪不古不今之學者，或尚未注意到陳寅恪所撰〈高鴻中明清議和條陳殘本跋〉的原稿底本，端詳陳寅恪親筆留下的刪稿痕跡，可以清楚看到芟除的文句中有：「蓋不知古者，固不足以言今，知今者尤能以通古」等語[61]。為陳寅恪談「不古不今之學」和「通古知今」之間，提供了一條最直接的材料。

五　議論近乎湘鄉南皮

　　陳寅恪繼「平生為不古不今之學」後自稱：「思想囿於咸豐

(續)─────────────

　　之爭，似乎又求之過深。

61　陳美延編，《陳寅恪先生遺墨》，頁7。另，王充《論衡・謝短篇》言：「夫知古不知今，謂之陸沉；知今不知古，謂之盲瞽。」陳寅恪對王充眼中不通的經生或亦意有所指。

同治之世，議論近乎湘鄉南皮之間。」論者多著眼於張之洞的「中體西用」論[62]，而忽略了曾國藩的學術旨歸，講究以「禮學經世」[63]，就「禮制」而言，以陳寅恪的理解當存有一理念在焉，即中國文化根本所寄的「三綱六紀」，也是曾國藩心中的「名教人倫」[64]；其所寄託者，在曾國藩則為禮制。曾國藩言：「古之君子之所以盡其心養其性者，不可得而見，其修身齊家治國平天下，則一秉於禮。自內焉者言之，舍禮無所謂道德，自外焉者言之，舍禮無所謂政事。故六官經制大備，而以《周禮》名書。」[65]

又於〈復夏弢甫書〉中言：「鄙意由博乃能返約，格物乃能正心，必從事於禮經，考覈於三千三百之詳，博稽乎一名一物之細，然後本末兼賅，源流畢貫。雖極軍旅戰爭食貨凌雜，皆禮家所應討論之事。」[66]李鴻章以門下士撰曾國藩神道碑也言：「其學問宗旨，以禮為歸。嘗曰：『古無所謂經世之學，學禮而已。』」[67]朱漢民和吳國榮形容曾國藩講究禮學和禮治，即係出於「學治一體」，並引龔自珍「一代之治即一代之學也。」王昶「古無經術

---

62 張之洞本人就其「中體西用」論，曾有一斷語：「大抵會通中西，權衡新舊。」《抱冰堂弟子記》，《張之洞全集》（石家莊：河北人民出版社，1998），第12冊，頁10621。

63 蕭一山，《清代通史》（臺北：台灣商務印書館，1962），下卷，頁766-769。

64 曾國藩〈討粵匪檄〉言：「自唐虞三代以來，歷世聖人，撫存名教，敦恤人倫！君臣、父子、上下、尊卑，秩然如冠履不可倒置。……粵匪窺外夷之緒，……舉中國數千年禮義、人倫、詩書、典則，一旦掃地蕩盡，此豈獨我大清之變，乃開闢以來名教之奇變，我孔子、孟子之所痛哭于九原，凡我讀書識字者，又烏可袖手安坐？不思一為之所也！」《曾文正公全集‧文集》（臺北：文海出版社，1982），卷3，頁1580。

65 《曾文正公全集‧雜著》，卷2，第6冊，頁17085。

66 《曾文正公全集‧書札》，卷13，頁14099。

67 《曾文正公全集‧卷首》，第1冊，頁134。

治術之分」為據[68]。從上引曾國藩主張以禮學經世的論述，這和陳寅恪舉「論學」、「論治」合而論之幾可相通。

再就「論治」言，陳寅恪視此為有形之社會經濟制度[69]。其於〈馮友蘭中國哲學史下冊審查報告〉中即直言：

> 儒者在古代本為典章學術所寄托之專家。李斯受荀卿之學，佐成秦治。秦之法制實儒家一派學說之所附繫。中庸之「車同軌，書同文，行同倫。」（即太史公所謂「至始皇乃能並冠帶之倫」之「倫」。）為儒家理想之制度，而於秦始皇之身，而得以實現之也。漢承秦業，其官制法律亦襲用前朝。遺傳至晉以後，法律與禮經並稱，儒家周官之學說悉採入法典。夫政治社會一切公私行動，莫不與法典相關，而法典為儒家學說具體之實現[70]。

兩相對照，曾國藩和陳寅恪都看到儒家理想必要寄託於典章制度，且皆可見諸史實。

陳寅恪自稱從事「不古不今之學」，是為了審查馮友蘭的中國哲學史，兼及表明個人的論學論治立場，主張可以盡量吸收外來文化、思想，但應持一批判態度，且不忘本來民族之地位，而為一相反相成的辯證發展。以道家和新儒家論：

68　朱漢民、吳國榮，〈曾國藩的禮學及其經世理念〉，《中國哲學史》2007.1：40。

69　《書信集》，頁12。

70　《金明館叢稿二編》，頁283。

對輸入之思想，如佛教摩尼教等，無不盡量吸收，然仍
不忘其本來民族之地位。既融成一家之說以後，則堅持
夷夏之論，以排斥外來之教義。此種思想上之態度，自
六朝時亦已如此。雖似相反，而實足以相成。從來新儒
家即繼承此種遺業而能大成者。竊疑中國自今日以後，
即使能忠實輸入北美或東歐之思想，其結局當亦等於玄
奘唯識之學，在吾國思想史上，既不能居最高之地位，
且亦終歸於歇絕者。其真能於思想上自成系統，有所創
獲者，必須一方面吸收輸入外來之學說，一方面不忘本
來民族之地位。此二種相反而適相成之態度，乃道教之
真精神，新儒家之舊途徑，而二千年吾民族與他民族思
想接觸史之所昭示者也[71]。

　　請注意陳寅恪以上帶有「相反相成」的論述。準此重新審視
陳寅恪的「不古不今之學」，當亦可見其「相反相成」的辯證發
展觀。

　　陳寅恪好用中國語文中的雙重否定句型，當然也有辯證意
味。「不今不古」所傳達的敘事背景，就如同陳寅恪自言：「吾
徒今日處身於不夷不惠之間，托命於非驢非馬之國。」[72]再以悼
傅斯年詩「不生不死最堪傷」為例，一轉而為「猶說扶餘海外
王」，除運用雙重否定句型外，通讀全詩尚可窺及陳寅恪當年對
世變之亟和個人出處進退的微妙心境。雙種否定若再付諸動能，如

71　《金明館叢稿二編》，頁284-285。
72　〈俞曲園先生病中囈語跋〉，《寒柳堂集》，頁164。

成玄英繼「不古不今」即言「獨來獨往」，陳寅恪的「不古不今」也立可轉為「非古非今」、「非中非西」。這就形成了對傳統和現代、對中外歷史的批判，呈現出兼具主觀價值選擇的論證型態。

國共內戰，陳寅恪再次南渡。1950年仲夏，已到嶺南任教的陳寅恪有詩曰：「鴻毛一例論生死，馬角三年換笑嚬。」[73] 以「鴻毛」和「馬角」、「論生死」和「換笑嚬」並列，寓意顯然，即知識分子的地位陡然低落和政局多變的感慨已躍然紙上，又不僅是個人在過去三年大動亂的年代裡如何做出選擇。就生死言，這一年年底，即有「不生不死最堪傷，猶說扶餘海外王，同入興亡煩惱夢，霜紅一枕已滄桑。」之作。此詩解人甚多，但還可追溯到1942年7月陳寅恪困居桂林時，已先嘆惜「『不生不死』欲如何」、「江東舊義飢難救」，充分傳達出對現實的失望，以及個人掙扎於生死邊緣上的描繪，而大局又非個人所能轉移。從「不古不今」到「不今不古」再轉入「不生不死」的情境，其所傳達的還在對個人處境與心境的多重感慨和孤寂。

十五年後，陳寅恪於《柳如是別傳》書後〈稿竟說偈〉，有「怒罵嬉笑，亦俚亦雅。非舊非新，童牛角馬。」[74] 句。此時的「童牛角馬」應無貶意而是自我肯定此書古固無之，今亦難覓。也才能對應「非舊非新」，既批判了明清易代之際，也批判了現實。

在《別傳》第三章，陳寅恪還有一段話可以參考：

73　《詩集》，頁73。

74　蔣天樞，《陳寅恪先生編年事輯(增訂本)》(上海：上海古籍出版社，1997)，頁176。

> 三百年來記載河東君事蹟者甚眾，總括言之，可別為兩
> 類。第一類為於河東君具同情者如顧云美苓之「河東君
> 傳」等屬之。第二類為於河東君懷惡意者，如王勝時澐
> 之「虞山柳枝詞」等屬之。然第一類雖具同情，頗有隱
> 諱。第二類因懷惡意，遂多誣枉。今欲考河東君平生事
> 蹟，其隱諱者表出之，其誣枉者駁正之。不漏不謬，始
> 終完善，則典籍禁毀闕佚之後，精力老病殘廢之餘，勢
> 所不能，此生無望者也。故惟有姑就搜尋所得，而可信
> 可喜者，綜貫解釋，滙合輯錄，略具首尾，聊復成文。
> 雖極知無所闡發，等於鈔胥，必見笑於當世及後來之博
> 識通人，亦所不顧及矣[75]。

上文「必見笑於當世及後來之博識通人」，其實暗藏了「童
牛角馬，不今不古」。陳寅恪處理史料，對作者具「同情」或「惡
意」，即有不同對待。前者求其隱諱而表出，對後者則駁正之。
處理史料既畢，不漏不謬，再就可信可喜者，綜貫解釋。此亦可
謂「不古不今之學」的方法論呈現。從「不古不今」的古典到今
典，可以推知，陳寅恪的「不古不今之學」，非僅「中古以降」
之史，而在必欲成一家之學；處在「變天常」的境域裡，亦只有
藉「柳如是」而有「有如是」的自況兼示自處之道。因個人心境
的孤寂，而至「怒罵嬉笑，亦俚亦雅」，始能有性情上的發抒。
此亦陳寅恪自嘲所撰《別傳》雖「必見笑於當世及後來的博識通
人」亦在所不顧的原由。至於陳寅恪筆下一再出現的「博識通

---

75 《柳如是別傳》，上冊，頁38。

人」，這要較陳寅恪所指僅能是少數特定對象的「儉腹鉅子」，
對象必然更廣，當係泛指學界不學無術之輩。

六　辯證批判／一家之言

陳寅恪晚年對古典、今典迭有新的體驗：

> 抑更有可論者，解釋古典故實，自當引最初出處，然最
> 初出處，實不足以盡之，更須引其他非最初，而有關者，
> 以補足之，始能通解作者用字遣詞之妙[76]。

甚且，還有「剝蕉至心」的說法[77]。又說「凡考釋文句，雖
須引最初材料，然亦有非取第二第三手材料合證不可者。」[78]此
前陳寅恪曾就樂毅〈報燕惠王書〉「薊丘之植，植於汶篁」，就
近代南京冬莧紫菜來自湘人移植，北京西郊靜明園玉泉水菜係來
自八國聯軍播種為例，提出「旁採史實人情參證」之說：

> 夫解釋古書，其嚴謹方法，在不改原有之字，仍用習見
> 之義，故解釋之愈簡易者，亦愈近真諦。並須旁采史實
> 人情，以為參證。不可僅於文句之間，反覆研求，遂謂
> 已盡其涵義也[79]。

---

76 《柳如是別傳》，上冊，頁11。
77 同上，頁12。
78 同上，頁117，中冊，頁614。
79 〈薊丘之植植於汶篁之最簡易解釋〉，《金明館叢稿二編》，頁298-299。

「不古不今」的古典和今典所指涉者固夥，旁採史實人情亦有必要。索解陳寅恪心中於「不古不今之學」當亦如是觀。

陳寅恪的學生蔡鴻生指「不古不今之學」意味著「讀書不肯為人忙」。細思陳寅恪這句話的深意至少有兩層，一是強調古之學者為己的為己之學，必要守得住；一是警惕今之學者的為人之學，或淪為小人儒而至幫閒、幫襯。這其實是最基本的為學標準。若就學術批判標準言，陳的學生卞伯耕回憶其論新學和舊學之失有一段話：

> 以往研究文化史有二失：（一）舊派失之滯。舊派作「中國文化史」，其材料采自「二十四史」中〈儒林〉、〈文苑〉等傳及諸志。以及《文獻通考》、《玉海》等類書，……不過抄抄而已，其缺點是只有死材料而沒有解釋。讀後不能使人了解人民精神生活與社會制度的關係。（二）新派失之誣。新派留學生，所謂「以科學方法整理國故」者，新派書有解釋，看上去似很有條理，然甚危險。他們以外國的社會科學理論解釋中國的材料。此種理論，不過是假設的理論。而其所以成立的原因，是由研究西洋歷史、政治、社會的材料，歸納而得的結論。結論如果正確，對於我們的材料也有適用之處。因為人類活動本有其共同之處。所以「以科學方法整理國故」，是很有可能性的。不過也有時不適用，因為中國的材料有時在其範圍之外。所以講「大概似乎對」，講到精細處則不夠準確。而講歷史重在準確，不嫌瑣細。本課程的學習方法，就是要看原書，要從原書中的具體史實，經過

　　認真細致、實事求是的研究，得出自己的結論。一定要
養成獨立之精神，自由之思想，批評態度[80]。

　　包括陳寅恪本人在內，曾一再標榜「獨立之精神」和「自由
之思想」，但少有談及「批評態度」者。上引陳寅恪批評新學和
舊學的一大段話，就是從「批評態度」導出。「獨立之精神」和
「自由之思想」必要藉由「批評態度」來思考和表達。這就是陳
寅恪超越新學和舊學之處，於新舊之間，求其會通以成一家之言。
　　1943年陳寅恪撰〈朱延豐突厥通考序〉有言：「寅恪平生治
學，不甘隨隊逐人，而為牛後。」[81]對照1929年5月的詩作「添賦
迂儒『自聖狂』，讀書不肯為人忙。平生所學寧堪贈，獨此區區
是祕方。」[82]更可證明「不古不今之學」係史家的自覺，非僅應
具有批判態度和能力，兼要能掌握「相反相成」的辯證發展，乃
有「自聖狂」的「一家之言」。

七　獨知世變所當為而已

　　卞孝萱《現代國學大師學記》提及章士釗《柳文指要》所附
自述，涉及晚清洋務和「不古不今」語[83]。茲引章書原文如下：

80　卞僧慧，《陳寅恪先生年譜長編(初稿)》，頁145-146；另見《陳寅恪
　　先生編年事輯(增訂本)》，頁222。案，蔣天樞對標點和用字略有修改。

81　《寒柳堂集》，頁162。

82　《詩集》，頁19。

83　卞孝萱，《現代國學大師學記》，頁45。

爾時(即甲午、庚子之交)所謂洋務,由考生看來,不啻以吾國古代名墨萌芽,與泰西近今科技研究,兩相交織而成,如湘人魏源所撰《海國圖志》,允為恰合時好之經典著作。丁戊之間,江標發刊《湘學新報》,以舊式雕版線裝成之,不古不今,不中不西,唐才常、楊守仁等之論文居多,而本土白芙堂之天元代數,亦雜廁其間,斯乃新舊交替之活生生標識,不失為劃時代之特殊景相,由此一轉,即化為革命浪潮[84]。

案:陳、章兩人為故交,幼時皆長於湘省。1956年8月章士釗出訪香港前,路出廣州探望陳寅恪並有詩酬贈:

嶺南非復趙家莊,卻有盲翁老作場。
百國寶書供拾攝,一腔心事付荒唐。
閑同才女量身世,懶與時賢論短長。
獨是故人來問訊,兒時骯髒未能忘。[85]

陳寅恪生前未能親睹《柳文指要》正式出版,惟陳寅恪既以〈論再生緣〉油印本等近著持贈,章必然會提及《指要》。雖然章士釗重柳宗元而抑韓愈,與陳寅恪看重韓愈並有專論不同;但如同「兒時骯髒未能忘」,所云洋務:「不古不今,不中不西」

---

84 章士釗,《章士釗全集·柳文指要·通要之部·湖南文風》(上海:文匯出版社,2000),第10卷,頁1373。

85 章士釗,《章士釗全集·南游吟草》,第8卷,頁101。詩題為:「陳寅恪以近著數種見贈,〈論再生緣〉尤突出,酬以長句」。

正是兩人共同的歷史記憶。雖然陳要比章小了好幾歲，但陳長在湘省巡撫官署中，更能沃聞父祖輩在湘省所行新政和心態。陳三立為父親陳寶箴所撰行狀，形容其父所學、所見及所行新政：

> 學宗張、朱，兼治永嘉葉氏、姚江王氏，……最服膺曾文正公及沈文肅公，……與郭公嵩燾尤契厚，郭公方言洋務，負海內重謗，獨府君推為孤忠閎識殆無其比。……故府君獨知世變所當為而已，不復較執為新舊，尤無所謂新黨、舊黨之見。……為論薦張公之洞總大政，備顧問。」[86]

陳寅恪晚年撰家傳〈寒柳堂記夢未定稿〉，於洋務一段即將行狀大段引入[87]。其中「獨知世變所當為」者，即變法和洋務也，且因世變「益知中國舊法不可不變」。相較康有為治今文公羊之學，附會孔子改制以言變法，陳寅恪說：「其與歷驗世務欲借鏡西國以變神州舊法者本自不同。」[88] 這應該就是陳寅恪「論學論治」，以及「平生為不古不今之學，思想囿於咸豐同治之世，議論近乎湘鄉南皮之間」的「家學」淵源。又，清季除有新黨、舊黨之目外，另有清流、濁流之分。陳寅恪自稱：「寅恪本人或以世交之誼，或以姻緣之親，於此清濁兩黨皆有關聯，故能通知兩黨之情狀並

86　陳三立，〈皇授光祿大夫頭品頂戴賞花翎原任兵部侍郎都察院右副都御史湖南巡撫先君行狀〉，《散原精舍詩文集‧文集》（上海：上海古籍出版社，2003），卷5，頁855。

87　〈寒柳堂記夢未定稿〉，《寒柳堂集》，頁199。

88　〈讀吳其昌撰梁啟超傳書後〉，《寒柳堂集》，頁167。

其所以分合錯綜之原委。」認為「清流士大夫，雖較清廉，然殊無才實。濁流之士大夫略具才實，然甚貪汙。其中固有例外，但以此原則衡清末數十年人事世變，雖不中亦不遠也。」[89] 至論讀書人講究洋務的特殊景象，即「不古不今，不中不西」的印象或更甚於章士釗。甚且有如文廷式所言：「欲舊邦新命矣。」[90] 陳寅恪的「不古不今之學」，固可謂其來有自；但驗諸陳寅恪在抗戰勝利前夕自言：「余少喜臨川新法之新，而老同涑水迂叟之迂」[91]，透露出陳寅恪在思想上曾有巨大轉折，且因此「論學論治，迴異時流」。本「國身通一之旨」，這既是陳寅恪歷經世變的自我超越，相信這也是陳寅恪願為「獨立之精神，自由之思想」生死以之的由來[92]。

丁亥二月廿六日初稿

辛卯三月三十日修改

89　〈寒柳堂記夢未定稿〉，頁187，219。

90　文廷式形容中日馬關議和後：「舉國爭言洋務；請開鐵路者有之、請練洋操者有之，請設陸軍學堂、水師學堂者亦有之。其興利之治，則或言銀行、或言郵政，或請設商局、或請設商務大臣。諸人非必無見，諸說亦多可行；然天時人事，則猶有所待也（郵政行，而民間無不受其害。中國未有行政之人，則一切善法皆成秕政矣）。中國人心至是紛紛，欲舊邦新命矣。」文廷式，〈聞塵偶記〉，《中國近代史資料》總44號（1981年6月），頁27。

91　〈讀吳其昌撰梁啟超傳書後〉，頁168。

92　陳寅恪，〈清華大學王觀堂先生紀念碑銘〉，《金明館叢稿二編》，頁246。「生死以之」的形容，見劉夢溪，〈義寧之學的淵源與宗主〉，《讀書》（2001年2月），頁62。

附錄二
1951年陳寅恪「唐史三論」發微[*]

一　前言

　　據蔣天樞《陳寅恪先生論著編年目錄》，陳寅恪於1951年春，完成〈論唐高祖稱臣突厥事〉論文。秋天，完成〈論隋末唐初所謂「山東豪傑」〉。冬天，完成〈論韓愈〉[1]。這一年何以會緊接著完成此「三論」唐史的文章，頗耐尋味。

* 本文係國科會研究計畫：「時代變局下的知識分子心態和抉擇」（編號：NSC 98-2410-H-364-003-MY2）部分研究成果。2010年6月12日，於「中國中古社會與國家國際學術研討會～紀念陳寅恪先生（1890-1969）誕辰一百二十週年～」宣讀，承評論人張文昌雅意，多所指正，均表感謝。經改寫後刊於朱鳳玉、汪涓編《張廣達先生八十華誕祝壽論文集》（臺北：新文豐出版公司，2010年9月），頁1295-1314。今本續有補正。

1 蔣天樞，《陳寅恪先生編年事輯》（上海：上海古籍出版社，1997），頁201。案，馬幼垣指蔣天樞《事輯》於陳寅恪論文編目「漏誤捃拾皆是」，但未指其編年文有誤。馬幼垣，〈陳寅恪已刊學術論文全目初稿〉，胡守為主編，《陳寅恪與二十世紀中國學術》（杭州：浙江人民出版社，2000），頁590-642。

二 史論即時論

陳寅恪稱史論文章有助於考史,曾言:

> 史論者,治史者皆認為無關史學,而且有害者也[2]。然
> 史論之作者,或有意,或無意,其發為言論之時,即已
> 印入作者及其時代之環境背景,實無異於今日新聞紙之
> 社論時評。若善用之,皆有助於考史[3]。

陳寅恪還列舉宋、明史論諸大家的史論文章說,都是當時政論:

> 故蘇子瞻之史論,北宋之政論也。胡致堂(胡寅)之史論,
> 南宋之政論也。王船山之史論,明末之政論也。今日取
> 諸人論史之文,與舊史互證,當日政治社會情勢,益可
> 借此增加瞭解[4]。

任繼愈就此發揮:「我們可以按陳先生的論點補一句:『陳

---

2 像重視史料的傅斯年即宣稱:「我們反對疏通,我們只是要把材料整理
 好,則事實自然顯明了。」「我們證而不疏,⋯⋯材料之內使他發現無
 遺,材料之外我們一點也不越過去說。」〈歷史語言研究所工作之旨
 趣〉,《中央研究院歷史語言研究所集刊》1.1(1928),頁8;亦收入,
 《傅斯年全集》(長沙:湖南教育出版社,2003),第3卷,頁9-10。
3 陳寅恪,〈馮友蘭中國哲學史上冊審查報告〉,《金明館叢稿二編》(《陳
 寅恪集》版,北京:三聯書店,2001),頁280-281。
4 同上,頁281。

寅恪之史論，近代中國之史論也。」揆諸中國國情，中國的史論
與政論本不可分。史觀指導政論，政論又體現史觀。司馬光以來，
此傳統一貫相承，未曾終絕。」陳寅恪晚年撰《柳如是別傳》，
形容錢牧齋詩「用事精切，實不可及」，且「不獨用古，亦更寫
今」。說明連詩都可以是史詩史論[5]。準此，陳寅恪此時撰就的
「三論」文章，當可視同對此時政治社會情勢之評論[6]。「唐史
三論」前兩論均刊於《嶺南學報》，〈論韓愈〉則要等到1954年
才見《歷史研究》刊出。姑不論中蘇後期何以交惡，也不論此「三
論」對中共高層的認知與決策有無實質影響[7]，但應可藉以窺見
時代情勢及陳寅恪的懷抱。必須補充說明的是，陳寅恪的史論文
章不自此始，早在1937年7月，《清華學報》12期3卷即刊出氏著
〈論李懷光之叛〉。直指事變出於神策軍與朔方軍稟賜不均，張
學良和楊虎城得以激發西安事變者，當亦與此有關。以跋文而為
史論文章的則有1932年4月刊於《清華周刊》37卷8期的〈高鴻中
明清和議條陳殘本跋〉[8]。

5　陳寅恪，《柳如是別傳》，頁536。

6　任繼愈，〈陳寅恪先生史學述略稿序〉，王永興，《陳寅恪先生史學述
　　略稿》（北京：北京大學出版社，1998），序頁2。

7　案，余英時認為陳寅恪的史論文章不是不可能惹禍。以〈論唐高祖稱臣
　　於突厥事〉為例，是因為當時中共黨內並無人真正懂得此文的用心何
　　在，並舉證龍雲「反蘇」即大受圍剿，而為陳寅恪慶幸。見余英時，〈陳
　　寅恪的學術精神和晚年心境〉，《陳寅恪晚年詩文釋證》（臺北：東大
　　圖書公司，1998），頁26。但「說破」和「意在言外」完全不同。龍雲
　　「反蘇」是指名道姓公開發言，中共高層焉能不處理，圍剿龍雲是打孩
　　子給鄰居聽，非要有些哭聲傳出，況且蘇聯當時還是老大哥。

8　案，余英時和汪榮祖此前即曾指出陳寅恪所撰〈論李懷光之叛〉和〈高
　　鴻中明清和議條陳殘本跋〉，皆有借古諷今意。見余英時，〈陳寅恪的
　　學術精神和晚年心境〉，頁23-25；汪榮祖，《史家陳寅恪傳》（北京：

三 一邊倒和狼頭纛

　　1949年10月1日中共建政，14日解放軍進入廣州。此前6月30日毛澤東〈人民民主專政〉一文定稿，決定了對蘇聯的「一邊倒」外交政策[9]，1950年1月下旬，簽訂《中蘇友好互助同盟條約》，屈辱條件和1945年的《中蘇友好同盟條約》幾無二致[10]。1950年6月25日韓戰爆發。這一仗前後打了兩年九個月，簽訂停戰協議已是1953年7月。這是藏身嶺南大學的陳寅恪，從校園內部及生活周遭就可以了解、感受到的歷史大變局，況中共全面動員、宣傳「抗美援朝」，陳寅恪不可能置「心」事外，更不可能不牽動史家思維；只是在時局的形格勢禁之下，他唯有繼承「詩史」的傳統，將文化關懷寄寓於典故，故為史論之說，以供後人索隱。

　　再就陳寅恪的生平而言，這也是一個大變動。1945年對日抗戰勝利前夕，陳寅恪撰〈讀吳其昌撰梁啟超傳書後〉末段論晚清以來世局演變和個人觀察曰：

> 　　自戊戌政變後十餘年，而中國始開國會，其紛亂妄謬，
> 為天下指笑，新會（梁啟超）所嘗目睹，亦助當政者發令

（續）────────────

　　　北京大學出版社，2005），頁65及隨頁注2。

9　毛澤東，《毛澤東選集》（北京：人民出版社，1991），第4卷，頁1477-1478。

10　據指此一條約內容基本上和1945年由國民政府外交部長王世杰簽訂的《中蘇友好同盟條約》「沒有二致」；「凡是國民政府不得不接受的屈辱條件，毛澤東儘管私底下痛詆『喪權辱國』，也不得不繼續接受。」陳永發，《中國共產革命七十年》（臺北：聯經出版公司，2001，第2版），上，頁548-551。

而解散之矣。自新會歿，又十餘年，中日戰起。九縣三
精，飆回霧塞，而所謂民主政治之論，復甚囂塵上。余
少喜臨川新法之新，而老同涑水迂叟之迂。蓋驗以人心
之厚薄，民生之榮悴，則知五十年來，如車輪之逆轉，
似有合於所謂退化論之說者。是以論學論治，迥異時
流，而迫於時勢，噤不得發。此時悲往事，思來者，其
憂傷苦痛，不僅如陸務觀所云，以元祐黨家話貞元朝士
之感已也[11]。

這是一段既精簡又很沉痛的史論也是時論，特別是「迫於時勢，
噤不得發」一語，道盡陳氏歷來的鬱悶。觀乎六年後他在新時局
下連推「唐史三論」，不論作為史論或時論，當然是有為而言。
陳寅恪自言：

嘗讀元明舊史，見劉藏春（劉秉忠）、姚逃虛（姚廣孝）皆以
世外閒身而與人家國事。況先生（指梁啟超，陳寅恪本人
亦不例外）少為儒家之學……。」[12]

對照〈論唐高祖稱臣突厥事〉和毛澤東的「一邊倒」，以及
《中蘇友好互助同盟條約》的簽約背景，較諸領受突厥所賜的
「狼頭纛」並無不同。史家余英時即指陳寅恪對中共是有期待
的，期望毛澤東能效法李世民，從稱臣突厥轉而為天可汗。許冠

11　陳寅恪，〈讀吳其昌撰梁啟超傳書後〉，《寒柳堂集》，頁168。
12　同上，頁166。

三也有類似的看法,並認為這是陳寅恪的「影射史學」[13]。

然而,陳寅恪從來是「拒絕」共產主義的,且與俄國人相關。陳寅恪的學生石泉回憶1940年代後期在北京時:「陳師有一次談到共產主義和共產黨時說:『其實我並不怕共產主義,也不怕共產黨,我只是怕俄國人。……我去過世界許多國。歐美、日本都去過,唯獨未去過俄國,只在歐美見過流亡的俄國人,還從書上看到不少描述俄國沙皇警探的,他們很厲害,很殘暴,我覺得很可怕。』」[14]1948年陳寅恪離開北京前夕,亦曾對浦江清表示「不贊成俄國式共產主義。」[15]這實際上意味著他也不贊成「中共式」的共產主義。金應熙1958年批判陳氏云:「陳先生既然把社會主義思想錯誤地看成東歐的思想,他就在暗中憂慮馬克思主義在中國的廣泛傳播會『用夷變夏』,引致中國文化(實則是中國封建文化)的滅亡。所以他在解放後寄北京友人的詩中說:『名園北監仍多士,老父東城剩獨憂!』這種思想,也就是陳先生在解放以來所以對馬克思主義採取深閉固拒態度的思想基礎。我們不能不指出,這種思想在今天,是比較張之洞寫《勸學篇》的時候更為反動的。」[16]這一反面的批判也有助於理解當時陳寅恪的心境。

---

13 案,余英時,〈余英時與汪榮祖書〉(1976)即已對陳寅恪撰述〈論唐高祖稱臣突厥事〉,認為係影射毛澤東對蘇聯的一面倒,而為陳氏所不喜;另見〈陳寅恪的學術精神和晚年心境〉,《陳寅恪晚年詩文釋證》(臺北:東大圖書公司,1998),頁25-26。許冠三,《新史學九十年》,上冊(臺北:唐山出版社,1996),頁258-259。

14 石泉、李涵,〈追憶先師寅恪先生〉,《紀念陳寅恪教授國際學術討論會文集》(廣州:中山大學出版社,1989),頁62。

15 浦江清,《清華園日記‧西行日記(增補本)》(北京:三聯書店,1999),頁246。

16 金應熙,〈批判陳寅恪先生的唯心主義和形而上學的史學方法〉,《理

參以「唐史三論」，陳氏當是糾結地在矛盾、否定和痛苦中期待新政權能有新格局。

　　固然1951年陳寅恪開了一門「唐史研究」，難謂此非唐史教學相長的成果[17]；不過，對照史實，中蘇在1950年元月下旬簽訂的友好互助同盟條約及協定，以及在蘇聯壓力下發起「抗美援朝」運動，其所反映的，不僅僅是毛澤東決定向蘇聯「一邊倒」[18]，此一歷史變局的根源還可上溯至抗戰末期，美英為收拾二戰後的局面承諾蘇聯簽下出賣中國利權的《雅爾達密約》，當時陳寅恪即有詩作表達個人的無奈[19]。爾後中共既在內戰中勝出，陳寅恪也唯有將希望轉向中共領導人，此後不要再看到「稟街翻是最高樓」、「收枰一著奈君何」[20]的局面。

（續）

　　　　論與實踐》1958.10：10-14。

17　陳寅恪女兒陳流求、陳美延共同具名的〈「唐史講義」「備課筆記」整
　　　理後記〉有一段話可資佐證：「觀察母親筆錄之父親授課大綱，許多專
　　　題其細目編排書寫已初具成文形式，由此推測父親在備課時即構思論文
　　　雛形，欲授課後整理成文刊行。如論唐高祖稱臣於突厥事、論韓愈等
　　　皆是。」《講義及雜稿》（《陳寅恪集》版，北京：三聯書店，2001），
　　　頁498。

18　毛澤東於1949年6月發表〈論人民民主專政〉：「中國人找到馬克思主
　　　義，是經過俄國人介紹的。在十月革命以前，中國人不但不知道列寧、
　　　史達林，也不知道馬克思、恩格斯。十月革命一聲炮響，給我們送來了
　　　馬克思列寧主義。……走俄國人的路──這就是結論。……必須一邊
　　　倒。」《毛澤東選集》，第4卷，頁1477-1478。

19　陳寅恪對雅爾達密約的詩作在當時即有〈乙酉七七日聽人說水滸新傳適
　　　有客述近事感賦〉，云：「誰締宣和海上盟，燕雲得失涕縱橫。」相關
　　　詩篇接著有〈玄菟〉、〈余昔寓北平清華園嘗取唐代突厥回紇土蕃石刻
　　　補正史事今聞時議感賦一詩〉、〈漫成〉、〈乙酉八月二十七日閱報作〉，
　　　有關國共之爭的詩作有〈報載某至重慶距西安事變將十年矣〉、〈成都
　　　秋雨〉等。以上皆1945年夏秋間所作。《詩集》，頁46-51。

20　「稟街翻是最高樓」出自陳寅恪1951年〈改舊句寄北〉詩，此句係從1947

〈論唐高祖稱臣於突厥事〉文起首即說：

> 吾民族武功盛，莫過於漢唐。然漢高祖困於平城，唐高
> 祖亦嘗稱臣於突厥，漢世非此篇所論，獨唐高祖起兵太
> 原時，實稱臣於突厥，而太宗又為此事謀主，後來史臣
> 頗諱飾之，以至此事之始末不明顯於後世。
> 夫唐高祖太宗迫於當時情勢不得已而出此，僅逾十二三
> 年，竟滅突厥而臣之，大恥已雪，奇功遂成，又何諱飾
> 之必要乎？茲略取舊記之關於此事者，疏通證明之，考
> 興亡之陳跡，求學術之新知，特為拈出一公案，願與當
> 世好學深思讀史之有心人共參究之也[21]。

陳寅恪「願與當世好學深思讀史之有心人共參究之也」，這
已說明陳本人「有意願」與「有心人」參究，意有所指者幾乎已
呼之欲出，甚至不排除就是要「毛劉」等中共高層[22]見前賢思齊，
「僅逾十二三年，竟滅突厥而臣之。」

在文章結語中，陳寅恪說：

（續）
> 年春「棄街長是最高樓」詩句演化而來。棄街原指漢代長安蠻夷邸的所
> 在，陳寅恪原以「棄街」代指美軍，至此改指蘇聯。《詩集》頁59，85。
> 又「收枰一著奈君何」句，出自陳寅恪於1945年聽聞雅爾達密約出賣外
> 蒙與東北利權事，中國方面除了接受別無選擇，而有感賦。《詩集》，
> 頁48。
> 21 陳寅恪，〈論唐高祖稱臣於突厥事〉，《嶺南學報》11.2（1951）：1。
> 又，《寒柳堂集》，頁108。
> 22 陳寅恪口述、汪籛記錄，〈對科學院的答覆〉中有「請毛公或劉公給一
> 允許證明，以作擋箭牌」語。陸鍵東，《陳寅恪的最後二十年》（北京：
> 三聯書店，1995），頁112。又，《講義及雜稿》，頁463-465。

嗚呼！古今唯一之「天可汗」豈意其初亦嘗效劉武周輩
之所為耶？初雖效之，終能反之，是固不世出之人傑之
所為也。又何足病哉！又何足病哉[23]！

此處「初雖效之，終能反之」。效者指唐太祖、太宗父子曾
效劉武周輩向突厥稱臣，是以才連番感觸「又何足病哉」。單就
兩件中蘇友好條約論，不能不說中共繼國民政府向蘇聯「稱臣」，
固「初『已』效之」，但下一步怎麼走？能否「終能反之」？在
當時，這確是一個絕大的考驗。陳寅恪此文曾寄贈在香港大學任
職的友人陳君葆，陳君葆看了頗疑過當，但可以證實陳寅恪的史
論文章，就當時人所見，即暗指蘇聯[24]。1961年8月底，吳宓記下
陳寅恪對中共政權遭遇的內外困難說：「彼之錯誤在不效唐高祖
臣事突厥，藉其援以成事建國，而唐太宗竟滅突厥，即是中國應
走『第三條路線』，與印度、印尼、埃及等國同列，取雙方之援
助（案，雙方指美俄），以為吾利，舉足而為左右之重輕，獨立自主，
自保其民族之道德、精神、文化，而不應『一邊倒』，為C.C.C.P.（案，
此指蘇聯，係俄文之縮寫）之附庸。」[25]此前1953年冬，〈詠黃藤手
杖〉也有「幸免一邊倒」的警句，姑不論吳宓所記有無夾雜個人

23　《嶺南學報》11.2：9；又，《寒柳堂集》，頁120-1。
24　謝榮滾主編，《陳君葆日記全集》（香港：商務印書館（香港），2004），
　　卷3，頁140。陳君葆當日有信給陳寅恪，日記原文為：「致寅恪先生函：
　　『得讀大著〈論唐高祖稱臣於突厥事〉一文，中若有所感，欲就剖疑，
　　道阻未易言也！雖然，古今人同不同未可知也，然事之演變則有其不變
　　者之邏輯在焉，若執彼以例此，疑或過當耳。』這話我想不提起，然卒
　　不能！」
25　吳宓，《吳宓日記續編》，Ⅴ冊，頁160。

意見，但可見陳寅恪對〈論唐高祖稱臣於突厥事〉這篇文章的看
重，惋惜中共高層未能有所把握。

四　論山東豪傑

　　「唐史三論」的第二論是〈論隋末唐初所謂「山東豪傑」〉，
且明言「願求教於當世治國史之君子」[26]。其中有一重點旨在闡
明唐太宗對待中央軍之外的旁系軍人「山東豪傑」，不但平天下
需要有魏徵其人為之聯繫，天下既定，也要有魏徵代為安撫溫
喻。在陳寅恪眼中，隋末唐初的「山東豪傑」者，乃一胡漢雜糅，
善戰鬥，務農業，而有組織的武裝集團，為當時政治上敵對兩方
爭取的對象。至於魏徵的作用，陳寅恪說：觀徵自請招撫山東，
發一書而降徐世勣，因於其地深自封殖；及建成不幸失敗，又自
請於太宗，親往河北安喻其徒黨。能發之，復能收之，誠不世出
之才士。而太宗所以特別重用魏徵者，正以其為山東武裝集團即
所謂「山東豪傑」之聯絡人，其責任僅在接洽山東豪傑、監視山
東貴族及關隴集團，以供分合操縱諸政治社會勢力之妙用。此即
陳寅恪以史論而為時論之由來，「歷來史家論徵之事功，頗忽視
社會集體之關係，則與當時史實不能通解。」[27]
　　自晚清以來，兵為將有之局先後有北洋和黃埔軍系。中共從
紅軍到人民解放軍，從周恩來到林彪，多有出身黃埔或與之關係
密切者，國共內戰期間或「招降納叛」或「起義反正」的大批人

26　陳寅恪，〈論隋末唐初所謂「山東豪傑」〉，《金明館叢稿初編》，頁
　　265。
27　同上，頁255-256。

馬，不論復員或就地給養，都會是天下既定後的隱憂、隱患，而且也是現實[28]。對各軍系的調動部署和人事安排，非僅必要有一現代「魏徵」擔任此職。而且陳寅恪還預見「魏徵」若逾越其權限和功能，君臣相得之盛事，必至恩禮不終。陳寅恪如若有此心目中人選，時任政務院總理、主持日常事務的軍委會副主席周恩來應是首選[29]。

28　舉例而言，1950年1月9日，毛澤東即曾就部隊復員和就地給養等問題的解決致電林彪及中共中央東北局，略謂：完全同意由四野調十餘萬人至東北及熱河從事生產，解決華中南地區土地不足的困難；四野請將駐河南的騎兵師調東北一事，可併在一起辦理。至於全國國防軍的統一編制調整問題，則另召開全國軍事會議討論。見《建國以來毛澤東文稿》（北京：中央文獻出版社，1996），第1冊，頁222。4月21日毛即就軍隊全面復員問題，除東北、華北外，要求各軍區負責人裁兵而能不出亂子。同書，頁310。又，在此之前，毛澤東即曾親自指示薄一波要處理好傅作義部董其武部隊編入人民解放軍的政治問題，必要請出傅作義親自領導，且警告「否則難免出亂子。」同書，頁102。在此之後，毛澤東再次指示薄一波，整風運動期間，要妥慎處理傅作義，團結傅及其一切可以團結的幹部。同書，第2冊，頁393。另對陳明仁部隊的反動軍官處理，毛也親自指示。《毛澤東文稿》編輯加上的按語是：「如果大批逮捕槍決，對湖南將引起極大驚亂，影響的人就太多了。」同書，第2冊，頁5-6。又，1950年6月，毛澤東和周恩來託章士釗和劉斐南下香港爭取湖南省政府主席程潛、第一兵團司令官陳明仁率部「起義」。袁景華，《章士釗先生年譜》（長春：吉林人民出版社，2001），頁275。

29　案，就中共中央透露的有限資料顯示，在1951年之前，即1949年7月21日，毛澤東致電周思來，指示接見龍雲代表李一平，告以若能於共軍入滇時「起義」反蔣，雲南問題可和平解決。見中共中央檔案館編，《中共中央文件選集》（北京：中央中央黨校出版社，1992），第18冊，頁388。1961年7月30日，吳宓在日記中曾錄有陳寅恪談及李一平策反龍雲後，應中共詢問所欲得酬，有建請中共迎陳寅恪居廬山自由講學、研究事。此議獲允行，並派李一平往迎，但為陳寅恪婉拒。此事可以間接證實陳寅恪對策反事並不陌生，也不必排除陳寅恪從李一平處直接收到訊息。見吳學昭整理、注釋，《吳宓日記續編》（北京：三聯書店，2006），V，頁159。另，1948年10月18日，周恩來寫信給黃埔一期的學生、時正堅

五　韓愈和西體中用

　　在〈論韓愈〉文中，陳寅恪以「不世出人傑」推崇韓愈，而古今唯一之「天可汗」唐太宗在陳寅恪〈論唐高祖稱臣〉文中，也是「不世出人傑」，一文一武，「唐史三論」出了兩位「不世出人傑」，可謂前後輝映，然而中共能不能再出一兩位「不世出人傑」，這當然是一個期待。陳寅恪所以將李世民和韓愈兩人等量齊觀者，且都放在同一年的「唐史三論」當中，從選題到撰述，不能不說必有內在關聯者在，且同受陳寅恪個人的內在理路或心靈深處所思所想所導引。在中共向蘇共一邊倒當中，馬列主義意識形態也隨之成為社會主義中國的主流思維，在全面「宗朱頌聖」[30]的當下，撰述〈論韓愈〉當有所寄意已經相當分明，即希望中共不但能擺脫蘇聯附庸的地位，更要能從文化和意識形態上自樹新義[31]。其以韓愈為例，就在韓愈雖受新禪宗的影響，但能揚棄佛家禪理和傳統章句之學，轉而下開儒家心性之學，證實韓愈確是「不世出之人傑」。

（續）

　　守長春的東北剿匪總部副總司令兼第一兵團司令鄭洞國，促他起義。此信是通過林彪和羅榮桓轉致，惟鄭洞國當時並未收到此信，而係事後得知。見金沖及主編，《周恩來傳1899-1949》（北京：人民出版社、中央文獻出版社，1989），頁732，829。周恩來致鄭洞國信，見《周恩來書信選集》（北京：中央文獻出版社，1988），頁412-413。

30　陳寅恪，《詩集》（《陳寅恪集》版，北京：三聯書店，2001），頁78。

31　案：余英時認為陳寅恪以〈論韓愈〉一文作為「中國文化宣言」，只要中共接受其中的六項綱領，他是願意與之合作的。並補充說：「民族文化的『大防』守住了，其他一切都可以商量。」余英時，《陳寅恪晚年詩文釋證》，頁119。

陳寅恪在〈論韓愈〉文第一段交代文章體例說：

> 今出新意，仿僧徒詮釋佛經之體，分為六門，以證明昌
> 黎在唐代文化史上之特殊地位[32]。

何謂「新意」？體例上的「新意」既明，「仿僧徒詮釋佛經之體」固屬「西體」而「陳用」，當更宜有一論述上的「新意」。或如陳寅恪於1934年所言：「新儒家產生之問題，猶有未發之覆在也。」[33]陳寅恪此時藉韓愈〈原道〉一文發揮《大學》正心誠意一段指出，此「為吾國文化史中最有關係之文字，蓋天竺佛教傳入中國時，而吾國文化史（史疑為實）已達甚高之程度，故必須改造，以蘄適合吾民族、政治、社會傳統之特性。」韓愈首先發見《小戴記》中〈大學〉一篇正可以調合華夏、天竺兩種學說之衝突，且能闡明其說，抽象之心性與具體之政治社會組織可以融會無礙，「即盡量談心說性，兼能濟世安民，雖相反實相成。」陳寅恪進而歸納出這就是「天竺為體，華夏為用」，就現實語境而言，「天竺」為「西」，「華夏」為「中」無待辭費。沿自清末的「中體西用」論，此時一轉而為「西體中用」，在概念上主客為之顛倒和翻轉，自具「石破天驚」之「新意」。但就辯證發展觀之，正是相反而實相成，而且也是現實。

1961年8月30日吳宓記下和陳寅恪的談話：「寅恪兄之思想主張，毫未改變，即仍遵守昔年『中學為體，西學為用』之說（中

32　陳寅恪，〈論韓愈〉，《金明館叢稿初編》，頁319。

33　陳寅恪，〈馮友蘭中國哲學史下冊審查報告〉，《金明館叢稿二編》，頁284。

國文化本位論），……但在我輩個人如寅恪者，則仍確信中國孔子之儒道之正大，有裨於全世界，而佛教亦純正。我輩本此信仰，故雖危行言殆，但屹立不動，決不從時俗為轉移，……云云。」[34]其於陳寅恪「中學為體，西學為用」以及「中國文化本位論」的理解固然無誤，但似仍有隔，還未能搔著陳寅恪的癢處。所謂隔者在於吳宓未見及陳寅恪對時代變遷的敏感，癢處則在陳寅恪有其用世之心，只要能掌握民族文化的立場，「雖（一時）相反（長久則）實相成」。

在陳寅恪看來，「中體西用」原具「西體中用」的實質，其內容還要視施用情況再決定留用與否。在陳寅恪的概念裡，「中體西用」原是宣傳手段，其內容未必符合言說者的本心和底蘊。而陳寅恪所以拈出「天竺為體，華夏為用」不過是闡明史實，也是對現實政治的認識。「初雖效之，終能返之」，此乃陳寅恪對中共政權的期待。在期待中，陳寅恪默認中共全面引進馬列主義此一外來文化和意識形態是政治現實，視馬列主義如同韓愈所面對的佛家「心性之學」，期中共馬列主義者能大力改造並融入中國文化。至論韓愈「呵詆釋伽，申明夷夏之大防」，若與〈論唐高祖稱臣於突厥事〉並觀，文意將更顯豁。陳寅恪引韓愈〈論佛骨表〉：「佛者，夷狄之一法耳，上古未嘗有也，假如其身至今尚在，奉其國命，來朝京師，陛下容而接之，不過宣政一見，禮賓一設，賜衣一襲，衛而出之於境，不令惑眾也。」又引韓愈〈拾贈譯經僧〉詩：「萬里休言道路賒，有誰教汝度流沙。只今中國

34　吳學昭，《吳宓與陳寅恪》（北京：清華大學出版社，1992），頁143。

方多事，不用無端更亂華。」[35] 以上所引若以時論觀之，夷夏大
防的對象即實指蘇聯。

六　出處窮達和國身通一

惟陳寅恪對中共的期待，於1953年12月1日由陳寅恪口授，
汪籛筆錄的〈對科學院的答覆〉一文，明白宣示已告結束。其辭
曰：

> 我認為不能先存在馬列主義的見解，再研究學術[36]。

比較諷刺的是汪籛臨走帶了陳寅恪的兩篇文章和四首詩，
〈論韓愈〉即其中之一[37]，等到《歷史研究》刊出〈論韓愈〉時，
已是1954年5月，成了「淪落文章」，「自家公案自家參」[38]。「體

35　陳寅恪，〈論韓愈〉，頁328-329。

36　陳寅恪，〈對科學院的答覆〉，頁112-113。又見陳寅恪，《講義及雜
　　稿》，頁464。

37　參見劉潞，〈郭沫若與劉大年：新中國「翰林院」一頁〉，收入林甘泉
　　主編，《文壇史林風雨路：郭沫若交往的文化圈》（杭州：浙江人民出
　　版社，1999），頁369-370。劉大年回憶，陳寅恪的論文很快發表在《歷
　　史研究》上。又見卞僧慧，《陳寅恪先生年譜長編(初稿)》（北京：中
　　華書局，2010），頁286。

38　案，《歷史研究》1954年創刊，陳寅恪雖掛名編委，〈論韓愈〉於當年
　　5月第2期始刊出。但《歷史研究》創刊號即有陳寅恪的〈記唐代李武韋
　　楊婚姻集團〉，文章排序在郭沫若、胡繩、侯外廬之後。〈論韓愈〉文，
　　則排在第7篇，還在向達等人之後，僅在楊樹達、王毓銓之前。〈論韓
　　愈〉文可謂先發後刊，顯然未受重視。陳寅恪有詩「文章我自甘淪落」，
　　在詩題中引陳端生所著《再生緣》卷17第65回中語：「惟是此書知者久，
　　浙江一省遍相傳。髫年戲筆殊堪笑，反勝那，淪落文章不值錢。」《詩

用論」自〈論韓愈〉文後，不論是「中體西用」或「西體中用」，從未在陳寅恪的詩文中復見，可以推知陳寅恪已了然：不必再以史論文章對現實政治有所獻替。

雖然，1953年9月，就是在作出〈對科學院的答覆〉前三個月，陳寅恪有〈書世說新語文學類鍾會撰四本論始畢條後〉文，和〈論韓愈〉一樣，初為油印打字本，1956年6月始見刊於《中山大學學報》[39]。其間談及士大夫出處進退的「體用論」謂：

> 東漢外廷之士大夫，既多出身於儒家大族，如汝南袁氏及弘農楊氏之類，則其修身治家之道德方法亦將以之適用於治國平天下，而此等道德方法皆出自儒家之教義，所謂「禹貢治水」，「春秋決獄」，以及「通經致用」，「國身通一」，「求忠臣於孝子之門」者，莫不指是而言。凡士大夫一身之出處窮達，其所言所行均無敢出此範圍，或違反此標準者也。此範圍即家族鄉里，此標準即仁孝廉讓。以此等範圍標準為本為體，推廣至於治民治軍，為末為用。總而言之，本末必兼備，體用必合一也[40]。

這應是陳寅恪借由歷史故實，重申知識分子當如傳統士大

（續）────────────────
  集》，頁99。「自家公案自家參」出自陳寅恪1953年秋「次韻答龍榆生」
  詩。《詩集》，頁98。
39 蔣天樞，〈陳寅恪先生論著編年目錄〉，《陳寅恪先生編年事輯（增訂
  本）》，頁202。
40 陳寅恪，〈書世說新語文學類鍾會撰四本論始畢條後〉，《金明館叢稿
  初編》，頁51。

夫，在出處進退上必要有一自我要求。此蓋有所為而言，暗諷當時多數知識分子俯就中共政權，對中共在意識形態上專斷學術上的倫理和是非，更直率表達了個人的反感。他在〈對科學院的答覆〉的最後一段話說：

> 你（汪籛）要把我的意見不多也不少地帶到科學院。碑文（清華大學王國維先生紀念碑銘）你帶去給郭沫若看。郭沫若在日本曾看到我的（輓）王國維詩。碑是否還在，我不知道。如果做得不好，可以打掉，請郭若沫來做，也許更好。郭沫若是甲骨文專家，是「四堂」（指羅振玉雪堂、王國維觀堂、郭沫若鼎堂、董作賓彥堂）之一，也許更懂得王國維的學說。那麼我就做韓愈，郭沫若就做段文昌，如果有人再做詩，他就做李商隱也很好。我（寫）的碑文已流傳出去，不會湮沒[41]。

這段話的重點就在：「那麼我就做韓愈！」要是郭沫若願為段文昌，他就做李商隱也很好，蓋李商隱有〈韓碑〉詩：「公（指韓愈，實指陳寅恪所寫記念碑銘文）之斯文若元氣，先時已入人脾臟」[42]，明白表示其個人已不在意碑石可能遭遇湮沒的命運[43]。而是更看

41　陳寅恪，〈對科學院的答覆〉，頁112-113。

42　李商隱詩〈韓碑〉。又，蘇東坡〈臨江小驛〉詩：「淮西功業冠吾唐，吏部文章日月光。千年斷碑人膾炙，不知世有段文昌。」

43　不過楊聯陞說，陳寅恪似很在意此事：「聞當年受迫害時，曾屢以此碑下落為問。」但此說還必要有一確認。楊聯陞，〈打像為誓小考〉，《紀念陳寅恪先生誕辰百年學術論文集》（北京：北京大學出版社，1989），頁282。

重個人進退和歷史令名。

　　陳寅恪在〈贈蔣秉南序〉中自言:「默念平生固未嘗侮食自矜,曲學阿世,似可告慰友朋。至若追蹤昔賢,幽居疏屬之南,汾水之曲,守先哲之遺範,托末契於後生者,則有如方丈蓬萊,渺不可及,徒寄之夢寐,存乎遐想而已。」[44] 對照陳寅恪在〈論韓愈〉的結論中說:「世傳隋末王通講學河汾,卒開唐代貞觀之治,此固未必可信;然退之發起光大唐代古文運動,卒開後來趙宋新儒學、新古文之文化運動,史證明確,則不容置疑者也。」[45]

　　陳寅恪意態在此相當鮮明,即欲為王通,及身之後還可通過從遊之弟子,下啟貞觀之治[46];不得意,也要能如易堂九子,隱身於深山叢林,從容講文論學於乾撼坤岌之際。從1951年的「唐史三論」亦可窺知陳寅恪何以不願赴臺的公案[47],中共高層對「唐

44　陳寅恪,〈贈蔣秉南序〉,《寒柳堂集》,頁182。又,陳寅恪於1950答葉公綽詢近況詩有「續命河汾夢亦休」句,1962年,小雪夜詩有:「疏屬河南何等事,哀殘無命敢追攀」句。胡文輝認為前句是回應葉公綽詩「好培嶺學接中原」句,嘆惜所學未見傳人。後句亦同此意。由於關懷視野不同,當可備一說。見胡文輝,《陳寅恪詩箋釋》(廣州:廣東人民出版社,2008),頁283,372-374。

45　陳寅恪,〈論韓愈〉,頁332。

46　此說首見於蔣天樞的「續命河汾」說,見〈陳寅恪先生傳〉,收入《紀念陳寅恪先生誕辰百年學術論文集》,頁221。又見《陳寅恪先生編年事輯(增訂本)》,頁234。另見汪榮祖,《史家陳寅恪傳》,頁215-216。惟蔣、汪兩人均著重於陳寅恪的講學與治學的特色,而未挑明陳寅恪對「盛世」的期待。此外,陳寅恪1950年雖有「續命河汾夢亦休」的提法;但1951年的心情又自不同。

47　陳寅恪何以不赴臺的公案,其實在1949年春節過後,陳寅恪即已向表弟也是妹婿俞大維表明心跡。陳寅恪的女兒說:「姑父決定離開大陸,而父親留在廣州的心意已定,兩人在穗曾多次分析局勢,詳談各人行止、今後考慮。」見陳流求、陳小彭、陳美延,《也同歡樂也同愁:憶父親陳寅恪母親唐篔》(北京:三聯書店,2010),頁235。再者,陳寅恪和

史三論」所持態度或與陳寅恪在當時所受待遇宜有對應關係，包括陳寅恪對汪籛的講話，高調拒絕出任中國科學院第二所即中古史研究所所長。1954年初，周恩來依然指示中國科學院的領導在聯繫工作上「要團結一切愛國份子，如陳寅恪。要考慮科學家待遇。」[48]非僅如此，1955年中國科學院遴選學部委員，陳寅恪應否入選，經請示毛澤東，得到的批示是：「要選上。」[49]此前兩年，陳寅恪本人談及和毛澤東的關係曾以輕鬆筆調致信楊樹達說：陳援庵以豐沛耆舊、南陽近親看待毛澤東和楊樹達的同鄉關係；但陳援庵不知陳寅恪也是生在長沙的同鄉[50]。毛澤東以及中共高層對史家陳寅恪的禮遇，不論是否出於統戰，相信仍有待發之覆[51]。至若陳寅恪「以世外閒身而與人家國事」，當可無疑[52]。

（續）

　　臺灣甚有淵源，夫人唐篔是臺灣民主國總統唐景崧的孫女，大女兒取名流求、二女兒取名小彭，一寓臺灣，一寓澎湖。同書，頁57-69。

48　竺可楨，《竺可楨全集》第13卷《日記》（上海：上海科技教育出版社，2007），頁374。

49　張稼夫等，《庚申憶逝》（太原：山西人民出版社，1984），頁131。

50　《楊樹達日記》（中國科學院文獻中心藏），1953年1月5日條，原文為：寅恪書告，……又言援安於余殆視為豐沛耆舊、南陽近親，意殊厚。而渠生於通泰街周達武宅，惜援安未知之耳。

51　以當時同在廣州，且同講體用的熊十力而言，1950年出版《與友人論張江陵》，意以張居正為例，善用儒家為體，佛老和法家為用，文治武功均有可觀。1951年，再撰《論六經》約六萬餘言，力言「位天地、育萬物，不由儒氏之道，而何由哉。」此書經林伯渠、董必武、郭沫若轉致毛澤東。但毛澤東的回應很冷淡，「長函誦悉，謹致謝意。」見翟志成，〈論熊十力思想在一九四九年後的轉變〉，收入《第一屆國際孔學會議論文集》（臺北，1988），頁1129-1136。又，熊十力的弟子徐復觀指中共高層董必武、周恩來、郭沫若當年皆曾出面邀請熊十力北上，而後始有《原儒》之作。該書盛推《周官》經濟平等，政制則趨民主。陳寅恪的學術聲望就史學而言，自屬當仁不讓，應同受中共高層推重，且有所來往。參見徐復觀，《徐復觀雜文‧憶往事》（臺北：時報出版公司，

七　小結

　　陳寅恪的「唐史三論」，顯然具有時論和策論性質，且甚期望再見貞觀盛世；國共內戰之後的軍人復員問題，陳寅恪亦願借箸代籌處理「山東豪傑」；在文化上不反對借重馬列思想，但要能「西體中用」，從而若韓愈輩下開古文運動和新理學。就個人出處言，更願守先哲之遺範，托末契於後生，樂為河汾講學的王通。處在國共政權交替之際，視此為陳寅恪面對政治現實的抉擇亦無不可[53]。

（續）————————————

　　1985），頁223。中共高層邀請熊十力北上任教的安排，早在1949年1月，即通過熊的學生任繼愈寄發北大薪資。11月間有董必武和郭沫若聯名寄發的電報。1950年1月熊十力即北返。見翟志成，〈熊十力在廣州（1948-1950）〉，《中央研究院近代史研究所集刊》21：577-578，595。另陳寅恪七弟陳方恪「解放」後頗獲南京當地中共領導看重，曾有連三翻的故事，其一就是因為毛澤東肯定陳寶箴在湖南巡撫任內的新政，包括毛就讀的湖南第一師範就是陳寶箴辦的新式學堂。陳方恪因此受惠加薪和重新配房。見章品鎮，〈徜徉在新社會的舊貴族——記陳方恪〉，收入《陳方恪先生編年輯事》（北京：中國工人出版社，2005），頁235-236。

52　案，陳寅恪對於學者「比附阿時」並不欣賞且有批判，吳宓在日記中即引陳寅恪語：「若十力翁（熊十力）之《乾坤衍》猶未免比附阿時，無異康有為之說孔子托古改制以贊成維新耳。」見吳宓，《吳宓日記續編》，V，頁162-163。這和「以世外閒身而與人家國事」截然不同。

53　1950年12月，陳寅恪有詩：「不生不死最堪傷，猶說扶餘海外王。同入興亡煩惱夢，霜紅一枕已滄桑。」此詩有題：「霜紅龕集望海詩云：『一燈續日月，不寐照煩惱，不生不死間，如何為懷抱。』感題其後」。此詩至少有兩解，一指傅斯年在臺遽逝；一指國府蔣中正遷臺命運或將如同明季鄭成功。依後解，陳寅恪已預想國共之爭的終局，再對照1951年6月21日詩：「從今飽吃南州飯，穩和陶詩畫閉門，……餘年若可長如此，何物人間更欲求。」與其說陳寅恪對當時個人處境有許多不滿，

　　1934年，陳寅恪就中國思想史的發展作出預言，時至今日，早已超過一個甲子又十餘年，茲引錄如下以為結束語：

> 竊疑中國自今日以後，……在吾國思想史上，……其真
> 能……自成系統，有所創獲者，必須一方面吸收輸入外
> 來之學說，一方面不忘本來民族之地位。此二種相反而
> 適相成之態度，乃道教之真精神，新儒家之舊途徑，而
> 二千年吾民族與他民族思想接觸史之所昭示者也[54]。

（續）—————

　　不如說對當時知識分子群趨「宗朱頌聖」的失格更不滿。作為知識分子
　　或傳統士大夫的關懷，陳寅恪既有「舊京宮苑有邊愁」，或如前引「棄
　　街翻是最高樓」的感慨，處江湖之遠則如〈舊史〉詩中說：「厭讀前人
　　舊史編，島夷索虜總紛然，魏收沈約休相詆，同是生民在倒縣。」是以
　　所有關懷也只能托諸新朝，期望亦深。

54　陳寅恪，〈馮友蘭中國哲學史下冊審查報告〉，頁284-285。

索引

聯經學術

獨立與自由：陳寅恪論學

2011年7月初版　　　　　　　　　　　　　　　　定價：新臺幣480元
2020年11月二版
有著作權‧翻印必究
Printed in Taiwan.

著　　　者	王	震	邦
叢書主編	沙	淑	芬
校　　　對	馮	蕊	芳
封面設計	蔡	婕	岑

出　版　者	聯經出版事業股份有限公司	副總編輯	陳	逸	華
地　　　址	新北市汐止區大同路一段369號1樓	總 編 輯	涂	豐	恩
叢書主編電話	(02)86925588轉5310	總 經 理	陳	芝	宇
台北聯經書房	台北市新生南路三段94號	社　　長	羅	國	俊
電　　　話	(02)23620308	發 行 人	林	載	爵
台中分公司	台中市北區崇德路一段198號				
暨門市電話	(04)22312023				
台中電子信箱	e-mail：linking2@ms42.hinet.net				
郵政劃撥帳戶第	0100559-3號				
郵 撥 電 話	(02)23620308				
印　刷　者	世和印製企業有限公司				
總 經 銷	聯合發行股份有限公司				
發　行　所	新北市新店區寶橋路235巷6弄6號2F				
電　　　話	(02)29178022				

行政院新聞局出版事業登記證局版臺業字第0130號

本書如有缺頁，破損，倒裝請寄回台北聯經書房更換。　ISBN　978-957-08 5641-5 (精裝)
聯經網址 http://www.linkingbooks.com.tw
電子信箱 e-mail:linking@udngroup.com

國家圖書館出版品預行編目資料

獨立與自由：陳寅恪論學 / 王震邦著 . 二版 . 新北市 .
聯經 . 2020.11 . 352面 . 14.8×21公分 . （聯經學術）
ISBN　978-957-08-5641-5（精裝）
[2020年11月二版]

1.陳寅恪 2.學術思想 3.史學

601.99   109016105